本书为"海峡两岸文化发展协同创新中心"成果

中华文化与闽台社会

■ 刘登翰/著

人民出版社

前　言

我们把这套书,献给关心两岸文化发展的朋友们。

两岸和平发展,是萦系海内外中华民族子孙心上的一个最牵动民族感情的大事。中国几千年历史上,曾经出现过多次分裂,或南北对峙,或东西抗衡,但历史最终都走向民族和国家的重新统一。其重要的原因之一,是中华文化巨大的民族凝聚力。同样,在近一百多年来,台湾与祖国大陆也处于被割据和相对峙的疏隔状态。但无论是日本帝国主义的殖民统治,还是延续国内战争造成的两岸政治对峙,纵使有某些别怀居心的异国势力介入和岛内分离分子的鼓噪,台湾始终是祖国不可分割的一部分,没有、也不可能从祖国分离出去。其重要的原因之一仍是,台湾同胞和祖国大陆同胞一样,都是中华民族的伟大子民;台湾社会和祖国大陆社会一样,都是奠立在中华文化基础之上建构和发展的。共同的文化,是一股潜在的、巨大的力量,无论过去、现在,还是将来,都是维系台湾与祖国大陆不可分割的深厚文化基因。正如江泽民在《为促进祖国统一大业的完成而继续奋斗》的讲话中所指出的:"中华各族儿女共同创造的五千年灿烂文化,始终是维系全体中国人的精神纽带,也是实现和平统一的一个重要基础。"

台湾与祖国大陆的文化亲缘,最先、也最直接地就体现为台湾与福建的文化亲缘关系。这是因为,福建与台湾同处于台湾海峡的两岸;福建社会与台湾社会都是以中原南徙的移民为主体先后建立起来的社会,稍有不同的是:中原移民南徙福建,大约到宋代已基本完成;而在台湾,则是由定居福建之后的中原移民后裔,自明末至清中叶,才再度大规模迁徙入台。随同移民的携带,中原文化经历在福建的本土化发展之后,也以闽(主要是闽南)文化的地域形态,再度传入台湾,成为台湾社会建构的文化基础,并与福建社会一样,经历了一个共同的内地化、文治化,也即中原化的过程。因此,闽台(亦即台湾海峡两岸)被视为一个共同文化区,皆因其文化有着历史形成过程中先后承递的文化亲缘关系。追寻台湾文化的来路,便不能不追根到闽(闽南)文化二度传递的汉民族文化的源头。作为闽籍文化学者,我们无论是在进行福建文化研究,还是在探询台湾文化的存在和发展,都会触及闽台文化关系这个寓意深远的敏感神经,也会为闽台(两岸)文化这种共同源于中原汉民族文化而又呈现出多样形态的魅力所感动,也深感有责任揭示闽台(两岸)文化这种同根共源的密切亲缘关系,以更有利于促进两岸和平发展,推动民族和国家的最终统一。

为此,我们组织撰写了"海峡两岸文化发展丛书·闽台文化关系篇"。顾名思义,是以"文化"为讨论对象,以"关系"为切入点,在闽台背后,涵盖的其实是两岸,所涉及的问题也不仅止于文化。它是以闽台为中心,以文化为重点,来论析两岸关系的一套系列研究论著。

文化是一个庞大、复杂而丰富的现象。就文化的形态而言,有所谓"俗民文化"(或称俗文化、常俗文化等)和"精英文化"(或称雅文化、士人文化等);就文化的过程看,有文化的历史形成,也有文化的现代发展,等等。"闽台文化关系篇"侧重的是文化形成过程中的历史关系,对于文化的现代发展与当下的存在状态,相对着墨较少。而在文化形成的历史关系讨论中,主要以俗民文化为对象,包括方言、民俗、民间信仰、民间戏曲、民间音乐、民居建筑等,也略为涉及诸如教育与文学等一般划属精英文化范畴的论题。这是因为俗民文化是随同移民与"身"俱来的底层的基本生存经验,是最早、也最大量地存在于闽台民间之中的一种基础性文化。显然,由于诸多原因,列入"闽台文化关系篇"的这些专题,无论是俗民文化层面还是精英文化层面,都只是很少的一部分,远非全面,还有很多专题,有待我们今后以及更多的同行继续努力。

两岸文化问题是当今社会不断有人提出并给予关注的问题,但却少见有专门性的研究论著行世。我们这套丛书仅是个初步的尝试,肤浅、不足和失误之处,当所难免。我们诚恳地期待关心两岸文化发展的学界先进和读者朋友们给予批评。

感谢福建师范大学海峡两岸文化发展协同创新中心对丛书的出版给予的支持。

刘登翰 林国平

二〇一三年七月

目　录

第一章　文化地理学与闽台文化关系研究

第一节　空间和时间：文化地理
和文化史的交叉视野

当我们把福建和台湾作为一个共同文化区来进行考察时,我们面对的不仅是一个文化地理学的课题,而且是一个文化史学的课题,同时还是一个比较文化学的课题。我们的目标是,在一个确定的文化区域内来探讨闽台文化的亲缘关系,追溯其根源,辨析它们在形成和发展进程中产生的变化与差异。

这样,我们首先必须从文化区的考察入手。

18世纪德国著名的哲学家伊曼努尔·康德（1724~1804）为现代地理学的建立和发展作出了突出的贡献。他在1756~1798年间为哥尼斯堡大学讲授的世界上第一门自然地理课程时,首先把地理学和历史学做了本质上的区别。他认为,地理研究和历史研究虽然都同样注意事物的发展和变化,但地理学关注的重点是事物在空间分布上的差异和变化；而历史学关注的重点则是事物在时间进程上的差异和变化。因此,地理学是一门空间分布的科学,通过空间的对比,研究事物在地球各个不同区域分布的异同、特点、格局和规律；而历史学则是一门时间发展的科学,通过时间的比较,研究事物从这一时期到另一时期发生的变化及其特点、原因和规律。空间概念和时间概念的提出为地理学和历史学的区分确立了重要的坐标。

然而,地理学并不仅仅只是一门静态地研究地球上自然现象和人文现象在空间分布的科学。因为任何一种地理现象（自然的和人文的）,都会随着时间的延伸而存在发展和变化的过程。静态的空间分布,实际上是动态的时间发展的结果,并且时时处于时间不断的变动之中。因此,历史的、发展的观点并不为历史学的研究所专有,它同时也应当成为地理学研究的基本观念和重要方法。这不仅表现在它促使地理学产生了一门以历史学的观点来研究地理现象的分支学科——历史地理学,而且作为一种观念和方法,渗透在整个地理科学各个分支的研究之中。

近代地理学的形成和完善,是由19世纪康德的两位同胞来完成的。

一位是被称为近代自然地理的奠基人、德国著名的地理学家亚历山大·冯·洪堡(1769~1859)。早期的地理学家大多只记录自然界的各种现象,很少注意到它们之间的相互关系及在该地存在的原因。洪堡的研究则最先注意到各种地理现象之间的因果关系,并试图解释这些自然现象的空间分布原因。晚年他完成的29卷巨著《宇宙》,系统地总结了自己一生足迹遍及欧美两大洲的调查和研究,为近代自然地理学的建立起了奠基的作用。

另一位是被称为人文地理学的奠基人、德国著名的地理学家卡尔·李戴尔(1779~1859)。李戴尔丰富的哲学和历史学修养,使他的研究侧重在人文地理方面。他倾毕生精力最后完成的19卷《地球学》,特别注意地理环境中的人文现象以及人与环境的关系。他主张把地球作为一个独立的单元,不仅研究地球表面各种自然现象的分布、特征、关系和原因,而且,把人作为地球这一生态系统中的一个组成部分,说明地球这个统一的整体与人及人的创造的联系,探索人文空间行为的规律。这样,李戴尔在为地理科学中的近代人文地理学奠基的同时,也把过去一向被认为归属于自然科学的地理学拉向人文科学,使它具有自然科学和人文科学的双重属性,成为介于自然科学和人文科学之间的一门特殊学科。

人文地理学是研究地球表面上人类活动所创造的一切人文现象,及其在空间分布和空间差别中所形成的区域系统的科学。尽管不同学者对这一定义的表述各有不同,但其基本内涵则是相近的:其一是研究人类活动所创造的一切人文现象;其二是以人地关系的理论为基础,探讨各种人文现象的分布、变化和扩散,以及人类社会活动的空间结构;其三是研究和预测其发展和变化的规律。人类社会活动的人文因素和现象是广泛而多样的,由此而带来的人文现象的区位系统也是多种的,它形成了人文地理学的多个分支,如经济地理学、人口地理学、聚落地理学、政治地理学、文化地理学等。

文化地理学从人文地理学中分支出来,是20世纪20年代以后的事。虽然在此之前,文化的起源和传播,早就引起现代地理学先驱们的注意,并由拉采尔(1844～1904)在他的《人类地理学》中最早提出了"文化景观"的概念。随后,1906 年德国的地理学家施吕特尔(1872～1959)把对"文化景观"的研究,由表面的描述深入到它背后的社会、经济和精神结构的层面。20世纪 20 年代美国的地理学家 C.O.索尔继承了施吕特尔的思想,通过"地球表面的烙印"——物质性的文化景观,研究区域性的人文地理特色;随后又进一步把它扩展到文化景观的非物质层面。经过几代学者的努力,文化地理学的研究对象逐渐明确起来,这一学科分支也从人文地理学中脱颖而出。它作为研究人类各种文化现象的空间分布、地域组合和文化区域系统的形成、变化和发展的科学,也在 20 世纪 80 年代以后获得了我国地理学界的热烈响应和参与,并且成为近二十年来备受关注的我国区域文化研究的具有普遍指导意义的理论基础。

文化地理学包含着系统文化地理学和区域文化地理学的两大序列。前者主要就文化的诸种因素如语言、文字、宗教、民俗、艺术等的空间分布进行系统的研究,如语言地理学、宗教地理学、民俗地理学等,因此,系统文化区也称部门文化区。后者则以不同区域范围的划分——大至洲别、国别,小至一省一县,乃至一山一水,来进行限定性的、以区域为范畴的文化地理研究。但无论是系统文化地理学,还是区域文化地理学,它们都将涉及一系列共同的基本理论课题,诸如文化的源地、文化的传播与扩展、文化的生态学、文化的综合作用、文化区的形成,以及各种文化现象发展变化的规律等等。这一些课题,实际上也包含了文化史研究的部分内容。

文化关系研究毫无疑问应当属于文化地理学和文化史学互相交叉的一个研究范畴。

本书所讨论的闽台文化关系,是在一个特定的共同文化空间中,对其文化源头、文化传播与扩散、文化存在形态与景观,以及在传播扩展过程中由于人地因素的某些不同而产生的差异与变化的探讨。它必将涉及文化地理学所关注的一些基本重要论题。对这些论题的深入探讨,当然也会蕴含着文化史研究的某些内容。

这些概念和论题摘其要者有以下几个方面。

第一,关于文化区的概念。文化地理学把具有某种文化特征和具有某种文化特征的人在地球表面所占据的空间视为一个文化区。文化区依据不同的标准，可以分为形式文化区和功能文化区两类。形式文化区是依照一种或多种文化特征的空间分布来划分，如种族、语言、宗教信仰、民俗等；功能文化区则以不同的政治、经济、社会的功能所含摄的地理范围来区分，例如一个国家、一个省、一个县或一个选区、一个教区。本书所讨论的是作为形式文化区的闽台文化关系。虽然，从地理位置上看，闽台并不接壤，而是隔一道浅浅的海峡相望；从社会功能上看，台湾虽曾一度隶属福建，但自1885年以后即单独建省，由于历史的多方面原因，发展至今，无论政治制度还是经济体制都与福建不同。因此，以功能为标准划分，闽台并不属同一个功能文化区；但如果就其文化特征考察，闽台两省无论在人口族缘关系、社区聚落方式、语言形态，还是宗教信仰、民俗风情、民间艺术等，都有着密切的亲缘关系，不仅相似甚至相同。所以，就文化特征而言，闽台无疑属于同一个形式文化区。这是我们讨论闽台文化关系时立论的基本前提和出发点。

第二，文化扩散理论。文化地理学认为，每个文化区，不论其属于何种类型，都是某种文化在历史发展过程中的空间现实体现。在这个意义上也可以说，文化区是文化在某一时期传播所形成的产物。因此，这个本质上应当属于文化史学的论题，便渗透在文化地理学的研究之中，成为它时空辩证的一个认识论基础。瑞典著名地理学家哈盖斯特朗对文化扩散做过系统的研究和分类。他认为文化扩散有两种类型：扩展扩散和迁移扩散。扩展扩散指的是某种文化在空间上由中心地通过人群传播逐步扩展到另一些地方。它可能是"传染型"的，即通过已经接受这一文化的人群与其他人群的直接接触，如疾病的传染一样，逐步扩展开去；也可能是"信息型"的，通过公共信息系统的传接，由中心地向次中心地，再向更周边的地方，等级递进式地扩展开去，因此它也称"等级扩展"；还可能是"刺激型"的，即在传播的过程中由于种种原因不可能原封不动地照搬，而是在接受传播的刺激之后，按照自身的条件和需要进行改造和更新，从而创造出新的文化。另一种类型的传播叫迁移扩散，即随着人群的迁移而扩散。因为人既是文化的创造者，也是文化的承载者；人群的迁移，实质上也是文化的迁移。由于人群的流动，其跨越的幅度可以很大，文化的传播，便也可能随着人群迁移的路线，越过高山、大漠或海洋，形成新的文化分布区，而与其文化原生地并不一定接壤。这种扩散方式与扩展扩散相比较,不仅地域更广,速度也更快。当然,扩展扩散和迁移扩散作为文化传播的两种基本形态,并不互相对立或截然分开,往往两者渗透并存,互为补充。就本书所讨论的闽台文化关系而言,汉民族文化由中原地区传入福建,再由福建延伸到台湾,主要依靠移民的迁徙。因此,迁徙扩散是汉民族文化经由福建再延伸到台湾的主要传播类型。但同时漫长年月的人群交往,使扩展传播的诸种形态也在闽台地区同时存在,它加深和丰富了文化传播的内涵与手段。

第三,文化景观研究。"景观"作为地理学的一个特殊概念,指的是地球表面各种地理现象的综合体。它有自然景观和文化景观之分。前者是未经人类活动影响的自然综合体,后者则是人类为满足某些实际需要而附加在自然景观之上的各种文化创造物。因此,文化景观是空间意义上的文化特定形态。它如一面镜子,反映出具有不同文化背景的人群集团各自特征鲜明的不同文化创造。它的独特性,便成为指明本地区文化的同一性和区别其他地区的文化差异性的重要标志。文化景观又可划分为物质性文化景观和非物质性文化景观两种。物质性文化景观是人类在自然景观的物质条件基础上所进行的文化创造,有着明显的可视性和与自然物的融合性,如建筑、园林、城市、运河等;非物质性的文化景观主要指的是包括意识形态在内的各种精神文化现象,例如语言、宗教、法律、音乐等。它虽不是一种看得见、摸得着的物质存在,却是通过人类大脑的知识、经验贮存和联想,可以感知的精神文化现象。从空间意义上说,文化景观是文化的凝聚体;从时间意义上看,文化景观又是文化发展在一个特定阶段的结果。因此,在文化景观中,往往包含着文化的起源、扩散和发展的各种有价值的信息,它必然要成为文化地理研究中最受关注的中心论题。

第四,文化的综合作用。文化地理学认为,一种文化因素的空间分布,除去受环境中自然因素的影响,还会受到其他文化要素的影响。因此只有把文化地理的研究对象放在各种自然和文化相互关联的背景中才能辨析清楚。这一理论不仅对文化的空间分布研究至关重要,而且对于同一文化区中不同地域的文化差异也极富启示意义,因为即使在同一文化区中,其自然地理条件和固有的文化存在要素也不是完全均等的。新来的文化处于不同的自然、文化背景中,必然会出现差异。根据文化扩散理论中的"刺激扩散"类型,不同的环境在接受新传入的文化的"刺激"时，往往不是原封不动的照搬，而是按照自身的环境条件（自然、文化地理因素）和现实需求，派生出新的变体。这就是文化传播或文化区形成中常常会出现的本土化过程和体现的原因。它与作为文化源头的固有文化有着极为密切的亲缘关系，既是源头文化的延伸，又是源头文化的变异、丰富和发展。因此，在承认共同文化区的文化同一性同时，也注意到文化的不均衡传播与差异性的存在，是对文化同一性更深入一步的研究。它也是比较文化的一个重要话题。闽台文化关系的发展，实际上典型地体现了文化传播过程中同一性与差异性同时存在的辩证两面。关键的问题是，差异性的存在并不能淹没同一性作为这一共同文化区的主导和本质。

当然，还有其他一些观念和理论，如文化扩散中的"距离—时间衰减定律"，即文化传播的影响强度会随着距离和时间的增加而逐渐衰减。它对于文化传播的不均衡性和文化影响的逐步削弱都有所启迪，是文化区域研究中不可忽略的现象。这里不一一细述。

文化地理学的当代发展，客观上修正和补充了18世纪德国哲学家康德对地理学和历史学作空间和时间划分的基本理论。在今天的文化地理学研究中，普遍引入了历史的方法，许多重要观念和理论，都交错着空间和时间的视野与识见。如作为文化地理学最为重要的文化景现理论，它既是空间的，也是时间的，是文化的时间发展在空间上的凝定。在它身上既看到现实的存在，也看到历史的痕迹，甚至可以追寻到文化的源头。历史方法的普遍引入文化地理学研究和文化地理学的观念被借用到文化史的讨论中来，这种科际的综合，反映了人类文化活动中时间和空间统一的本质，是文化研究深入发展的必然趋势。建立这种空间与时间——文化地理学与文化史学交叉的视野，是我们深入闽台文化关系研究的一个目标和前提。

第二节　中国文化地理中的闽台文化区

文化地理学依照地理环境的差异和族群分布的不同，及其在历史进程中不同政治、经济、文化发展所形成的各自殊异的人文景观，将世界划分为若干大小不同的文化区。所谓文化区，《人类地理学概念词典》将它定义为"具有相同文化属性的人所占有的地区"①。王恩涌编著的《文化地理学导论》也认为文化区指的是"某种文化和具有某种文化特征的人在地球表面所占据的空间"②。它是对人类文化"空间分布"的一种划分，但这种划分，不是先天而来或亘古不变的。它既受到造化所赋予的地理环境的影响，更是人类后天创造的结果。因此，文化区是随着历史的发展和时间的演替而产生变化的，所以我们又把人类文化的这种"空间分布"看做是时间发展在空间上文化凝聚的结果。

对于文化区，可以根据研究对象和研究目的的不同，作不同层次的划分，大至整个世界、整个国家，小到一个省、一个县，都可视其实际情况进行不同文化区域的划分。中国是一个幅员辽阔、历史悠久的多民族国家，其地理环境的独特结构和漫长历史形成的中华民族文化的总体特征，在世界文化地图上呈现出鲜明的东方风貌，成为世界文化地理上独立的一个文化区。而在中国的版图之内，东、西、南、北也存在着互有差异的复杂地貌和多元的民族分布，并且形成了各个地区政治、经济、文化背景不尽相同的社会发展，从而呈现出形形色色的人文景观，成为我们对中华民族文化在自身版图之内再进行文化区域划分的依据。

根据王会昌《中国文化地理》一书的论述，中国文化区域的划分，可以分为三个层次。

第一个层次依据不同的地貌、生产方式和民族文化的差异，可以笼统地将我国划分为东部和西部两大文化区。这里东部和西部的划分，按照传统习惯是从黑龙江省的爱辉县到云南省的腾冲之间划一连线，其东半壁以平原、丘陵和海拔在 2000 米以下的高原、山地为主，盛行季风气候，是我国比较发达的农业区，称为农业文化区；西半壁以草原、沙漠、高山和高寒高原为主，属大陆性气候，是我国主要的游牧区，称为游牧文化区。这是我国文化地理划分中的一级文化区。

第二个层次是在上述的划分中，再依据地理环境的不同、民族集团的分布

---

① 转引自王会昌：《中国文化地理》，华中师范大学出版社 1992 年版。
② 王恩涌：《文化地理学导论》，高等教育出版社 1989 年版。

及其文化特征的差异,作进一步的细分,即二级文化区(亦称文化亚区)。东部农业文化区可以分出以汉民族为主体的中国传统农业文化亚区和西南以兄弟民族为主体的少数民族农业文化亚区两大部分;在西部游牧文化区中则由于其南北的地理环境和民族集团的巨大差异,可以划分为北部蒙新草原的沙漠游牧文化亚区和南部青藏高原的游牧文化亚区。

第三个层次的划分,即三级文化区(亦称文化副区)的划分则比较复杂。在中国两大文化区的四个文化亚区中,由于东部和西部的巨大差异,对文化区的划分原则也略有不同。在西部多民族的文化亚区中,主要考虑以主体民族的分布范围所形成的文化差异来确定文化副区的界限;而在东部传统的农业文化亚区之内,其民族的主体都是汉族,民族分布的范围自然不能作为文化副区划分的依据,但在这一南北纵长数千里的文化亚区里,地跨热带、亚热带、暖温带和亚寒带几个气候区,农业耕作制度和类型南北差异很大,地理景观也各不相同,它同时导致南北方人民不同的生活习惯、民间习俗、风土人情和文学艺术等。因此,对传统农业文化亚区中的文化副区的划分,将更多地考虑其地区的文化风貌。它既不以民族划分,也不以今天的省区边界为界线,可能是一个省为一个文化副区,也可能包括了两个、三个省份,还可能以一个省为基础,融入了周边省区的某些部分。

依照上述原则,王会昌《中国文化地理》将中国传统农业文化亚区(二级文化区)划分为12个文化副区,自北至南为:一是关东文化副区;二是燕赵文化副区;三是黄土高原文化副区;四是中原文化副区;五是齐鲁文化副区;六是淮河流域文化副区;七是巴蜀文化副区;八是荆湘文化副区;九是鄱阳文化副区;十是吴越文化副区;十一是岭南文化副区;十二是台湾海峡两岸文化副区,亦即我们通常所说的闽台文化副区。

关于闽台是否同属一个文化副区(为了叙述简便,以下凡提及闽台文化区指的都是文化副区),学术界曾经存在着一些不同看法。1992年,在由中华炎黄文化研究会牵头于厦门举办的"闽台文化学术研讨会"上,曾经就此展开讨论,一些学者主要从民族、语言、风俗习惯、民间信仰和民间艺术等方面所具有的共同文化特征,肯定闽台为一个共同文化区;另一些学者则在肯认台湾文化是中华文化一个分支的前提下,强调台湾历史发展的特殊性,特别是近半个世纪以来走上与大陆无论政治制度还是经济体制都完全不同的道路,从而不赞成把闽台看作是一个共同文化区的提法。著名历史学家戴逸在为会议所作的学术小结中认为:"分歧的产生是对今天台湾文化的特殊性的估计有高低,这就可以推动我们去研究今天的台湾文化,深入分析,认真思考,以求得共识。"①

这一至今尚还难说已经取得共识的分歧,主要来自两个方面:一是如何确认文化区的划分类型与标准;二是怎样看待同一性和特殊性,亦即台湾社会发展的特殊性,是否从根本上改变了它与福建共同的文化特征。下面我们分别从这两个方面来进行讨论。

首先,关于文化区的划分类型和标准。

第一,文化区的划分是文化地理学赖以建立的一个基本概念。作为研究"文化空间分布"的一个专门学科,文化区通常被界定为"某种文化和具有某种文化特征的人在地球表面所占据的空间"。它按照不同的需要和指标体系,又可以分为形式文化区和功能文化区两类。形式文化区强调的是具有一种或多种共同文化特征的人所分布的地理范围,如语言、宗教、民俗、文学艺术、社会组织、聚落方式等等。我们通常所说的文化区,大致属于这一类。功能文化区是依照文化的功能——广义的文化所涵括的政治、经济、社会的不同机制和功能所组织起来的地区来划分,如一个国家,一个省、一个县或一个教区、一个选区等。因此两类文化区既互相关联,又互相区别。首先形式文化区是依照文化的特征来划分,所侧重的是文化的本体;功能文化区则是以文化的机制和功能来划分,所侧重的是功能。

第二,形式文化区的形成往往有一个比较漫长的历史发展和文化积淀的过程,是所谓时间的发展在空间上的文化凝聚。这也就是我们往往习惯从文化史学的立场来认识形式文化区,或者从形式文化区的景观来进行文化史的研究的原因。而功能文化区则更强调它在目前的状态,虽然也会有一个积累和发展的过程,但往往会由于某些政治和经济上的原因而作重新的划分。因此,形式文化区往往更多关注其历史的积累和发展的过程,有更大的相对稳定性;功能文化区则更多侧重现实的考察,有较多的变化。

---

① 戴逸:《闽台文化的渊源与发展》,载闽台文化学术研讨会论文集《同祖同根·源远流长》,海峡文艺出版社1993年版。关于闽台是否同一文化区的争论文章,可参阅同书徐晓望的《中华文化与闽台文化》和陈孔立、吴志德的《台湾文化与中华文化关系的探讨》等文。

　　第三,由历史承传下来的以文化特征为划分标准的形式文化区,其边缘界线往往比较模糊。这一方面是历史的变迁使原来相对分明的界线逐渐模糊;另一方面则由于文化的扩散作用,在不同的文化区域边缘互相渗透影响,成为一种"毛边"。而功能文化区以其机制和功能的要求,如作为政治上行政辖区的省、市、县,其疆界必然是十分明确的。在这里,形式文化区的区域与纯粹地理学意义上地区的概念略有差别。被岁月流逝模糊化了的文化区域,作为一个文化范畴的概念,成为界分文化的标志。它的边界是一条模糊的"带",而不是功能文化区的一条明晰的"线"。

　　第四,形式文化区和功能文化区既互有区别有时又互相重叠,它们往往还可能互为因果。一方面可能因为文化特征的共同性而在某种程度上也呈现为文化功能的一致性;另一方面也可能因为功能区域的划分而影响文化的形成,从而具有某种同一性。它们在不同的历史发展阶段会形成不同的界线,其复杂纷纭的状态,只能根据不同的对象进行具体的分析。

　　从文化地理学的意义来思考闽台文化区,我们看到,一方面,闽台作为共同的形式文化区,是长期的历史所形成的。在中华文化形成的历史进程中,汉民族文化向南播迁,在福建有着一个本土化的过程;带有福建本土特色的汉民族文化,特别是以闽南方言和部分客家方言为背景的闽南文化和客家文化,再度越海向台湾延伸,使闽台两地成为一个共同的文化副区。它以闽南方言和部分客家方言为基础,在宗族制度、聚落方式、民间信仰、民俗习惯、民间艺术等方面,形成了具有共同特征的文化风貌。尽管在其历史发展中,特别是台湾社会,有过与福建不同的遭遇,但它在沿袭富有闽台本土特色的中华文化传统上,表现出了在历史坎坷和异质文化冲击、包围中坚守民族本位的文化稳定性。虽然历史发展的不同带来闽台两地文化形态的某些差异,但并未从根本上或总体上改变闽台文化的同一特征和属性,它们作为形式文化区是一致的。但是另一方面,今日闽台两地并不同属于一个功能文化区。尽管历史上台湾曾经是福建的一个府,在行政管辖、科考制度等机制上曾经是一致的,但自台湾建省以后,闽台两地作为政治功能上的辖区已经分开;特别经过近一个世纪的日本殖民占领和两岸分隔,台湾不管政治制度还是经济体制都走上与福建甚至祖国大陆完全不同的发展道路,其作为现实的功能文化区,当然也就不同。我们对闽台共同文化区的界定,主要是就其作为形式文化区而言,而非指功能文化区。对闽台文化区的认识上有所歧见,部分原因或恐与此有关。当然,我们认为闽台两省不属于同一个功能文化区,是在一个中国的前提下对中国文化地理的区分。从根本上说,政治最主要的功能是主权归属。纵然台湾在政治、经济制度等机制和功能上与大陆有很大的不同,但不能改变它的主权归属。在这一点上,闽台两地是一致的,都是中国的一部分。我们是在这一前提下,把闽台放在中国文化地理的背景上作区域文化的辨析。

其次,关于同一性和特殊性的问题。

文化的同一性是文化区形成的依据和标志,这是毫无疑义的。在一个共同文化区中,同一性也不是绝对的,只是就其文化的总体形态而言;而文化的差异性虽是特殊的,却是普遍存在的。问题是这一普遍存在的文化差异性,只是共同文化在扩散过程或后来的历史发展中,受到其他环境要素和文化要素的影响而产生的某些特殊形态,它并不从根本上改变其文化在质态上的共同特征。如果差异成为主导,改变了文化的同一性质,成为两种不同性质和形态的文化,那么一个共同文化区便会分化为两个不同的文化区。文化地理学在讨论文化的扩散、文化的综合作用以及文化区的形成与发展时,都认可了这种差异(在同一文化区内)和变异(分化为两个不同文化区)存在的可能与必然。

闽台文化区的情况如何呢? 首先,闽台文化区的形成是中原文化传播的结果。从历史上分析,闽台都是移民社会。只不过中原移民入闽,已有一千多年的历史,中原移民在福建的土著化,即形成中原移民在福建的定居社会,如果是在宋代 [①] ,距今也已千年左右,加之长期以来融入国家统一的政治体制和文化传统之中,其移民社会的色彩已很淡薄;而福建对台湾的移民,从明末开始至清代中期形成高潮,距今也只二三百年时间;加之不断的异族侵扰、割据和分隔,民族意识和寻根认宗的念祖情怀强烈反弹,反倒使台湾社会的移民色彩得到较长时期的保持。中原文化播入福建,经过本土化以后,以闽南文化的本土形态再度传入台湾,便使闽台社会的生活习俗、民间信仰、文学

①　参阅林国平等:《闽台文化的形成及其历史作用》,见林国平主编《闽台区域文化研究》,中国社会科学出版社 2000 年版。

艺术,乃至某些社会心态和文化性格,都保持着基本的同一性。这是我们确认闽台为同一文化区的根据。但是,福建与台湾也存在许多差异。台湾的自然地理环境与福建不尽相同,福建依山面海,台湾则是四面环海的岛屿。福建的人文因素也与台湾有所差别,福建曾是闽越族的聚居之地,但汉以后,闽越族已被强制内迁或消融在后来成为福建人口主体的中原汉族移民之中,至今我们只能从考古遗存和某些文化遗风中来了解古越族的生存踪迹。而台湾则是包括平埔族和高山族 ① 在内的先住民最早的聚居之地,虽然人类学的研究推论高山族的某些部分与古越族有某种亲缘关系,但高山族只是一个笼统的名称,有着许多各具自己独特文化形态的不同族系,其族源十分复杂。在历史发展中,台湾先住民除平埔族大部分融入汉族移民之中,其避居高山、海岛的其他族系依然保持自己独特的文化形态,并且在近年世界性的原住民运动中,越来越强烈地表现出要求承认和尊重的民族自觉和文化自觉。这一切都不能不使中原文化在播迁福建与台湾的先后进程中,呈现出某些差异性特征。其次,在台湾的历史发展中,自日据以后,便中断了与福建相似相携的发展道路。在异质文化(先是日本,后是美国)挟其政治和经济的强势长驱台湾,并且在一个时期里(如日据时期)成为社会的主导文化。这一特定的文化环境,便不能不使福建和台湾的文化同一性受到挑战,而产生较大的差异。这是台湾特殊文化处境的一方面结果。另一方面则是,中华文化的强大凝聚力,在本来就有强烈祖根意识的台湾社会,升华为一种与异质文化相抗衡的民族意识。在这一“祖根意识—民族意识”主导下,民族文化的各种形态,特别是浸透在日常生活中的那一部分常俗文化,例如方言俚语、宗族观念、民间信仰、节庆习俗、民间文艺等等,越发以充沛的生命力活跃起来。例如妈祖庙宇在日本毁除汉族神祇的殖民文化政策下,不减反增,就是一个例子;台湾歌仔戏也是在日据时期以闽南方言为基础,摄取闽南口传文学和传统戏曲的故事内容,在闽南歌仔(传入台湾称“本地歌仔”)和岁时节庆迎

---

① 关于先于汉族居住在台湾的土著民族的称谓,历史上多有不同。三国时称“山夷”,隋称“流求土人”,宋称“毗舍耶”,元称“瑠求”或“琉球番”,明称“东番夷”,至清,则称为“番族”,并有“生番”、“熟番”、“高山番”、“平埔番”之分。日据时期以“高砂族”称之。抗战胜利之后,开始出现“高山族”的称谓。但 20 世纪 50 年代以后,台湾当局则以“山地同胞”或“山胞”称之。新中国成立以后,在民族认定时,沿袭了“高山族”的名称。但近年来学术界对这一称谓屡有争议,或以“原住民”、“先住民”称之,或以“南岛语系族群”称之。

神赛会时化装表演的各种"阵头"基础上,吸收其他剧种的戏曲表演程式而孕育发展起来的台湾唯一的地方剧种,更是一个突出的例子。

闽台之间文化差异性的存在是一个客观事实,也是其他文化区（例如吴越文化区的江苏与浙江,荆湘文化区的湖北与湖南等）都普遍存在一种现象。问题是这一差异性是否根本改变了闽台文化的同一性,成为另一种在本质和形态上完全不同的文化了呢? 我们且以文化的构成理论来试作分析。狭义的文化,是一个包括有思想传统、民俗习惯和流行观念三个层次的同心圆的概念。其中,思想传统是其核心部分,经过思想传统的长期熏陶、影响而外化为民间普遍接受的民俗习惯,是这个同心圆的第二层。处于文化这个同心圆最外层的是流行观念,它不太稳定的部分随时会被淘汰,而相对稳定的部分则有可能渗入民俗的层面,甚至有可能化为思想传统的有机组成部分。这三个层面相互影响,构成了充满活力的、互动的文化内涵。依照这个文化构成,今日台湾社会所出现的文化差异,主要表现在第三个层面,即流行观念上,包括其政治制度和意识形态,也常常处于变动不居的"流行状态"中;其第二层面的民俗习惯和居于核心地位的思想传统,与福建并无太大差别,特别是思想传统,仍葆有中华文化的儒家思想和儒、道、释三元合一的思想本质。以近二十年来两岸开放以后频繁交往的大量事实考察,我们看不到这种从形到质的不同文化的完全分野。相反的是,在不断的文化寻根和认祖归宗活动中,有一种消弭差异、走向新的整合的趋势。闽台之间的文化同一性,依然是本质的、主导的,闽台仍然应当被视为一个共同的文化区。

当然这并不意味文化的差异性不存在或者已经消弭,也并非认为对文化差异性的研究已不重要。相反,在肯认同一性的前提下承认差异和研究差异,是为了更实事求是地在尊重客观事实的基础上进一步促进同一的整合。对文化同一性的研究是对事物认识的一个基本的层面;而在同一性认识的背景上,对文化差异性的辨析,则是对事物更深层的分析,是研究的深入和对同一性的进一步肯定。在这个意义上,对特殊性的辨析有着与对同一性的肯认同等重要,甚至更为深刻的意义。

第二章　闽台文化关系的历史渊源

第一节　古地理学的研究：地缘关系

闽台两地有着极为密切的文化亲缘关系，其渊源可以追溯到远古时代。古地理学的研究最先为我们揭开了闽台文化亲缘存在的地理基础和发生的奥秘。

翻开地图，台湾位于我国大陆东南 100 多千米的海面上。东临浩瀚的太平洋，西隔台湾海峡与福建省相望，南界巴士海峡和菲律宾群岛遥对，东北隔着太平洋中一道 2700 米深的冲绳海槽与日本琉球群岛为邻。全岛南北长约 380 千米，东西宽约 150 千米，其最窄处仅 20 千米，总面积为 3.6 万平方千米，是我国最大的岛屿。除本岛外，还包括周近许多岛群，最大的是澎湖岛（64 平方千米）与周围 60 多座小岛和礁滩；东南部有绿岛、兰屿、小兰屿、七星岩等岛群；东北部海域则有分布更广的花瓶屿、彭佳屿、棉花屿、钓鱼岛、黄尾屿、南小岛、北小岛、赤尾屿等，多为火山岛，还有少量的珊瑚礁岛和沙岛等。

这是今天台湾的地理位置和概况。然而在远古时期，台湾并不是一直漂浮在东海滔滔波浪之上的岛屿，它曾经有过数度与大陆连成一体的历史，迄今它依然立在中国大陆架的东缘之上。古地理学的研究，从大陆板块的地形结构和台湾海峡的海底地貌变迁的历史中，揭开了台湾与大陆这个饶富兴味的地缘之谜。

中国大陆的形成，早在震旦纪之前即已完成。其华北—塔里木大陆区、扬子大陆区和藏南大陆区，构成三个大陆型地壳区；到晚海西印支阶段以后，扬子地台与华北地台合为一体，形成了统一的亚洲东部大陆，福建、台湾和闽台之间的台湾海峡，都属于亚洲大陆板块，只不过由于处在大陆的边缘，地壳易受挤压而产生断裂，几条冲断层将其分成一些小板块，形成了台湾中央山地、台湾西部平原盆地、台湾海峡海底断裂和裂谷、台湾海峡海底盆地和福建东部的隆起带。考察今日台湾周边的海底地貌,可以发现,东部濒临太平洋的海底,呈急剧倾斜的走势,不到几千米,就深达 2000 米以上;西部与福建相望的台湾海峡则呈浅海的平缓走势,是属于宽达 100～200 千米的大陆架浅海地带。它以台湾浅滩为界将海峡分为南北两个部分:浅滩以北,属于东海大陆架的一部分,浅滩以南,属于南海大陆架的一部分。海峡的南北两端略深,北部一般不超过 100 米,南部可达 400 米,而中南部较浅,即自东山岛至澎湖岛一带,仅 40 米左右,有的才 10 多米,这也就是后来我们常说的东山与澎湖之间存在的一道"海上陆桥"。[①]

　　在远古时期,由于地壳运动和气候变化,台湾曾经数度与福建连在一起。最早是在第三纪末,发生喜马拉雅造山运动,台湾褶皱隆起,带动了台湾海峡和福建海岸迅速上升,台湾与福建连成一体。到了中新世末期,台湾海峡发生断陷,海水侵入,致使福建与台湾分离。到第三纪末、第四纪初,台湾海峡南部和福建东南沿海一带有玄武岩喷发,形成澎湖列岛和玄武岩台地,台湾海峡作为原始的东海盆地的一部分,以台湾浅滩为界,成为东海盆地和南海盆地的海底分界。

　　在中国大陆的地貌格局基本奠定以后,台湾与福建以陆地相连的数度离合,主要是由于地球气候变化的原因。自更新世以来,因冰川的周期性出现与消融,引发海侵,又曾经 4 次以陆地和福建相连。最早一次是在早更新世的鄱阳冰期,我国海域的水面下降 60 米左右,台湾岛猛然上升,台湾海峡也大部分露出水面,台湾与福建遂连成一片;直到早更新世晚期,气候转暖,进入了鄱阳冰期向大姑冰期过渡的间冰期,冰雪消融,海面回升,台湾海峡出现海侵,台湾岛才与福建陆地分离。

　　第二次的相连发生在中更新世。其时气候转冷,我国称为大姑冰期的第二次来临,海面再度下降,台湾又与福建以陆地相连。直至中更新世后期,气候转暖,海面复升,台湾才再度与福建分开。

　　第三次发生在晚更新世。我国称为庐山冰期的第三次冰期出现,转冷的气候使海平面剧烈下降,裸露水面的海峡浅滩成为一道陆桥,把台湾岛与福建再次以陆地相连。直到晚更新世的中期,我国进入庐山冰期与大理冰期的

---

① 参阅宋文薰:《由考古学看台湾》,载《中国的台湾》,台湾"中央文物供应社"1980 年印行。

间冰期,才又因气候转暖、海面上升,台湾海峡被上升的海水淹没,复使台湾与福建再度隔海相望。

第四次出现在距今 11000 多年前的全新世。这是第四纪的最后一次冰期,台湾与福建又经历了一次陆地的相连与离分。至距今 6000～7000 年左右,转暖的气候使海侵达到最高峰。此后,6000 年来气候虽略有变化,但温差变动不大,海面的升降幅度也不超过 1 米,台湾海峡便进入了一个稳定的状态。曾经四度相连又四度离分的台湾与福建,便也隔海相望未再出现剧烈的变动。

古地理学的研究证明,位于中国大陆架东缘之上的台湾,地形结构与中国大陆是一个整体,属于亚洲大陆板块的一部分,它的东海岸才是欧亚大陆的边缘。它虽然由于地壳运动的原因,从大陆边缘断裂出去,但在它浮悬海中之后,又因周期性的冰期数度与福建以陆地连接。此时正是地球上生命活跃的更新世时期。这也意味着,在台湾曾经数度以陆地和福建相连时,存在着一条陆上通道,使得远古时代华南相的各种动物,甚或古人类,能够越过海峡,生存在海浸以后又从大陆分离出去的台湾岛上。台湾著名的考古学家宋文薰曾以大量的考古发现为佐证,认为“台湾位于中国东南大陆棚上,在最近 300 万年至 1 万年之更新世冰河期间,曾数次与华南以陆地相连。期间有源源不绝的华南相哺乳动物群往台湾迁移。故在这段期间很可能有以狩猎与采集为生的旧石器时代人类,跟随动物群移居台湾”[①]。台南左镇菜寮溪山谷、关庙乡龟洞溪两岸和台中头枓等地的沉积层,发现的大量剑齿象、犀牛、大角鹿、四不像等动物化石,阿里山西麓“桃园砾石层”中发现的中国犀牛化石,以及大熊猫、东方剑齿象、中国貘、熊等化石,都是早更新世和中更新世第一、第二次冰期从大陆迁徙到台湾的动物留下的;至今存活在台湾的黄鼬、梅花鹿、小麂和豹等哺乳类动物,也是在台湾与福建相连时通过台湾海峡的陆桥东徙而来的。这些动物化石和实体的存在,又反过来成为台湾曾与祖国大陆以陆地相连接的确证。

台湾与福建的这种密切的地缘关系,为远古时代闽台两地文化亲缘的存在与发展,提供了可靠的地理依据。福建与台湾的文化亲缘,便由此揭开序幕。

---

① 宋文薰:《由考古学看台湾》,载《中国的台湾》,台湾“中央文物供应社”1980 年印行。

附图：四次冰期中，台湾以陆地和祖国大陆相连的情况。[1]

图 2-1　"第一冰期"古地理图

---

[1]　四张插图均采自宋文薰的《由考古学看台湾》。

图 2-2　"第二冰期"古地理图

图 2-3 "第三冰期"古地理图

图 2-4 "第四冰期"古地理图

第二节　考古学和人类学的发现：亲缘关系

一、从旧石器到新石器的考古发现

1970 年,台南左镇乡的一位郭姓农民,在菜寮溪的河谷中拾到一块灰红色的人类骨头化石,引起了学术界的重视。后来在左镇乡菜寮溪的臭窟和冈子林两处小河段,先后采集到 9 块人类标本化石,即右顶骨残片 4 块,左顶骨残片 1 块,右上第一或第二大臼齿 1 块,右下第一大臼齿 1 块,额骨残片 1 块,枕骨残片 1 块。经解剖特征的比较分析和绝对年代测定结果表明,采自菜寮溪臭窟河段的 3 件人类顶骨化石和 2 件人类牙齿化石,属于更新世末期的晚期智人,距今约 1 万年至 3 万年以前;而采自冈子林河段的 4 件人类头骨化石,因其颜色浅,石化程度低,年代要比臭窟河段发现的晚了许多。前者被命名为"左镇人",是台湾旧石器时代人类的代表。

与左镇人发现的同时,在左镇地区的第四纪地层,包括菜寮溪河段、三重溪河段、牛屎坑、监水坑、关庙五处还出土了一批哺乳类动物化石,主要有明石剑齿象、台湾猛犸象、早坂犀牛、中国剑齿象、台湾四不像、步氏羌、羌、新竹鹿、猪、猕猴、豹、水牛等。因这批动物的化石均系雨水冲刷露出地表采集到的,不是正式的田野发掘,其原生定位不清,给定性带来困难。但通过化石氟、锰含量的测定,认为这批动物化石不是同一时期的地质遗存,其最早可以推到更新世早期,属于左镇地区第四纪地层的崎顶层上层,即通霄层的香山相;其较晚的动物化石可能出自台南的底砾层,是全新世中期海侵期的堆积物。这些哺乳类动物化石的发现,对台湾旧石器人类的生存环境提供了充分的佐证。

台湾左镇人一般被认为是台湾旧石器时期长滨文化的创造者。

长滨文化指的是在台湾台东县长滨乡八仙洞发现的旧石器文化遗存。1968 年,由宋文薰和林朝棨率领的台湾大学考古人类学系和地质系联合组成的考古发掘队,对长滨乡的八仙洞遗址进行了全面调查和重点试掘。确认坐落在台湾东部海岸山脉东侧峭壁之上的八仙洞群,其山体是中新世时海底火山喷发的岩浆外泄所造成,经更新世的地壳变动,陆地上升,海面变化,海浪长期冲打岩壁形成了海拔高低不一、面积大小不同的一批洞穴。在调查和试掘的 12 个洞穴中,发现有大量旧石器时期的先陶文化遗存（打制石器和骨角器）和新石器时期的红陶与磨制、打制石器共出的文化遗存。仅从乾元洞、海雷洞和潮音洞的旧石器文化遗存中,就采集到 3000 多件石器和 100 多件骨角器。

这是台湾发现年代最早的一处旧石器文化遗址。经对出土的文化遗物测定,长滨文化的年代从更新世晚期延续到全新世中期,大约在 3 万年前到 5000 年前。这也是台湾左镇人生存和活动的时期。种种研究表明,此时台湾的旧石器人类,尚处于以渔捞和采集为主要经济行为的发展阶段,未出现制陶与农耕等新石器文化的特征要素;依靠采集和渔捞的游移型的取食形态,决定了他们选择面对大洋的天然海岸洞穴为居所,聚落规模较小,不同于农业文化常见的较大规模、较稳定的地面建筑;其以单面打击的砾石石片砍刮工具的打制特征,与东亚大陆砾石砍器传统完全一致,尤与中更新世湖北大冶石龙头和晚更新世广西百色上宋村发现的石器类型与制作技术相同,都属于东南亚旧石器时代文化中的"砾石与石片工具传统"和"砍砸器传统"。其骨角器的类型与制作技术,也与周口店山顶洞文化特征相一致。因此,有学者认为,左镇人作为长滨文化的创造者,是大陆人类文化东传台湾时先达台西地区而留下的化石遗存。对这一说法,一些学者持谨慎态度,认为它"需要有明确的共出关系为据",才能确证。[①]

与此前后,台湾发现的旧石器文化遗存还有垦丁鹅銮鼻的旧石器遗址（与长滨文化晚期的潮音洞类型相似,都是以海洋渔捞和狩猎为主要经济生活来源,其绝对年代也与潮音洞相近,碳 14 测定约在 5000 年前）,垦丁龙坑遗址（与鹅銮鼻遗存相近）、台北士林芝山岩遗址（台湾学者认为是长滨文化在台湾西部的发现,年代与长滨文化相仿,其石器表面附有海生动物壳体,说明所在地层曾一度浸在海中）等。从这一系列旧石器时代遗址的地质资料和遗存进行综合考察,台湾学者认为 5000 年前是台湾旧石器时代文化的绝对年代下限和新石器时代文化的开端。[②] 但也有一部分学者从日月潭湖底泥

心孢粉的鉴定所显示的 12000 年前当地的植被变化，即木本植物递减，禾本植物和次生林增加，认为在更新世晚期的人类，已开始出现伐木的农业活动，说明长滨文化的旧石器时代只代表台湾史前人类活动的一个方面，在洞外甚至内陆地区的人类文化已经具备了农耕的成分。[①]

大陆学者在综合考察了台湾海峡的地质变迁和左镇人及左镇动物群化石的发现之后，认为左镇人及其相伴而出的左镇动物群，都是在更新世晚期，即最后一次冰期台湾与大陆连成一体时，由大陆经福建从陆地迁徙进入台湾的；并且认为从中国西部云南的元谋到台湾的台南，有一条自西向东、从老到新的人类化石、旧石器遗址和大熊猫—剑齿象动物群化石的密集分布带，显示出远古人类及动物群在中国大陆的迁徙踪迹。[②]

在我国云南省元谋发现的"元谋猿人"，是生活于 170 万～180 万年前的远古猿人。因此，西南地区的云南等地，被认为是人类起源的中心之一。人类学家认为，元谋人的后裔可能向四面迁徙辐射，向东发展是其重要的一条迁徙路线，因为在从我国西南部的云南到我国东南部的台湾，都处于北回归线和北纬 25° 之间的地理范围之内。目前的考古发掘，已呈露出一条我国南方旧石器遗址的密集分布带。台湾左镇人及长滨文化等旧石器遗址的发现，就在这条分布带的最东入海处。

但是，在人类东徙的踪迹中，迄止 20 世纪 80 年代，福建尚无重要的旧石器遗址发现。虽然 20 世纪 50 年代初期，著名的人类学家林惠祥曾在福建龙岩发现一件石器，疑为旧石器时代遗物，但毕竟数量太少。这不能不使我们对这条自西向东的旧石器时代人类文化遗址的研究，存在一种遗憾。1990年，福建漳州莲花池山旧石器遗址的发现，极大地弥补了这一不足。

莲花池山在漳州市北郊。最初是从漳州市北郊附近 100 平方千米的更新世台地上，采集到散存于 17 处地点的石器标本，经鉴定为旧石器时代遗存；继而对台地的第四纪地层进行观察，确认其出土石器的两个层位，一是距今 4 万～8 万年的红土堆积层中的砾石条带，地质年代属晚更新世中期；二是距今 9000～13000 年前覆盖在红土层之上的一层红黄色砂土，属晚更新世晚期

---

① 韩起：《台湾省原始社会考古概述》，《考古》1979 年第 3 期。台湾人类学家张光直在 1969年以英文发表的论文即持同一观点。

② 参见陈国强：《闽台考古》，厦门大学出版社 1993 年版。

至全新世早期。接着由福建省博物馆、漳州市文化局和中国科学院古脊椎动物与古人类研究所联合组成考古发掘队，以漳州市北郊为中心，扩展至附近的龙海县、平和县、东山县和诏安县，进行大规模的发掘，采集到了大量旧石器时代的文化遗物。在莲花池山遗址剖面的6个地层中，第二层属晚更新世早期，第三、四层属晚更新世中期，第五层属晚更新世晚期、全新世早期。23件旧石器中，出土于第三层的距今约4万~8万年，出土于第五层的距今也9000~13000年。主要有石核3件、石片14片、砍砸器1件、刮削器5件。

在漳州莲花池山文化遗址发掘前后，福建还相继发现了另外一些旧石器文化遗址、主要有：

一是被命名为"清流人"的清流县沙芜乡狐狸洞文化遗址。从中发现了距今1万年以前，属于更新世晚期智人阶段的6枚人类牙齿化石（代表4个人类个体）和同一地点出土的17种哺乳类动物化石，主要有东方剑齿象、华南巨貘、中国犀牛、西藏黑熊、獾、野猪、水鹿、水牛、山羊、猕猴、竹鼠等，属于晚更新世我国华南地区广泛分布的大熊猫—剑齿象动物群。

二是"东山人"的肱骨化石和更新世时期哺乳动物化石。这些遗骨的发现大多是东山县渔民在距城关6.5千米的兄弟岛周围海域作业时，从海底打捞上来的，遗骨表面大多都有海生软体动物的附着痕迹。其中一块被鉴定为古人类的肱骨化石，年代约在晚更新世晚期到早全新世之间，也即考古学上的旧石器时代向新石器时代过渡阶段的1万年以前，因此被称为"东山人"。同时搜集到的更新世时期的哺乳动物化石有熊、剑齿象、中国犀牛、水鹿、斑鹿、山羊等。从地质时间上推断，从晚更新世到全新世正是地球最后一次冰期的开始到结束，东山海域处于台湾与大陆相连的海上陆桥西端，可以推测，沉入海底的这些古人类化石和哺乳类动物化石，正是由大陆向台湾迁徙途中留下来的，由于海侵而沉入海底了。它从另一个侧面证明了远古人类和动物的这一迁移活动。

三是"甘棠人"的胫骨化石。出土于漳州北郊甘棠东山的台地，系男性成年个体，年代约在1万年以前，属于现代智人性质，同时出土的还有2件石器。

四是清流、明溪、将乐的哺乳类动物化石。清流主要发现在林畲盆地的龙津洞中，采集到更新世动物化石316件和其他肢体碎骨200多件。明溪主要发现在县城东北郊的剪刀乾洞,采集到属于晚更新世的大熊猫—剑齿象动物群的大量动物化石,其大型哺乳类动物达 25 种,是整个华南地区发现大型动物最多的地点之一。将乐主要发现在离县城南郊 6 公里梅花井村的岩子洞中,属于更新世中期和晚期的遗存。清流、明溪、将乐 3 县地域相连,位于福建的中西部,是福建省古人类活动和古动物聚居的中心地点之一。目前的考古发现,动物品种繁多,不下 50 种,但其品种多与广东、广西相近,而不同于江苏、浙江,显示出这些动物的迁移规律是自西向东,而较少自北而南。

福建旧石器文化遗址的发现,丰富了台湾与大陆这一史前文化亲缘的证据。目前我国发现的古人类,以元谋人最早,为 170 万~180 万年的晚期猿人阶段,依次下来还有“蓝田人”、“北京人”、“郧县人”、“和县人”、“沂源人”等;早期智人阶段则有“丁村人”、“金牛山人”、“马坝人”、“长阳人”、“许家窑人”、“巢县人”等;进入晚期智人阶段的,分布于全国 20 多个省、市、自治区,较有名的如“山顶洞人”、“峙峪人”“柳江人”、“麒麟山人”等;台湾 1968 年发现的“左镇人”亦属于晚期智人阶段的古人类。福建后来发现的“清流人”、“东山人”、“甘棠人”也属于这一阶段。不过,作为台湾“左镇人”代表的长滨文化,其 15000~30000 年前的旧石器遗存,比只有 1 万年左右历史的“清流人”、“东山人”年代还要古远一些,这就为我们研究古人类由大陆迁徙台湾留下一段缺憾。但 4 万~5 万年前的漳州莲花池山旧石器文化遗址的发现,则填充了这段空白。它比台湾“左镇人”及“长滨文化”的存在更早。尤其莲花池山文化正好位于台湾海峡的西岸,也即几度冰期中台湾以陆地和大陆相连的“海上陆桥”的西端。它的存在,以及“东山人”肱骨从海底的发现,不仅证明了这一陆桥的确实存在,而且更丰富了我们关于台湾“左镇人”和“长滨文化”是福建的旧石器人类经“海上陆桥”迁移进入台湾的推测和想象。

近期三明万寿岩旧石器遗址的发现,更进一步完善了我国古人类由西南向东南迁徙这一文化链条中某些缺失的环节。这个被称为“20 世纪 90 年代十大考古发现”的万寿岩旧石器遗址,位于三明市西郊 17 千米的岩前村,是介于武夷山脉和戴云山脉之间闽中大谷地东南边缘的一处发育良好的岩溶构造,海拔 359 米,相对高度 170 米。在其 37 米和 3 米处,各有一个溶洞,称灵峰洞(又名观音洞)和船帆洞(又名双连洞)。经过考古发掘,在灵峰洞第三层呈"钙板"状的浅黄色沙质黏土层中,出土了 70 多件石制品,类型有刮削器、砍砸器、石锤等,从制作水平上看,多用锤击法,所产石片、石核和石器形制都不甚规整,具有一定的原始性;相伴出土的还有华南大熊猫—剑齿象动物群的常见成员中国犀牛亚科等哺乳动物化石。第三层"钙板"铀系测年,为 18.5(+1.3 或 −1.1)万年前,属地质年代的中更新世晚期,考古学年代则为旧石器早期的晚段。在船帆洞属于史前期的上文化层(第六、七层),也出土了近 400 件的石制品,包括石锤、石砧、石核、石片、刮削器、尖状器、砍砸器、手镐等各种类型。相伴出土的还有巨貘、中国犀、鬣狗、灵长类、竹鼠、鼠、棕熊、虎、犬、牛、蝙蝠、龟鳖等动物化石。从其中 3 种已灭绝了的哺乳类动物化石及其与上层文化之间相互叠压关系分析,其时代约为距今 2 万~3 万年前的旧石器晚期。在船帆洞的上层文化(第五层)也出土了 80 多件石制品,类型有石锤、石砧、石核、石片、刮削器、砍砸器等,还有骨锥、骨匕、角铲、角饰各 1 件。相伴出土的动物化石以鹿、麂数量最多,其他还有熊、牛、竹鼠、豪猪、野猪、犬、猕猴、龟鳖、雉鸡等类。从其打制石器与磨制骨角器并存的文化特征分析,推测其年代约为距今 1 万年左右的旧石器时代的末期。①

万寿岩旧石器时代遗址的发现,把古人类在福建活动的时间推前了 10 多万年,同时也为闽台史前文化渊源关系提供了新的更有说服力的佐证。

新石器时代的文化遗存,在福建和台湾均已有多处发现,而且在年代和类型上,可以互见;其地理环境、气候、生态系统和文化习俗等方面,也有许多相同和相似之处,由此可以佐证两岸的古人类生存方式有着极为密切的亲缘关系。例如位于福建东部,和台湾一水之隔的平潭岛,在其西北部发现的壳丘头新石器文化遗址(同一类型的文化遗存还有金门富国墩遗址、南厝场遗址、溪头遗址的下层文化遗存等,以其相同的文化特征被统称为壳丘头文化)和台湾在台北县八里乡发现的大坌坑新石器文化遗址(同一类型的文化遗存还有台北市圆山遗址的下层、台南县归仁乡八甲村遗址下层、高雄县林园乡凤鼻头遗址下层和南投乡洞角遗址下层等,以其共同的文化特征被统称为大坌坑文化),都是属于距今 5000 年前的新石器早期文化。其广泛分布于河口、

①　参见福建省博物馆、三明市文物管理委员会、三明市博物馆的联合报告:《三明万寿岩发现旧石器时代遗址》,《福建文博》2001 年第 2 期。

海岸和岛屿的低台地上,一般面积都不大,多是贝丘堆积。工具以打制石器和磨制石器共存为特点,陶器多是夹沙质的红褐陶,多为手制,火候不高;纹饰除绳纹外,采用各种贝齿纹,反映出已有原始农业出现,但仍处在采集和捕捞占主要地位的较低发展阶段,具有典型的海洋文化特征。这些共性,使学者把它们作为同一文化类型的两种地方相,推断他们具有一定的亲缘关系。

又如在福建省闽侯县发现的昙石山文化遗址(同一类型文化还有闽侯庄边山遗址、白沙溪头遗址和福清东张遗址等,统称为昙石山文化)和台湾中南部发现的凤鼻头文化遗址、圆山文化遗址、芝山岩文化遗址等,都属于4000年前新石器晚期的彩陶文化阶段。它广泛地分布在台湾海峡东西两岸的河口、岸边。在福建,主要集中在闽江下游的入海口和九龙江流域一带。在台湾则分布在西海岸的中部和南部。这一地理分布并非偶然。众多考古资料表明,在我国东南沿海地区,从浙江南部的瑞安前山到福建的整条东海岸,再向东跨越台湾海峡经澎湖列岛到台湾,广泛分布的彩陶文化遗址,暗示着某种文化的延播和承继的关系。从昙石山文化和凤鼻头文化出土的遗存看,二者有许多相同和相近的地方,作为这一时期文化特征的彩陶,纹饰多以直线、折线、卵点等简单的线条为基本的线型。如昙石山下层和溪头下层出土的红彩卵点(鹿纹),与圆山文化出土的极为相似,而且都绘在器物腹部的相同位置;在溪头早期墓葬的泥质赭陶上的红彩条纹及勾纹,在凤鼻头文化出土的陶罐上也可见到。这一切都让人感到,4000年之前两岸之间新石器人类的文化播迁和交流已然存在。除了彩陶,这一时期著名的有段石锛、有肩石斧等,都在昙石山文化遗址和凤鼻头等文化遗址的出土中互见。犹如彩陶一样,起源于长江下游地区的有段石锛和起源于珠江三角洲的有肩石斧,在我国东南地区的广泛分布中,也有一条由北向南和由西向东的延播路线,同样证见了经由福建进入台湾的历史渊源。而尤为引人关注的是海峡两岸文化遗址中都曾发现的凹石工具,是一种独特的加工贝类食物的专用石器,反映出闽台沿海先民共同的生产与生活方式,潜隐着两岸密切交往的信息。

大量的考古资料表明,闽台两地新石器时代的文化,有许多共同的文化因素,或源于福建,或源于大陆其他沿海地区。因此台湾著名的人类学家张光直在考量了两岸新石器时代文化关系时曾说:"凤鼻头文化早期陶器中的若干重要特征可能是大坌坑文化原型进一步发展出来的,但凤鼻头文化的许多新颖的文化物质如稻作农业、农具和陶器形制中的鼎和豆，与大坌坑文化扯不上关系，却与海峡西岸的马家滨、崧泽、河姆渡，与昙石山文化有显著的类似，可能是在后者影响之下而产生的。"①

二、人类迁徙与融合中的闽台先民

从新石器人类到有文献记载存在的春秋战国，其间相隔千余年。在这漫长的时间里，谁是闽台最早的先住民族，这一直是一个千古之谜。

最早以科学态度研究中国民族史的梁启超在其《中国历史上之民族研究》中，就曾经发出如许感慨："吾侪研究中华民族，最难解无过福建人。"对于台湾，当也如此。

不过我们依然可以从文献的零星记载中找到它的踪迹。早在春秋时期，就出现关于"於越"的记载，战国时有扬越，至汉则有瓯越、闽越、南越、骆越的记载。可见，从春秋到秦汉时期，我国南方（福建亦在其中）已有古越族存在。所谓古越族，并非一个单一的民族，而是对广泛分布于长江南方之民族的概称。如蒙文通在《越史丛考·百越民族考》中引《汉书·季布传》所称的"北走胡"、"南走越"，认为"胡"是对北方骑马游牧的民族之统称，而"越"则是对南方"饭稻羹鱼"的民族之泛指。北方民族"骑马游牧"的草的文化和南方民族在多水地理环境中"饭稻羹鱼"的水的文化，形成鲜明对照。因此，南方的古越族，不仅在血缘上，而且在文化传承上，都有密切关系。他们因活动范围的不同，形成许多大同小异的"越人集团"，故称"百越"。但对于"百越"的称谓，学术界还有广义和狭义之分。广义的越或"百越"，大致包括长江中下游以南的许多民族。如果以百越文化的影响而言，广义的百越文化区则不仅包括了整个中国大陆的南部，还更广泛地越出国境，扩散到东南亚的许多地区和太平洋中的一些岛屿。狭义的"百越"，指的是於越、扬越、瓯越、闽越、骆越、南越、滇越等一些大同小异的"越人集团"，其活动的地区大致包括今之江苏、浙江、安徽、江西南部、福建、广东、广西、海南、云南、越南北部和台湾等地，在亚洲大陆的东南部，形成了一条弧形的狭长文化带。百越的活动范围虽广，但时间并不太长，主要在春秋战国、秦汉时期。汉武帝

---

① 张光直：《新石器时代的台湾海峡》，《考古》1989 年第 6 期。

以后,除少数演变成其他民族而存在至今外,大部分已融入汉族之中。因此,林惠祥在《中国民族史》中认为,百越系汉族的四大来源之一。[①]

福建是古越族活动的地区之一。文献记载,古越族之一支(於越)最早于春秋时期立国,建都于会稽(今之浙江绍兴),越王勾践灭吴以后,迁都琅琊(今之山东诸城),传至玄孙翳,国势颓弱,便南迁于吴(今之江苏苏州),周显王三十五年(前334)覆亡于楚,越地从此分裂。越王族四出分散,各居一隅。朱维幹《福建史稿》称,"越王族中的一部分,大约就在这个时期进入福建"[②]。《史记》亦有关于越亡后至秦汉之际复建瓯越、闽越二国的记载。许慎《说文解字》云:"闽,东越蛇种也。"所谓"蛇种",即为百越族中以蛇为图腾的一支。由此可见,百越族中的一支——闽越,于秦汉之际入居福建,当无可疑。闽越为福建最早先住民,当也可以成为定论。

然而在闽越之前,福建还有没有其他先住民呢? 由于秦汉之前,文献无证,便难确言,或称在闽越人入闽之前,福建应会有其他先住民存在。林惠祥曾推言:"此种民族非蒙古利亚种(黄种),而系属尼格罗种(黑种)之一支,即矮黑人尼格利陀(Negvito)。尼格利陀今尚残存于南洋各地山林之中,古时曾占据更大地方。据中国史书记载,中南半岛在有史以后尚多有黑色人种,在云南亦有之。中国三国时在安徽山中尚有矮黑人存在。在史前蒙古利亚种人来到时,华南及南洋一带应已有此种矮黑人存在。"[③] 不过作者对此推论亦持慎重态度,认为"应待于史前遗物之发现",才能确定。

闽越族自秦代末期帮助刘邦灭秦击楚,从而于汉高帝五年(前202)封王立国,至汉武帝元封元年(前110)被剪灭,存世92年,其间屡与中央王朝发生冲突争斗。因此《史记》称:"于是天子曰东越狭多阻,闽越悍,数反覆。诏军吏皆将其民徙处江、淮间。东越地遂虚。"越族虽被迁入江淮一带而最后融入汉族之中,但东越之地是否真的虚空,史家历来多持怀疑态度。朱维幹认为:"汉迁闽越,并不是把全部越人都迁于江淮之间,主要是把它的贵族、官僚和军队带走。"[④] 林惠祥也说:"然闽地多山林及岛屿,易于藏匿,其迁徙

---

① 林惠祥:《中国民族史》,商务印书馆1939年11月第1版,1993年7月影印第1版。

② 朱维幹:《福建史稿》上册,福建教育出版社1985年版。

③ 林惠祥:《福建民族之由来》,载《林惠祥人类学论著》,福建人民出版社1981年版。

④ 朱维幹:《福建史稿》上册,福建教育出版社1985年版。

由强迫而非如瓯越之自愿,必有漏网而留居于故地者,非能真虚也。"① 因此他认为:"今之闽人虽为东晋以后移居汉人之后裔,然亦当混有先住民族越人之血液。"② 而且,越人居于东南沿海,《淮南子·说山川》说:"习水便舟",是个善于航海的民族。《越绝书》称:"水行而山处,以船为车,以楫为马,往若飘风,去则难从,锐兵任死,越之常性也。"汉武帝建元六年(前135),闽越王攻南越而招来汉武帝派兵围剿,闽越王弟余善便与宗族商计:"杀闽越王献天子以求罢兵,若天子不听,乃力战;不胜,即入海。"可见,对于一个善于舟楫的民族,面临绝路而亡入海,乃是其必然的选择。闽地未虚,亦由此可见。至于入海之后,亡向何处,则为史家所多方猜测,有认为进入台湾者,也有认为今之闽江和珠江下游以船为家的疍民,即为古越族的后裔。③

　　闽越是福建最早的先住民族,那么,最早入住台湾的先住民又是谁呢?一般认为台湾的先住民即为我们常说的高山族。不过,对于这一称谓近年多为学者质疑。首先,高山族主要指的是居住在台湾高山地区未经汉化的民族,它并不包括在历史上同时存在的住于平原地区,已被汉化了的平埔族;其次,无论高山族还是平埔族,都不是一个民族,而是在不同时期从不同方向进入台湾的许多民族的统称。高山族一般认为有9族,即泰雅、赛夏、布农、曹、鲁凯、排湾、卑南、阿美、雅美,或再加上邵族为10族,近年亦有认为其共有13族者;平埔族一般认为有10族,即凯达加兰、雷兰、噶玛兰、道卡斯、巴布拉、猫雾栋、巴则海、洪雅、西拉雅、邵等。④ 除平埔族融入汉族外,高山9族则大致还保留着自己的文化。可见早期台湾的先住民,其来源是极为复杂的。

　　对于台湾先住民族的来源,学术界一般有"西来说"(从祖国大陆迁入)、"北来说"(从琉球迁入)和"南来说"(从南方海岛迁入)三种意见。陈碧笙

---

①　林惠祥:《福建民族之由来》,载《林惠祥人类学论著》,福建人民出版社1981年版。
②　同上。
③　林惠祥:《中国民族史》关于"疍民"的来源,引述12种不同见解,其第十种即为罗香林的古越人说。详见林惠祥《中国民族史》上册,商务印书馆1993年影印本,第139页。
④　关于台湾先住民的分族,历来说法不一。高山9族有的认为只有7族、8族,平埔10族有的认为只有8族。新中国成立初期在对少数民族的识别工作中,采用高山7族的分法,不论平埔族。直到1981年10月出版的《台湾省地图册》,才用高山9族的分法。近年更有研究者称其为13族。此处对高山9族和平埔10族的称谓,采自史式、黄大受的《台湾先住民史》。

《台湾地方史》还提出："最早进入台湾的大概是属于尼格利佗种的矮黑人，曾广泛分布于各处山地。"[①] 不过他也认为矮黑人除一部分和后来进入的蒙古利亚种人融合外，在台湾已经为后来进入的其他民族灭绝，如赛夏族每两年举行的盛大的矮灵祭，即为纪念他们消灭矮黑人所作的祈禳仪式。关于台湾先住民族源的争论，主要集中在上述"三说"上。

　　大陆学者史式（《中华民族史》大陆方面的主编）和台湾学者黄大受（《中华民族史》台湾方面的主编）在近年合著的《台湾先住民史》[②] 中认为，"北来说"指的是恒春琅峤一带少数移民，疑为琉球迁入，由于其人数很少，且无确证，即使存在，也无足轻重。"南来说"主要从台湾的先住民族与南岛民族在语言、体质和文化上的相似来立论。这一相似的情况确实存在，但为什么一定是从南岛北上，而不会是从台湾南下而导致与南岛民族的相似呢？《台湾先住民史》从对古越族的研究入手，引述了近年国内外一些人类学家、语言学家、遗传学家的研究成果，对"南来说"提出了具有颠覆性的大胆质疑。其中最引人注意的是新西兰维多利亚大学生物学家张伯斯的一项研究报告。张伯斯使用维多利亚大学分子系统分类学研究所搜集的人类脱氧核糖核酸（DNA）的数据进行分析，认为今天新西兰的毛利族及太平洋其他地区的玻里尼西亚人的祖先均来自中国，并极有可能以台湾为起点，逐岛迁移，经过菲律宾和印度尼西亚，来到西玻里尼西亚，再继续登上东玻里尼西亚的岛屿，最后到达新西兰。"这些民族的迁移过程留有精确的活生生记录，被保存在仍住在其迁移路线的现代后裔的 DNA 中。"这些来自华南地区某处的"黄种人"，正是我们善于航海的百越先民。他们在距今 6000 年至 1000 年漫长岁月里，就活跃在太平洋上，从福建出发，经台湾、南越、菲律宾和印度尼西亚至新几内亚，再一直向东，越过 180 度经线之后，分三路发展，向北到达夏威夷，向东到达复活节岛，向南到达新西兰。张伯斯所获得的结论，得到了堪培拉澳洲国立大学史前史学教授安德森、北帕默斯顿梅西大学科学家和奥克兰大学太平洋研究中心主任 Marjorie Tuainekore Croconbe 等科学家的支持和补充。身为波里尼西亚人的 Marjorie 教授认为："在那些古老的日子里，我们

---

① 陈碧笙：《台湾地方史》，中国社会科学出版社 1982 年版。
② 史式、黄大受：《台湾先住民史》，九州图书出版社 1999 年版。

文化中的某些元素仍保留了台湾原住民的特点,且传继到今日。例如,在库克群岛语言中,代表手、脸、眼睛、耳朵的字,就和今日某些台湾原住民的字是一样的或类似的。"①

这些主要由生物学遗传基因研究所获得的结果,实际上也是人文学者从文化亲缘的研究中所得的推论。早在 1970 年,台湾人类学家凌纯声就在《论夷越民族》中,以中国远古与太平洋、印度洋上的帆筏、戈船、方舟、楼船为例证进行研究,指出从非洲东海岸到南美洲西海岸,在包括印度洋、太平洋在内的一大片海域中的岛屿,许多土著文化都保留着中国古代夷越文化的因素。美国俄勒冈大学人类学系主任杨江从语言学、建筑学、遗传学、社会学、宗教学、文化学的比较研究中,也明确指出:"早在 6000 年前,马来—波里尼西亚人的祖先开始从中国的福建省出发,进行了长途的迁移活动。他们向南行进,穿越菲律宾和印度尼西亚后分两个方向迁移,一路向西,到达马达加斯加;另一路向东,到达夏威夷和伊斯特岛。"并列出了他们所到达岛屿的大致时间,即从距今 5500 年以前(抵婆罗洲、帝汶岛)到距今 1100 年前(抵新西兰)。② 上述研究,有力地质疑了"南来说"的说法,证明了台湾先住民与南岛民族在语言、体质和文化因素上的相似,并非是南岛民族北上,而是台湾先住民南下的结果。

在质疑了"北来说"和"南来说"之后,"西来说"——即祖国大陆的"百越族"便成为台湾先住民的最重要来源。实际上这一观点早已为许多先辈学者所指出。著名的历史学家翦伯赞在 20 世纪 40 年代就曾说过:"台湾的番族,是百越之番的族裔,这种番族之占领台湾,不在宋元之际,而在遥远的太古时代。"③ 台湾人类学家凌纯声在 20 世纪 50 年代初期也指出:"台湾土著族至少可以说多数是在远古来自中国大陆。"④ 而曾经亲自到台湾进行考古的林惠祥也认为:"台湾的新石器人类,便是古越人的一支。"⑤ 所有这些论

---

① 陈碧笙:《台湾地方史》则认为,17 世纪荷兰人入侵台湾时所见的琅峤人和 19 世纪泰勒在《漫步台湾南部》中所记载的知本人,可能就是从古琉球移入的先住民的后裔。不过他们大多和邻近的排湾人融合,而把部分文化特征留在排湾族中。

② 凌纯声和杨江的研究结论,均引自史式、黄大受的《台湾先住民史》。

③ 翦伯赞:《台湾番族考》,载《开明书店二十周年纪念集》,开明书店 1947 年版。

④ 凌纯声:《古代闽越人与台湾土著族》,《学术季刊》1952 年第 1 卷第 2 期。

⑤ 林惠祥:《台湾石器时代遗物的研究》,《厦门大学学报》(社会科学版)1955 年第 4 期。

说的依据,一方面来自地下考古的出土文物,另一方面则来自对台湾先住民文化的研究。前者本节在"从旧石器到新石器的考古发现"中已有所介绍。它证明当台湾在数度以陆地和大陆相连接的旧石器时期,就开始有人类越过海峡进入台湾。大量的考古发现,使我们在旧石器时代和新石器时代的古人类及其文化遗存中,找到台湾与祖国大陆的文化连接点。另一方面,进入文明史以后,具有丰富航海经验的百越人,在东南沿海的频繁活动中,更有可能在不同时期从不同方向进入台湾。如今生活在台湾山区的泰雅人、赛夏人、布农人、曹人,被认为是最早由大陆迁入台湾的先住民,他们也保存着较多的百越文化特征。徐松石曾将《台湾府志》中所记载的台湾先住民的文化习俗和祖国南方与古越族有密切渊源关系的少数民族,特别是壮族、侗族进行比较,开列了他们相同或相似的风俗习惯竟达 80 多项。[①] 史式和黄大受的《台湾先住民史》将其归纳为 16 项,即断发文身、龙蛇崇拜、缺齿与墨齿、拔毛去须、腰肌纺织与织贝、贯头衣与筒裙、饭稻羹鱼、杆栏式建筑、龙舟与水上竞技、婚前自由交往、女劳男逸、父子连名、老人政治、占卜、猎首、悬棺葬与屈肢葬。这种相同或相似,不会是偶然的,只能证明他们来自同一个族源。结合近年国外学者所进行的 DNA 研究,更有力地证明了台湾先住民很大一部分确系来自祖国大陆的百越族。

除了百越族,台湾的先住民还可能有其他族源,较常见的有前述的"矮黑人说"、"琉球人说"、"南岛人间接来台说"(如从菲律宾北部小岛迁入兰屿的雅美人)、"马来人说"和自三国东吴以后历代汉人迁入台湾而融入先住民之中。不过,这些其他族源入台所占的人数都不多,活动面积也不大,不影响台湾先住民的主要族源为来自祖国大陆的百越族这一结论。

然而百越族究竟是怎样来到台湾的呢,除了汉武帝灭越,部分越人亡海入台的推测外,史无可考。不过,林惠祥曾经根据东亚古民族的迁移大势,对古越族做了一种推论。他认为蒙古利亚种人(黄种人)在史前就先后从亚洲北方南下,其最先一支来到中国南方,并经由中南半岛、马来半岛而散布于南洋诸岛,成为今之马来族的来源。而其在南下途中滞留于华南者,便成为百越族和其他南方民族。因此他认为"古越族与古之马来族可谓是出自同源",

---

① 徐松石:《东南亚民族的中国血缘》,香港《远东民族史研究》1959 年第 3 册。

其体形和文化都有许多相同和相似的地方。① 《台湾地方史》的作者陈碧笙对林惠祥的推论做了更详细的描述。他认为来自亚洲北部大陆的蒙古利亚种人南进后，一支溯东部海岸南下，广泛分布于我国东南部和南部沿海，称为百越；另一支沿长江上游南下，分布于五岭以西的西南峡谷地区，即为百濮。大约在新石器时期的中期和晚期，有一支越族自我国东南沿海分数批渡海到了台湾，一部分留下与先住那里的矮黑人结合，成为后来泰雅、赛夏、布农、朱欧等族的祖先；而大致在同一时期，也有几支越人和濮人也分批沿着海岸或顺江南下，经中印半岛而至南洋群岛，分别与来自印度和高加索的古印度奈西安种人融合，成为原马来人。大部分原马来人留下来与原住在那里的尼格利佗种人相融合，成为后来的真马来人；没有同尼格利佗种人融合的部分，后来有一支由菲律宾群岛移入于台湾，成为排湾、卑南等族的祖先。他最后的结论说："从我国大陆出发的两支南亚蒙古人种，在经过不同路线和长期的迂回迁移之后，最后仍然在台湾汇合，这是古代人类大迁移中一个很有趣的现象。"②

第三节　历史文献的记载：史缘关系

我国的历史文献，很早就有关于台湾的记载。

成书于战国时期的《尚书》是我国最早的一部志书。其《禹贡》篇云："淮海维扬州……岛夷卉服，厥篚织贝，厥包橘柚，锡贡。"这里所谓的"卉服"，即麻织的衣服，"织贝"是缀系于衣服上的贝制珠粒。有学者以这殊异的生活特征认为此处所说的"岛夷"，即古时候的台湾。这一推测为许多学者所反对，因为在古代交通极为不便的情况下，以"厥包橘柚"而岁岁来贡实无可能。但《禹贡》所说的扬州，是当时中国地理划分的九州之一，其地域北至淮河，东南至海。福建和东南海域诸岛，应都包含其中。所以清《重修台湾府志》就认为："台湾，《禹贡》扬州之域。"《山海经·海内南经》云：

① 林惠祥：《福建民族之由来》，载《林惠祥人类学论著》，福建人民出版社 1981 年版。
② 陈碧笙：《台湾地方史》，中国社会科学出版社 1982 年版，第 18 页。

"海内东南陬以西者,瓯居海中, 闽在海中,其西北有山。一曰闽中山在海中。"有人以"闽在海中"认为指的当是台湾,可见在当时中央王朝势力尚未到达南方,而在地理概念模糊的情况下,将福建与台湾混称,或包容在广袤的东南海域之中,实属可能。

又《前汉书·地理志》称:"会稽海外有东鳀人,分为二十余国,以岁时来献见。"有学者认为"东鳀"即今之台湾,如日本的市村赞郎、白鸟库吉等。此说也遭到大部分学者的质疑。从地理位置上看,会稽之东应是日本;从社会发展上看,如若当时台湾已"分为二十余国",且能"以岁时来献见",文化当已相当进步,何至于后代反而如此孤立落后?[①] 折中的一种观点则认为,"东鳀"虽不一定是限指台湾,但其外延应包括台湾在内。[②]

比较为学术界所肯认的是三国时代所说的"夷洲"。《三国志·吴主传》载"黄龙二年(230)春正月 …… 遣将军卫温、诸葛直将甲士万人浮海求夷洲及亶洲。亶洲在海中 …… 所在绝远,卒不可得至,但得夷洲数千人还。"一般认为夷洲就是台湾,而亶洲则有日本、琉球或海南岛诸说。《三国志》的《陆逊传》和《全琮传》都曾谈到孙权欲遣偏师取夷洲和珠崖(海南岛)。《台湾地方史》作者陈碧笙以为亶洲可能是这里所说的珠崖的异称。孙策、孙权在江东建立吴国时,仅会稽、吴郡、丹阳、豫章、卢陵五郡,为建立强大政权,便须开疆扩土。五次用兵,南占闽中,是其扩大疆土的步骤之一,并以越人善舟楫,而在临海的福州和霞浦设典船校尉和温麻船屯,为其水军和航海的后方基地。在孙权治吴期间,北攻曹魏治下的辽东,南取尚未开发的海南(珠崖、儋耳),海上活动极其频繁。东向浮海求夷洲,其目的不在扩土,而是"欲俘其民以益众"(《三国志·全琮传》)。其时东吴对夷洲(台湾)已有相当了解。《三国志》记孙权在出征之前曾征求陆逊和全琮的意见,二人都以当地"水气如毒"等情况规谏,孙权未听,果如所言,"军行经岁,士卒疾疫死十有八九"。虽"得夷洲数千人还",实乃劳而无功。但确如台湾学者凌纯声所说,这是"中国政府经略台湾之始"。[③]

---

① 参见施联朱:《略谈台湾历史地理的几个问题》,载《台湾民族历史与文化》,中央民族学院出版社1987年版。
② 参见林仁川《大陆与台湾的历史渊源》,文汇出版社1991年版,第8页。
③ 凌纯声:《古代闽越与台湾土著》,《学术季刊》1952年第1卷第2期。

可以为这一行动提供进一步佐证的是三国时沈莹所撰的《临海水土志》。沈莹生于244年,卒于280年。该书提及"安阳"这地名,系孙皓264年即位后才改的,因此,此书约作于264～280年之间,正是孙权于公元230年求夷洲后的二三十年间。时沈莹任丹阳太守,他所记有关夷洲风土人情部分,可能是根据出征归来的将士回忆转述的,但由于所记的真切生动,有学者疑为亲身经历目睹之事。该书现已亡失,仅《太平御览》、《太平寰宇记》等书有所录存。其有关台湾的文字不长,据《太平御览》全录如下:

> 夷洲在临海东南,去郡二千里。土地无雪霜,草木不死。四面是山,众山夷所居。山顶有越王射的,正白,乃是石也。此夷各号为王,分画土地人民,各自别异。人皆髡头穿耳,女人不穿耳。作室居,种荆为蕃鄣。土地饶沃,既生五谷,又多鱼肉。舅姑子妇,男女卧息,共一大床,交会之时,各不相避。能作细布,亦作斑纹布,刻画其内,有文章以为饰好也。其地亦出铜铁,惟用鹿觡矛以战斗耳。磨砺青石,以作矢镞、刃、斧、坏、贯、珠珰。饮食不洁,取生鱼肉,杂贮大器中以卤之,历日月乃啖食之,以为上肴。呼民人为弥麟,如有所召,取大空材,材十余丈,以着中庭,又以大杵旁春之,闻四五里如鼓,民人闻之皆往驰赴会。饮食皆蹲踞相对,凿木作器如猪槽状,以鱼肉腥臊安中,十十五五共食之。以粟为酒,木槽贮之,用大竹筒长七寸许饮之。歌似犬嗥,以相娱乐。得人头,斫去脑,驳其面肉留置骨,取犬毛染之,以作鬓眉发,编贝齿以作口,自临战斗时用之,如假面状。此是夷王所服。战得头,着首还,于中庭建一大材,高十余丈,以所得头差次挂之,历年不下,彰示其功。又甲家有女,乙家有男,仍委父母,往就之居,与作夫妻,同牢而食。女以嫁,皆缺去前上一齿。

在这不到500字的短短记叙中,广泛地涉及了夷洲(台湾)的地理位置、物产气候、社会组织、军事行动、婚姻制度、生活习俗,以及与古越族的渊源关系等等方面。其位置"在临海东南,去郡二千里",且"土地无雪霜,草木不死"。从吴临海郡治的今宁海县出发,无论方向、距离与地理环境都与今日台湾无异。彼时夷洲"各号为王,分画土地人民",王即首领,是作者按照古时汉族的习惯用语。可见当时还处于各自分立的部落时代,且部落之间时常发生战斗。以战斗中猎取对方头颅而多者为英雄或首领。在经济生活方面,从"其地亦出铜铁,惟用鹿觡矛以战斗耳。磨砺青石,以作矢镞、刃、斧、环、贯、珠珰"及"既生五谷，又多鱼肉"等记叙推测，当时虽已发现铜铁，但使用不广，还是以磨制石器和角器为主要工具的新石器时期；农业生产水平不高，处于农耕与渔猎并重的原始经济状态。在社会发展的阶段上，从其凿木作器，鱼肉安中，"十十五五共食之"，以及"甲家有女，乙家有男，仍委父母，往就之居，与作夫妻"和"男女卧息，共一大床"等等记叙可以推想，当时尚处于原始共产社会的阶段，虽已脱离群婚制进入偶婚制，但仍还保留某些母权社会的痕迹。其生活习俗，髡发、穿耳、凿齿，都保留着古越族的习惯，特别是部落议事，召之以木鼓，是同一根系的东南古越族和西南古濮族屡见不鲜、流传至今的文化特征。作者在记叙开头描述众山夷所居的"山顶有越王射的，正白，乃是石也"，明确地指明了夷洲土著与大陆古越族的关系。此一记叙与后来的考古发现都可以互证，夷洲之山夷确实有着古越族亲缘血统。

此一文献表明，公元 3 世纪的三国时代，不仅是中国政府经略台湾的开始，也是对台湾有了较为全面认识的开始。

公元 7 世纪的隋代，是中原再度进入台湾而留下重要文献的一个时期。经过了三百多年分裂，隋朝重获统一的政治局面，把海上拓展的大业再度提到面前。《隋书·东夷传》"流求"条记叙大业元年（605）海师何蛮向隋炀帝提供了在春秋天清风静之时，东望依稀有烟雾之气的信息，使一向怀有海上远略的隋炀帝充满渴望。大业三年（607），隋炀帝派羽骑尉朱宽偕同何蛮入海求访异俗，抵流求后因语言不通，仅掠一人而返。次年（608）又遣朱宽再去"抚慰"，"流求不从"，仅取回布甲一件。两次和平招降未果，于是于大业六年（610），派虎贲郎将陈稜、朝请大夫张镇周率东阳兵万余人，并有精通当地语言的昆仑人（即马来人）随行，从义安（今广东潮州）泛海出发，费时月余，先经高华屿（即今澎湖列岛的花屿），再至龟鳖屿（即今澎湖列岛的奎壁屿），最后抵达流求岛的中部，即今之台湾鹿港一带。隋军先由充当通译的昆仑人，向以为是前来进行商旅贸易的当地番众（台湾平埔族）"慰谕"劝降，遭拒，便动用武力。经过数场战斗，毁其栅寨，焚其宫室，"虏其男女数千人，载军实而还"。作于明代的《闽书》有云："福州之福卢山，当隋之世，曾掠琉球五千户至此，尚有其裔"，虽数字与其他文献记载不一，或许有误，但此一事实可以为《隋书·东夷传》所记佐证。

《隋书》所称的"流求"，无论从其位置、航程、途经岛屿与当地的文化特征,以及证之于稍后的《东番记》、《裨海纪游》、《东西洋考》等文献,中外学者普遍都认为即今之台湾。从《隋书·东夷传》所记叙的资料看,此时距《临海水土志》所记述的夷洲,已过了约四百年,台湾社会仍停留在刀耕火种的原始经济状态:"先以火烧而引水灌之,持一锸,以石为刃,长尺余,阔数寸而垦之。"工具仍是石器为主,金石并用。不过,较之以前农业有了一定发展,已出现了"稻、粱、床黍、麻、豆、赤豆、胡豆、黑豆等"的记载;并懂得"以木槽中暴海水为盐,木汁为酢,酿米面为酒",出现了简单的农产品加工业。其社会组织仍停留在部落阶段,"无君臣上下之节","无赋敛,有事则均税"。只不过部落首领有了更大的权威。《隋书·东夷传》的作者还注意到不同氏族部落之间的族群风俗各有不同,与当时抵御隋军的中部平埔族比较,"风俗少异"的南境部落要更落后一些。部落之间为了各自的利益依然争斗不断,且仍以善战而掠杀对方头颅多者为英雄或首领,骷髅崇拜之风益盛。在生活习俗上,服饰方面,"织斗缕布并杂色及杂色毛以为衣",且"缀毛垂螺为饰",体饰则"男子拔去髭鬓,身上有毛之处亦皆除去;妇人以墨黥手,为虫蛇之文",依然保存断发、文身之俗。尤为值得注意的是,此时之台湾可能已和大陆有所往来,并存在着经济上的贸易关系。所以《隋书·东夷传》才说:"流求人初见船舰,以为商旅,往往诣军中贸易。"

公元 7 世纪之隋代,对台湾由访异、抚慰、招降,而至征讨,反映了当时统治者海上经略的雄才与野心。其所留下的文献,在记载当时台湾社会状况和大陆与台湾的关系等方面尤为珍贵。

唐代宪宗(806～820)时期诗人施肩吾有诗《夷岛行》一首,据说是描写澎湖列岛的。诗云:"腥臊海边多鬼市,岛夷群处无乡里。黑皮少年学采珠,手把生犀照咸水。"明清时期闽台一些志书多以此为澎湖写照。连横《台湾通史》中将此诗改题为《题澎湖》,称"及唐中叶,施肩吾始率其族,迁居澎湖","其《题澎湖》一诗,鬼市盐水,足写当时之景象"。澎湖列岛在台湾海峡介于大陆和台湾本岛之间,为台湾最近大陆之离岛。隋陈稜率军抵台时,曾途经澎湖列岛的东华屿(今之花屿)和龟鳖屿(今之奎壁屿),大陆对台湾的移民,可能就从这里开始。最先是福建沿海渔民打鱼途中来此避风暂居,后发展成为开发性的定居。特别在唐宋五代,北方战乱,闽王兄弟偏据一方,轻徭薄赋,使福建经济有所发展,吸引了中原流民纷纷来归。一时人口大增,乃至人满为患,便思向海上发展。北宋谢履宗有诗描绘当时情况,云:"泉州人稠山谷瘠,虽欲就耕无地辟。州南有海浩无穷,每岁造舟通异域。"因此福建与澎湖、台湾的交往,可能自唐末就已出现。但这样说并非可以证明连横关于唐施肩吾率族移居澎湖之说。因为此说于史无证,甚至连《岛夷行》虽写海上景象,是否就指澎湖,也为一些学者怀疑。

宋代是大陆经营澎湖的开始,也是开发台湾的前奏。此时留下一批重要文献,如记叙南宋时任泉州知州的《汪大猷神道碑》(周必达作)和《汪大猷行状》(楼钥作),南宋时曾任泉州市舶司的赵氏宗室赵汝适的《诸番志》,南宋王象之的《舆地纪胜》和元汪大渊的《岛夷志略》等,表明了当时对台湾(宋称"流求",元称"瑠球")及澎湖已有更深的了解和实际的拓殖。

关于澎湖的方位和地理,此时已有了较为准确的描述。《汪大猷神道碑》和《汪大猷行状》都把澎湖称作"平湖",言其在泉州之外海中,有"沙洲数万亩"。《诸番志》有了更进一步记叙:"自泉晋江出海间,舟行三日抵澎湖屿,在巨浸中,环岛三十六。"至元,《岛夷志略》则列有专条,记叙澎湖"岛分三十有六,巨细相间,坡垅相望,乃有七澳居其间,各得其名",并具体描述了澎湖的自然和社会情况:

> 自泉州,顺风二昼夜可至。有草无木,土瘠不宜禾稻。泉人结茅为屋居之。气候常暖。风俗朴野,人多寿眉。男女穿长布衫,系以土布。煮海为盐,酿秫为酒,采鱼、虾、螺、蛤以佐食,蒸牛粪以爨,鱼膏为油。地产胡麻、绿豆。山羊之孳生,数万为群。家以烙毛刻角为记,昼夜不收,各遂其生育,工商兴贩,以乐其利。地隶泉州晋江县。

从这段记载可以看出,此时澎湖已是一个渔、农、牧并举,且兴商贸的颇具规模的汉人移民社会了。其移民多来自福建沿海,以泉州为著,并且明确将澎湖隶归福建晋江县辖治。至于大陆汉人何时迁入澎湖,史无确载。但从上述文献中,仍可约略察知。南宋周必达《汪大猷神道碑》称汪大猷于"乾道七年(1171年)……四月起知泉州,海中大洲号平湖,邦人就植粟、麦、麻"。楼钥《汪大猷行状》亦称:"乾道七年四月起知泉州,至郡……郡实濒海,中有沙洲数万亩,号平湖,忽为岛夷毗舍耶奄至,尽刈所种。他日又登海岸杀略。擒四百余人,歼其渠魁,余分配诸郡。"可见,至少到南宋孝宗(1163～1189)之前,已有泉人在澎湖垦殖,且规模一定不会太小,才须毗舍耶以数百之众前来抢刈杀掠。《汪大猷行状》还记,为抗御毗舍耶的突袭,汪大猷还在澎湖建房 200 间,并派水军长期驻扎。至元朝至元年间,由于人口的进一步发展,又在澎湖设立巡检司,以征租赋。这是中国政府第一次在台湾之外岛的澎湖驻军和设立行政机构,澎湖的隶属关系就更为确定。事实说明,明万历间《闽海赠言》载陈学尹《谕西夷记》说"澎湖在宋时,编户甚繁",并非虚言。近年,台湾考古学家在澎湖发现数处宋墟,其中白沙乡一处完整屋基,长 13 米,宽 5 米,建材多出自福建,年代约在北宋与南宋之间,且遗址处还发现大量陶瓷残片及北宋熙宁元宝、政和通宝等,均可作为有力证物。

澎湖地处海津要冲,宋元时福建海上贸易繁盛,往来船旅,常在这里中转。元代方志称其时经此的商船,"岁无虑数百十艘"。而且在南宋时期,居住在台湾周近岛屿的毗舍耶,可以驾着竹筏而来,澎湖居民当也可以驶舟抵台了。因此,可以推想,大陆对台湾的移民,当于此时就已存在。元代汪大渊在《岛夷志略》中记叙自己游历台湾的亲身见闻,他说:"余登此山,则观海潮之消长;夜半则望旸谷之日出,红光烛天,山顶为之俱明。"有学者认为,在当时的情况下,言语不通,习俗有异,若无汉人的引导陪伴,想要登山观潮,绝顶望日,几无可能。由此推论,在此之前应已有汉人在台湾移居。

元代怀有勃勃野心的元世祖忽必烈曾经两度发兵求取台湾(瑠球),不过由于不同的意见而改为和平招抚,然均无功而还。倒是这一时期大陆与台湾的民间往来得到沟通。曾经两度随商舶泛海,历数十国的汪大渊,也来到台湾,并以"非亲见不书"的态度在所著的《岛夷志略》中首列"瑠球"条,成为元代有关台湾社会、经济的重要文献。该条虽仅两百多字,却涉及台湾社会的方方面面,引录如下:

> 琉球地势盘穹,林木合抱,山曰翠麓、曰重曼、曰斧头、曰大崎。其峙山极高峻,自澎湖望之甚近。余登此山,则观海潮之消长,夜半则望旸谷之日出,红光烛天,山顶为之俱明。土润田沃,宜稼穑。气候渐暖。俗与澎湖差异。水无舟楫,以筏济之。男子妇人拳发,以花布为衫。煮海水为盐,酿蔗浆为酒。知番主酋长之尊,有父子骨肉之义。他国之人,倘有所犯,则生割其肉以啖之,取其头悬木竿。地产沙金、黄豆、黍子、硫黄、黄蜡、鹿、豹、麂皮。贸易之货,用土珠、玛瑙、金、珠、粗碗,处州瓷器之属,海外诸国,盖由此始。

在这段记叙中,引起我们注意的是,台湾已跨入了父系氏族社会,所以才有父子骨肉之义;居民仍以狩猎和农耕为主,农业较前有了较大发展,在文献中首次出现甘蔗;且已懂得纺织、煮盐、酿酒等简单的加工业;贸易有了显著发展,以台湾之土产如沙金、硫黄、兽皮和农产品换取生活必需品,已不像《诸番志》上所说的"专事剽掠,故商贾不通"。在习俗上依然保留"猎首、食人、重骷髅"的古风。但通商的存在也意味着人际交流的存在。其"食人"之风已有了敌人和朋友的区分,这是从蒙昧到文明的一点进步,对于未来与大陆的交往和汉族移民进入台湾具有重要的意义。

第四节　神话传说的佐证：文缘关系

神话是人类童年的想象,正如恩格斯所指出的,是在人们的幻想中,经过不自觉的艺术方式加工过的自然和社会形式本身。当人类还处于无法了解自然和掌握自然,从而迷惑于自然巨大神秘力量的蒙昧时代,便只有借助想象的力量来解释自然。因此每个民族都会留下自己童年幻想的印记。祖国大陆各个民族和台湾各先住民族都有丰富的神话流传,它们某些相同或相似的因素和形态,既有可能是人类面对共同的自然遽变和社会进程,而在幻想中出现的相同或相近的不自觉的艺术加工。比如全世界各个民族都存在着探问自己从何而来的创世神话和面临周期冰川的洪水神话,祖国大陆和台湾自不例外;也有可能是从旧石器晚期到新石器时期,祖国大陆和台湾地区的早期人类交往所留下的印迹。这是以神话方式体现出来的最早一份文化亲缘,反过来又成为了两岸地缘、血缘和史缘的重要佐证。

创世神话是人类对自己和对世界发出的第一声询问。以中华民族为代表的东方神话和以希腊为代表的西方神话有着很大的不同。中国的上古神话,主要是产生于原始社会的一种原生态神话,而今流传的希腊神话则主要是进入了奴隶社会之后对上古的原生态神话进行再创作的次生态神话。[①] 因此,

---

① 参阅刘城淮:《原生态神话与次生态神话》,载《文艺湘军百家文库·刘城淮卷》,湖南文艺出版社 2000 年版。

中国神话以自然神话为多,神灵多寓自然属性;而希腊神话则更多折射出人类进入奴隶制社会以后大量存在的矛盾、斗争,神灵多具社会属性。以创世神话中的人祖神话为例,在西方神话中,人是上帝创造的,而上帝是一个无处不在、无所不能、喜怒无常的具有最高权威的神;在中国神话里,人的由来大多与自然物结合在一起,有石生、洞生、树生、竹生、瓜生、虫生、粪生、卵生、太阳生等等。如流传很广的盘古神话,有石生、瓜生等种种变体类型。即使神生,如类似于上帝造人的"女娲抟土作人"(天地开辟之后,女娲用黄土捏人,吹气而生。因感到一个个地捏人太过费事,就用一根绳子伸于黄泥中,举以为人。人间的贫富贵贱便由此而分),也充满了人情味。女娲的"娲"字,即蜗牛的"蜗"字一音之转,与另一个原始母神黄帝的妻子嫘祖同样也由"螺"字音转而来,都来自大自然的某种低等动物。

台湾先住民族的人祖神话,也属于中华神话的同一类型,强调人的由来不在于一个抽象存在的最高神的创造,而来自于具体的自然界,把人类视为大自然的有机部分,与天地万物同源。如泰雅族神话认为,泰雅人是在天地开辟之初从巨石"冰斯帕干"迸裂而生的。或说当时有一对男女随神共居于一巨石之内,每浴必走出巨石。一次神要人为其拭背,人不肯,神遂复归石中而将人留在石外,便成为泰雅人的始祖。在这里神与人有更多的平等。同样的石生神话还出现在赛夏、鲁凯、卑南等族中。恒春阿美族人则以自己的始祖来源于阿拉巴奈的一棵参天大树,是在一次霹雳闪电之中从树干里跃然而出。南部的排湾族、卑南族和雅美族都以竹生作为自己的始祖来源,是古时候一株苍翠挺拔的竹子,竹节爆裂而诞生了自己的男女始祖。也有将竹生、石生交错起来,如雅美族认为自己的两位男性始祖,一来自于竹子,一来自于石头。布农族则以为古时候在岷峒赛地方有两个洞穴,有一种叫哈尔的虫将一团粪球推入洞中。15天后一个洞穴生出了一个男人,另一个洞穴生出一个女人,两人结合生了4个儿女,儿女再互相配姻,便形成了布农族庞大的族群。

在台湾先住民族多样的人祖神话中,有一种灵蛇孵卵而生人的故事,尤为引人注意。排湾族的神话认为,在远古时代,太阳生下一颗黄色的卵和一颗绿色的卵,飘落在云雾缭绕的太武山上,为两条百步蛇所孵育。黄卵生出男子洛莫兹,绿卵生出女子基宁,为排湾人的始祖。为此排湾人在首领的屋顶、祖灵柱、武器和祭具上,都绘有太阳和百步蛇的雕饰,传统的"五年祭"也有从太武山上迎祭人祖的习俗。类似的神话还有太阳在考加包根山的绝顶生下红白二卵,由灵蛇孵化出男神阿保郎、女神查尔姆嘉尔而成部落首领的故事;青竹爆裂出二卵,由灵蛇孵化而成始祖的故事等等。曹族的神话属此一种类型的变异,以人蛇成婚而为人祖。称在古时候有一青年进山打猎,不幸跌入山谷,遇一灵蛇口吐白沫,为其疗伤,并采来野果供其果腹。数日后伤愈,青年为感恩而与灵蛇结为夫妇,传下后代。若干年后青年厌倦山居生活,负义潜逃,灵蛇痛心愤恨,食其子女以作报复。中有一对子女离蛇较远,得以逃脱,即为曹族始祖。这些神话反映出台湾一部分先住民族以蛇为图腾的灵蛇信仰习俗,与百越族特别是闽越有着极为相似的文化特征。《说文》云:"闽,东南越蛇种。"蛇神崇拜产生于东南湿润的丘陵山地宜于百蛇繁衍的自然环境,反映出先民生活中的一种由生存环境而来的图腾信仰。由此或可佐证,闽越族与台湾一部分先住民族潜隐着某种亲缘关系的可能。稍后广泛流传的"蛇郎君"的传说,进一步证明了这种关系的存在。它可能是台湾先住民的原创,也可能是汉族移民台湾之后固有传说在台湾的异本。如连横在《雅堂文集》中曾记述:"某处有蛇,久而成怪,化为美男子,往来村中,村中称之为蛇郎君。闻某翁有三女,均未字,遣媒议婚,愿以千金为聘,否则将灭其家。翁因贪利而又畏暴,命长女,女不从,次女亦不从。小女才十七,见父急,慨然请行。既嫁,蛇郎君爱之。居以巨室,衣以文绣,食以珍馐,金玉奇宝,姿其所好。"这一故事应本之大陆东南地区广泛流传的蛇郎传说,云:古有一农夫,耕种为业,生有数女,惟最小者貌美而贤惠,又甚孝父,故为父母所爱。一日农夫出耕,路遇恶蛇,将其缠绕,谓农夫须择一女嫁彼,不然即置之死地。幸少女继至,慨言愿嫁蛇救父。蛇闻言遂释农夫,呼风唤雨挟少女而去。俄顷至一宫阙,蛇摇身变为王子,即与少女成婚。这一故事在闽南另有一异本,言一老翁膝下有三女。一日老翁携篮出外捡粪,长女嘱父归来时采些鲜花给女儿戴。父出门,见丛林外一华丽楼阁,繁花照眼,遂摘一篮回家。次日出门,女儿照样吩咐采花。再抵华丽楼阁,正欲伸手,即被蛇郎君抓住。老翁求情,蛇郎君限老翁三天内挑一女儿嫁他,否则将灭翁。老翁回家将此事告知三女,长女、次女均不肯,惟小女怜父愿意出嫁。月明之夜,鼓乐声作,蛇郎君携花轿载女而去,华屋丽服,享尽人间富贵。台湾蛇郎君的故事,显然是闽南蛇郎君故事的又一异本,都源出于最早的蛇郎君传说。异本的产生,是随人群迁移和故事流传经过不同口头加工的结果,同样印证了闽台互相交往的文化亲缘关系。

更新世时期冰川的周始往复,给地球万物带来劫难。广泛出现的洪水神话,即是人类对这一无法把握也难以理解的气候遽变的反映。西方洪水神话最著名的是《圣经》的"诺亚方舟",它和希腊神话中普罗米修斯对人间的儿子丢卡利翁警告并造船相救一样,洪水的出现是出于上帝对人类的惩罚,以及神对义民的拯救,神是人世间的主宰。东方的洪水神话则较少有神的参与,而直接呈现为人和自然的关系。台湾先住民族的洪水神话,是一万多年前气温升高、冰川融化,原以陆地和大陆相连的台湾重为海水隔开的那段恐怖记忆的折射。洪水毁灭万物,也使人类生存面临灾厄,因此洪水神话同时又是人类的再传神话。阿美族的神话记述当洪水来临时,只有一对兄妹比洛卡拉乌和马洛基洛克与另一对姐弟基基赫和巴特拉乌乘着一具木臼和一块板壁分别逃生幸存下来。后来这两对兄妹和姐弟各自婚配成为夫妻,便成了阿美族的"木臼传人"和"板壁传人"两大支系。

人类再传问题不是洪水到来之后才出现,事实上在人类诞生之后就面临着如何延续自己的问题。无论在祖国大陆还是台湾的神话中,都存在着一个"兄妹婚配"的模式。最典型的如泰雅族的神话,泰雅人的先祖,从石头迸裂而出的兄妹两人日久相对,苦于世上无人可以婚配传延后代。一日,妹妹对哥哥说:"山后的洞中有一女子正等着与你结婚。"哥哥将信将疑找去,果见有一脸上画着黑色花纹的女子守在洞中,两人遂结为夫妻。其实这个洞中女子就是妹妹,因不愿哥哥认出而故意黥面。泰雅人的黥面之风便由此而来。

台湾许多古老部族的口碑创建史都肯认自己部族的始祖是一对兄妹或姐弟。如七脚川的始祖为阿娥与古摩斯姐弟,里漏的始祖为沙乌与布雅勒姐弟,奇美的始祖为舒拉与那高兄妹,大巴的始祖为洛西与拉拉干兄妹,等等。这是史前血缘群婚制在神话中的折射。但血缘群婚在遗传学上造成的种种缺陷,如后代的夭折、残疾、畸形等,在后来便逐渐为史前的人类所感知而列为禁忌。雅美族的神话讲述,古时候一个石生和一个竹生的男子以自己膝盖相碰生出一对兄妹,兄妹互相婚配而繁衍后代。但生下的子女常出不祥,不是夭折便是残疾或畸形,以为是神明惩罚,便以石生的子系和竹生的子系互相交换妻子，以后所出的后代个个俊美健壮。这一类型神话反映了史前人类从蒙昧的血缘婚走向非血缘婚的进步，同时还折射出部族间融合扩大的历史进程。

在洪水神话中有一则阿美族的传说尤为值得注意。据说在洪水到来之前，阿美人和汉人一样都创造了文字，只不过阿美族创造的文字刻在石头上，而汉族创造的文字刻在木头上。洪水到来之后，刻着阿美族文字的石头被沉到了海底，阿美人便失去了文字；而刻着汉族文字的木头却随着洪水漂到陆地，便流传下来了。这则传说让我们想见，在很早以前洪荒过后，甚至在洪荒以前台湾与祖国大陆相连的史前时期，台湾的先住民族就和汉族有所交往，不仅知道有汉族的存在，还知道汉族已有刻在木牍上的文字，并设想自己文字的遗失是洪水的灾祸造成的。

日月神话是创世神话的一个支脉。在汉族地区流传最广的盘古神话，说盘古在混沌初开之时，天地还相连在一起，盘古以头顶天，以脚坠地，左手执凿，右手持斧，不断开凿，才使天地分开。盘古死后气化风云，声化雷霆，左眼变成太阳，右眼变成月亮，肌肉化为土壤，血泪流成大河……这是巨人死后尸化万物的神话类型。台湾先住民族也有相似的传说，排湾族的创世神话中，说远古时天如一口倒扣的大锅，低矮使人不能直立行走。有一名叫嘎拉斯的女子，因怀孕，不能弯腰，只好坐在洞口杵米，但天低，杵木无法高举。她丈夫迦道让妻子把天顶高一点，两人合力举杵，只听轰隆一声，天被撞开一个洞，狂风滚滚，把嘎拉斯和迦道都卷上天堂，只见在巨响中天越升越高，光芒闪烁，迦道变成太阳，嘎拉斯变成月亮。后来排湾人就把太阳叫做迦道，月亮叫做嘎拉斯。盘古开天辟地的神话后来成为南方许多民族，如苗、瑶、侗、黎等共同的神话，盘古也成为这些民族共同的创世祖先，排湾族与此相似的日月神话，是否也受其一定程度的影响，则未可知。

日月神话中最常见的类型是射日神话、觅日神话和日月追逐神话。"羿射九日"是古代汉族地区流传最广的神话之一。相似类型的神话也在台湾出现。陈千武在《台湾原住民的母语传说》[①] 中搜集了有关征伐太阳的神话11种。其大致模式如下：传说在远古时候，有两个太阳并出天空，炎炎烈日使禾

---

① 陈千武译述：《台湾原住民的母语传说》，台原出版社1990年版。

苗枯焦,孩子渴死。有祖孙三代勇士携着弓箭、粟穗和橘种,欲到太阳升起的地方征伐。他们沿途以粟粒充饥,种下橘种做为归来的记号,到了目的地后,他们合力用弓箭射杀太阳。中箭的一个太阳失去了昔日的光焰,匆忙逃走,变成了温和的月亮。自此天上便有了一日一月轮流照耀人间。另一种类型的传说则是寻找失踪的太阳。传说住在日月潭里的两条蛟龙,把太阳和月亮咬到水底藏了起来,人间从此失去了光明,万物也不得生长。有兄妹两人为拯救人间苦难,历尽千辛万苦找到潭边,见两条蛟龙正吞吐着日月在水中玩耍。妹妹抛两枚绣球,吸引蛟龙,哥哥张弓射箭,把两条蛟龙杀了,两人合力救出了被偷走的太阳和月亮。但被咬伤的太阳和月亮升不了天,哥哥和妹妹便找来高高的棕榈树,把太阳和月亮顶上天去,恢复人间光明。为了防止恶龙再来捣乱,他们高举棕榈树化成了日月潭边的两座大山:大尖山和水社山。据说,至今还留存在台湾先住民族中的顶球游戏,就是为了纪念这一对兄妹的觅日壮举。龙是汉族创造的图腾,而非自然界实际存在的动物。蛟龙的形象出现在台湾先住民族的神话之中,可能是早期就已存在的与汉族的文化交往,也可能是后来汉族移民台湾之后出现的影响和加工。但龙偷日月和汉族地区流传的"天狗噬日"传说类型相似,或许也有某种文化亲缘关系。

日月轮替,昼夜始分,大自然的这一奇妙现象,催生了许多史前人类的奇幻想像。汉族神话中嫦娥偷了西王母灵药凌云奔月,引来后羿的日夜追逐,是一种类型。台湾的阿美族也有相似的神话,传说远古时候日月是一对夫妻,作为妻子的太阳生性淫荡,引起丈夫月亮的不满,便落到人间,与稀叶竹利达结为夫妻。太阳在天上看到他们和美的生活,便追到地上,想和月亮和好,但为月亮拒绝,只好孤独地再回到天上。稀叶竹利达虽爱丈夫月亮,生性也是淫荡,月亮只好再回到天上。太阳愿意与月亮重修旧好,月亮却不肯,躲在夜里不肯和太阳见面。太阳为追求月亮只好日夜追逐,周而复始,终年不停。在这则神话中太阳是女性,是当时母系社会的折射,而对太阳淫荡的指责,则寓有从母系社会向父系社会转型的道德评价。

从创世神话——人类对自己这第一声询问中,我们可以察觉到,实际上已经存在着的上古时代祖国大陆与台湾早期人类的交往,在他们的神话中留下彼此的文化印迹。这是最早的一份文化亲缘,既佐证了历史,也孕育着未来。

第三章　移民与闽台社会的形成

第一节　移民理论与闽台社会的移民类型

人口流动是人类社会普遍存在并经常发生的一种现象,但人口流动不一定是人口的迁徙。人口的流动可以是往复的,去了又回来;而人口的迁徙则往往是单程的,意味着一种移居,即从甲地搬迁到乙地。同样,也不是所有人口的迁徙或移居都是移民。因为这种迁徙或移居可以是长距离的,也可能是短距离的,短到在同一座城市里由这个街区搬到另一个街区。因此,在我们进入本章所讨论的移民和闽台移民社会时,必须对移民这一概念有所定义。

各种文献和辞典因其讨论的对象和目的不同,对移民的界定也略有差异。因为"'移民'一词具有两层的含义。一是指一种人或人群,一是指一种行为或社会现象"。[1] 一些国家以法律形式颁布的移民法所着重的是前者,即对移民个人身价的认定。而一些有关移民史的学术著作,则强调后者,即把移民作为一种社会行为或社会现象,来考察其历史过程和对社会发展的影响。因为,个人的移民身份和个别偶然发生的移民情况不一定具有社会意义,只有对社会产生影响的移民行为或移民现象,才纳入学者关注的中心。但即使如此,无论是对移民个人身份的确定,还是把移民作为一个社会现象的探讨,仍然有着一些共同的要素为二者所确认。

第一,移民是以移居为目的的人口流动。人口的流动可以有多方面的原因,如旅游观光、访亲探友、贸易经商、谋职求学等。一般说来,这类人口流

---

① 　参见陈孔立:《有关移民与移民社会的理论问题》,此文为作者参加由福建省闽台交流协会等单位联合主办的"海峡两岸台湾移民史学术研讨会"所提交的论文,见大会汇编的《海峡两岸台湾移民史学术研讨会论文集》,1999 年 12 月。

动,离开出发地后,还要返回。而移民则是单程的,其目的一开始就很明确,就是离开原乡。确认移民是一种迁徙,这是移民与一般人口流动最根本的区别。

第二,移民的迁徙必须有一定的距离。移民是迁徙,但不是一般意义上的从这条街搬到那条街的迁徙,必须有相对长的距离。这里所说的距离,虽然难以量化,但一般所指的是在一个相对大的地理范围里的人口迁徙。如中国历史上多次记载的中原人口的南下、北移和西迁。从黄河流域迁到长江流域,从华北平原迁到塞上关外,它所跨越的既有自然地理上的实际距离,还有人文地理上的文化差距。在无法对移民所需的迁徙距离作量化的具体规定时,一般可以不同自然地理区域和人文行政辖区,即从此省到彼省,从这一郡府州县到那一郡府州县,作为衡量的参考。这个要求,把移民和一般的近距离的人口搬迁区别开来。

第三,移民必须在迁入地居留一定时间。移民既是一种特定的人口流动,它移居某一地区之后,还可能再度迁徙。因此,当我们把移民作为一种社会现象来考察其对社会的影响时,居留时间的长短便成为其对社会是否发生影响的一个关键。同样很难对移民居留时间作量化的具体规定,但一般以定居为原则,即移民之后一直定居下来,一代甚至数代。那种居住若干年又迁移,不能算作定居。对移民作居留时间的要求,还由于在中国历史上存在着一些与移民同时出现却不以定居为目的的移入者,如数量众多的由中原到边疆的兵役者、劳役者,以及外放的官员、流动的商人、求学的读书人、季节性的工匠农民、短期离乡的灾民、四处漂泊的流民和有期流放的罪犯等。他们中的一部分最终可能在迁入地定居下来成为移民,但大部分会返回原地,就整体而言,他们与移民的性质完全不同。

第四,作为社会现象的移民要有一定的数量。如前所述,当移民不仅是一种个人身份,而是一种对社会和历史进程发生重要影响的社会行为时,移民数量是一个关键。没有一定的数量,构不成影响。当然不能排斥个别杰出的移民,对社会历史进程的作用,但移民个人的作用,往往是在移民集团基础上出现的。

综合上述四个因素,可以把移民定义为:以移居为目的的、具有一定距离和一定数量并在移入地定居下来的迁徙人口。

关于移民类型的划分,可以依据不同的指标体系作不同形态的划分,如以地区分可以划分为国内移民和海外移民;以意愿程度分可以划分为自愿移民和非自愿移民(强制移民、暴力移民);以性质分可以划分为政治性移民(含军事性移民)和经济性移民;以法律身份分可以划分为合法移民和非法移民;以人数多少分可以划分为个别移民和规模移民(含政府有组织的集体移民、家族性移民和延续性的迁移所形成的大规模移民)。各种类分之间有时是互相重叠的,如政治性移民往往并非自愿,且带有规模性质。西方人口学家皮特生综合移民迁出的原因和结果,将移民迁徙类型制成下表[①]:

表 3-1　移民迁徙类型

关系迁移的力量		迁移的类型	迁移分类	
			保守的	创新的
自然和人	区位推力	原始的	采集游牧	逃离原住地
国家和人	迁移政策	强制的	移置	奴隶买卖
		被迫的	逃难	苦力买卖
人和规范	改善生活的愿望	自由的	团体	开路先锋
集体行为	社会动力	大众的	垦殖	都市化

在这张图示中,皮特生把移民的原因分为:①自然生态的压力;②人为的迁移政策;③人改善生活的愿望;④社会的集体力量。对应地提出四种人口迁移类型:

其一,原始迁移。这指迫于自然生态环境的压力所产生的人口迁移,其保守的形态是迁往与本来相似的环境,以维持固有的生活方式,史前人类的采集和游牧大都属于此一类型;而创新性的迁移则是离开原来的环境追求新的生活方式,农村人口往城镇的迁移大致属于这一类型。

其二,被迫的迁移和强制的迁移。二者都来自国家或相当于国家的社会机构所推动的迁移。表现的是人与政府(社会机构)之间的关系。被迫迁移的迁移者还有一定的自主权,而强制迁移则必须是无条件的服从。被迫迁

---

① 　转引自何金铸:《人口地理学》第五章第七节"人口迁移的类别",1987 年 10 月。

移有时是被诱导而离开原地,其生活方式并未改变,属保守性迁移;而有些被诱迫或强制到新区的人口迁移,从而获得新的生活方式,则属于创新性的强制迁移。

其三,自由的迁移。迁移者为改善生活而完全自愿地迁移到新的地区。有两种情况,一是属于开路先锋性质的创新性迁移,往往少数人先行而带动一大批;二是因为不满原来的生活环境而又不愿改变固有的生活方式,而采取团体性的向外迁移,以面对新环境的挑战,则是一种保守性的迁移。

其四,大众的迁移。当少数开路先锋辟出的迁移路线为社会所认可,它便自然延续下去,成为一种集体行为,一种为社会所肯认的人口迁移模式,例如中原人口的闯关东、走西口,东南沿海人口的过番(南洋)等,已成为约定俗成的传统。移民热、移民潮便是由此而形成。这种大众迁移有两种形式,一是保守型的移民垦殖,一是创新型的都市迁移。

在上述移民理论对移民形态的各种划分中,就其性质而言,政治性移民和经济性移民的划分有其特殊重要的意义。其他的划分,如自愿与否、合法非法、人数多寡等等,都可能由此派生。

政治性的移民,主要有三种情况。一是由于政治动荡或朝代兴废,迫使一部分人口举族、举城甚至举国迁移。此类情况,中国历史上发生甚多。以福建为例,永嘉之乱,中原板荡,造成衣冠南渡,八姓入闽,即为其中一例。靖康之难后,北宋政权南移,带动大量人口南迁,也属这一类型。二是出于军事行动的需要而带动大量人口迁移。也以闽台社会为例,唐总章二年(669),南方畲民起义,唐王朝派陈政率兵入闽征讨;继而于垂拱二年(686)设漳州,以其子陈元光任刺史。随陈政父子南来的军队便落籍漳州,成为一次大规模的移民。又唐朝末年,王审知兄弟跟从光州刺史王绪举固始之众随军入闽,取泉州,攻福州,后受拥戴为王,建立闽国。中原人口大量流寓入闽,也由此一军事行动开始。再如明清之际,郑成功驱荷复台,以台湾为军事根据地抗御清政权。随郑氏入台的数万闽南子弟兵,便成为福建对台湾的一次大规模移民行动。三是政治惩罚性的移民。中国历代政权,有将政治性的罪犯发配边地,以示惩罚的惯例,造成一种惩罚性的政治移民。更严重的情况是政治性的划界迁民。如西汉元封元年(前110),汉武帝灭闽越国之后,仿秦迁六国贵族于咸阳的策略,把闽越国的贵族、官吏、军队以及百姓强制迁往江淮一带,以绝后患。《史记·东越列传》称:"东越狭多阻,闽越悍,数反覆。诏军吏皆将其民徙处江、淮间。东越地遂虚。"此类情况,在中国历史上屡见不鲜。

经济性的移民大致可以分为:生存型移民和发展型移民两种类型,《中国移民史》的作者是将生存与发展作为迁入的基本性质来分类的。所谓生存型移民,指的是"为维持自身的生存而不得不移民其他地区定居的人口";而发展性的移民,则是"为了物质生活或精神生活状况的改善而迁入其他地区定居的人口"。[①] 类似于这种划分的,是皮特生更早提出的保守性移民和创新性移民的概念。只不过《中国移民史》的作者在分析生存型移民和发展性移民时,主要从移民的动因出发。生存型移民主要是因为固有的生存环境变得恶劣,如自然灾害、社会动乱、人口增加、税赋过重造成与周边地区比较经济水平低下,由此产生了向外移民的推力。移民的目的主要是寻求更好的生存环境。而发展性移民则主要来自迁入地的拉力,由于迁入地有较好的生存条件,如人口、土地、税赋、经济水平以及社会条件、人际关系(同宗、同乡的先行移居)等各方面的原因,有利于新的发展,而拉动了移民潮。而皮特生所提出的保守性移民与创新性移民的分类,虽同样表现出生存和发展的需要,但更强调从移民之后生活方式是否改变入手。保守性移民是在不根本改变固有生活方式之下的移民,而创新性移民则体现为在移居之后生活方式的改变,从而从移民的走向表现出生产方式的更新和社会的进步,如从乡村向都市的移民反映的是从农业文明向工业文明发展的生活方式的改变等。

当然,生存型移民和发展型移民(或保守型移民和创新型移民)只是相对而言,二者并不能截然分开。这是由于生存和发展的标准,无绝对指标可言;而且,为求生存而进行的必要开发,也是一种发展。有时很难区分某一次移民行动是为了生存还是为了发展,或者二者兼而有之。因此《中国移民史》在论述生存型移民和发展型移民关系时指出了它们的互相涵盖和转化,有三种情况:一是生存型移民取得发展型的结果;二是生存型移民潮中本来就包含了主动求得发展的移民;三是以发展为目的的移民带动生存型移民,这一情况更多属于中国历史上移民的特例,如一些将相官员为了开疆扩土、建功

---

① 葛剑雄等:《中国移民史》第一卷,福建人民出版社 1997 年版,第 42 页。

立业而成为发展型移民,但随其前往的部族、兵民、奴仆、俘虏等,则只能是生存型的移民。

　　与此相似,所谓政治性移民和经济性移民二者也是互动和互补的。政治性移民往往会推动经济性的开发,从而带动新一波经济性移民潮的到来。以福建为例,王绪率光寿二州军队入闽,本来是一次政治性质的军事行动,但随之而来的王审知兄弟取而代之建立闽国,采取保境息民政策,注重文教,奖励工商,发展海运,使福建在唐末的大动乱中偏安一隅,获得经济发展,从而进一步招徕了避乱中原的大批北方人口流寓入闽。同样,郑成功驱荷复台,大批闽南子弟兵随郑氏入台,本身是一个政治性的军事行动。但是为了把台湾建成反清复明的根据地,维持数万军队在台湾的生存和发展,又必须对原来比较荒芜的台湾进行开发。这是军事行为所必备的经济基础。因此,在郑成功的船队中,"携有很多的犁、种子和开垦所要的其他物品,并有很多从事耕种的劳工"[①],复台不久,郑氏政权即发布垦地令谕,分派军队汛地屯垦,建立了"官田"、"文武官田"和"营盘田"的土地制度,使这一原本只是军事行动的政治性移民,兼有了开发性的经济移民的结果。

　　从上述的分析可以看出,历史上中原对福建的移民和福建对台湾的移民,政治性移民和经济性移民两种类型兼而有之,且常常互相渗透。福建早期的三次中原移民高潮:永嘉之后的衣冠南渡、陈元光入闽和王审知建立闽国,都是带有政治性质的移民,同时也夹杂有生存和发展的经济性移民的动机和结果。第一次是政治动乱造成的举族南迁,第二、三次均是军事行动招致的移民。但入主福建之后兵民的落籍,推动了福建经济文化的发展,带动了更多中原经济型移民的到来。福建对台湾的三次移民高潮,都发生在明清时期。第一次郑芝龙船载灾民入台,主要是生存型的经济移民。第二次郑成功驱荷复台,是军事行动带来的政治移民,但同样也获得开发性的经济结果。第三次自康熙至嘉庆百余年时有起伏的移民潮,则主要是生存和发展兼有的经济型移民。

　　在考察移民和移民类型时,不能不涉及有关移民社会的问题。每一个社

―――――――――――

　　①　曹永和:《郑氏时代之台湾垦殖》,载《台湾早期历史研究》,台湾联经出版事业公司1979年版,第291页。

会都可能存在移民,因此移民可以是社会人口构成的一个重要部分;但并不等于每一个存在移民的社会,都是移民社会。其中的关键是移民在社会人口构成中所占的比重。著名的台湾史专家陈孔立认为,"移民社会有广义和狭义之分,广义是指凡有较多外来移民的社会都称为移民社会……狭义的是指那些以外来移民为主要成分的社会"①。在具体解释狭义的,也即"比较典型"的移民社会时,陈孔立提出三个条件:第一,以外来的移民为主体;第二,移民自己组成一个社会,与当地原住民有联系但不混同;第三,经过若干年代,当移民的后裔取代移民成为社会的主体,移民社会的主要特征发生变化以后,移民社会就转变为定居社会,原有的移民社会就不复存在了。在这三点中,前两点讲的是移民社会的形成,后一点讲的是移民社会的发展和消失,即由移民社会转化为定居社会或土著社会。这是移民社会必然出现的一种社会转型。标志这种转化的,可以从两个方面来衡量:一是社会人口的增长主要由移民迁入的机械性增长,转变为主要由移民后裔出生率提高的自然性增长;二是移民所携入的文化出现本土化的特征,它直接导致了移民和移民后裔在怀恋祖根文化的同时,对本土和本土文化的认同。

依据这一理论来考察闽台社会,无论福建还是台湾,都曾经是移民为主入住的社会。福建在秦汉时期的主要住民为闽越族,但自汉武帝元封元年(前110)灭越并"将其民徙处江、淮间"以后,虽未完全如史书上所称"东越地遂虚",但原住人口稀少则是肯定的。此后数百年间福建人口大量衰减,其人口成分一是闽越后裔的山越,再是中原人口的零星迁入。朱维幹《福建史稿》称中原汉族早期入闽,一是亡命者,二是驻闽将士,三是被流放的人,四是避乱入闽者,五是采药炼丹的道家等。②直至永嘉之乱以后,所谓簪缨世胄,举族入闽,才有较大规模的迁入。其后唐总章年间陈元光入闽和唐末王审知建闽国,三次移民高潮都来自中原汉族,并构成了福建人口的主体,而先住的闽越族或稍后的山越,则融入汉族之中,成为林惠祥在《中国民族史》中所说

---

① 参见陈孔立:《有关移民与移民社会的理论问题》,该文为作者参加由福建省闽台交流协会等单位联合主办的"海峡两岸台湾移民史学术研讨会"所提交的论文,见大会汇编的《海峡两岸台湾移民史学术研讨会论文集》,1999年。

② 朱维幹:《福建史稿》,福建教育出版社1984年版,第60~63页。

的汉族四大来源之一。① 由此我们可以确认,福建在历史上也曾经是一个移民社会,只不过由于它由中原汉族入住的移民社会,转化为移民后裔的定居社会,时间较早,据学者研究,至少到宋甚至更早就已经完成 ②,距今已逾千年。后来的移民实际上是在已成定居社会的先期移民基础上的叠加,因此移民社会的特征和种种矛盾并不明显,加之长期以来,都在统一的国家政权的领导之下,政治的高度统一和民族的完全融合,同时带来了文化的整合一致。凡此种种,都使人们不把或不再把福建视为一个移民社会。而台湾则略有不同。首先,汉族移民入台,自较具规模的明末开始,迄今仅 400 年历史;其次,在三次移民潮中进入台湾的汉族移民,都不与原住民族混同居住,而自己组成一个社会,保留了鲜明的移民社会文化的特点;再次,台湾由移民社会转向定居社会,依学者的研究,大约在清中叶的嘉庆年间 ③,距今不足两百年,特别在这以后曾经遭受日本的殖民统治半个世纪,面对异质文化的侵扰和压制,来自原乡的汉族移民文化在反弹中得到不同程度的延续和发展;最后,1949 年以后随同国民党政权抵台的 200 万祖国大陆各省的军民(以汉族为主,也含极少数其他民族),在很大程度上主导了台湾近半个世纪的社会政治、经济、文化发展。这一情况使台湾在建成定居社会之后还保留了较多的移民社会的特征。虽然 20 世纪中叶抵台的祖国大陆汉族移民,与明清以来已经土著化了的先期祖国大陆汉族移民,在民族血缘和文化本质上并无根本差异。因此无论从十八九世纪间或 20 世纪中叶以来的现实,其作为一个已经定居化了的汉族移民社会的特征,与福建不同,仍然突显在它的社会进程之中。

第二节　中原移民与福建社会的形成

以汉文化为主体的中华文化,发祥于黄河流域中部的黄土谷地,亦即仰

---

① 　林惠祥:《中国民族史》,商务印书馆 1939 年 11 月第 1 版,1993 年 7 月影印第 1 版。
② 　参见林国平等:《闽台文化的形成及其历史作用》,载福建师范大学闽台区域研究中心编《闽台区域文化研究》,中国社会科学出版社 2000 年版。
③ 　陈孔立:《清代台湾移民社会研究》,厦门大学出版社 1990 年版。

韶文化或彩陶遗物分布的核心地区,包括汾河、渭河、泾河、洛河、沁河等黄河支流河谷地带。而后由于黄河下游流域的自然地理条件更宜于耕作,便逐渐由西向东发展。中国自上古历秦汉隋唐而至北宋,其经济、政治、文化中心,大致都环绕着长安(西安)—洛阳—开封这一轴心做东西方向的移动。在这一轴向两端的关中和山东,是两个高度的农业开发区。这也就是我们通常所称的中原地区。西晋末年,中原地区的经济、文化,都达到很高的水平,比之江南,不可同日而语。《全晋文》卷五四载袁准劝曹爽宜捐淮汉已南书曾云:"吴楚之民,脆弱寡能;英才大贤,不出其土;比技量力,不足与中国相抗。"语气之中,直把江南视作化外之土,蛮野之民。此时中国的人口分布,集中于中原地区,当为必然。

不过自西晋末年至南宋初年(公元4世纪至12世纪),800年间中国的政治、经济、文化中心逐渐向东南倾斜,乃至移向南方;而与之互为因果的是南北人口的不同消长。其间影响最巨的是中原三次大的政治动荡,导致了社会人口和经济、文化的南移。第一次是西晋末年的永嘉之乱。其时西晋经历八王之乱,国力大衰。北方匈奴发兵攻打晋都洛阳,灭晋军10万,杀王公士民3万余,逼使中州士民大举避难南迁。这是中国历史上第一次大规模向南迁徙的移民高潮,从而促进了南方的开发。《宋书》卷五四称此后的南方,"自晋氏迁流,迄于太元之世,百许年中,无风尘之警,区域之内,晏如也,……地广野丰,民勤本业,一岁或稔,则数郡忘饥"①。经济重心南移,已初露端倪。第二次是唐开元盛世之后的安史之乱。8年的空前浩劫,继之藩镇割据,中原再度陷于战祸离乱之中,迫使大量流民南下。资料显示,唐玄宗开元年间(713~741)长安所在的京兆府人口达36万户,至宪宗元和年间(806~820),只余24万户,减员1/3;而东京洛阳所在的河南府,则由12万户减至1.8万户,少了十之八九。而接纳了大量中原流民的江南,在优越的自然条件和相对安定的社会环境下,经济发展迅速。中唐以后,即成为国家经济的支柱。韩愈说"赋出天下而江南居什九";杜牧更认为"今天下以江南为国命"。中国经济重心由北方的黄河中下游转移到南方的长江流域,已成定势。第三次是北宋末年的靖康之难。北方崛起的女真族,数度恃强南侵,使

① 《宋书》卷五四《沈昙庆传》,中华书局1987年版,第154页。

一向重文轻武的北宋王朝,毫无抵御之力,竟至将中原土地拱手相让。以赵氏皇族为首,举国避难江南,偏安一隅。政治、经济、文化中心,便也随之由中原移向江南。当中原地区为其后的蒙古游牧民族再度蹂躏,农业生产遭受严重破坏时,江南却在长江天堑的暂时保护下,相对安定的社会环境、优越的自然条件和海上发达的商贸活动,使经济走向进一步的繁荣。

中国历史上这三次大的政治动荡,导致北方人口的南迁和国家经济重心的南移。以北宋末年的靖康之难为转捩点:在此前,北方人口多于南方,而此后,南方人口则多于北方。根据史书上的户籍记载,西汉元始二年(2),江南人口仅占全国1/15,到北宋末年,已达一半以上,至宋神宗元丰八年(1085),江南(含四川)为9852016户,占了全国人口的2/3。

这是中国自秦汉历隋唐至北宋末年政治、经济、文化中心转移和人口迁徙的大趋势,也是中原人口入闽和福建社会形成的大背景。

福建的先住民为百越族的一支——闽越,这是为史书所记载的。因此福建早期的社会形态,是闽越的部族社会。自汉武帝元封元年(前110)灭闽越国之后,福建的人口和社会发展如何,史无详述。《史记》称汉武帝以"东越狭多阻,闽越悍,数反覆",而"诏军吏皆将其民徙处江、淮间",使"东越地遂虚"。但是否果真如此,却为历来史家所存疑。因为这种仿秦迁六国贵族于咸阳的强制性政治移民,主要是针对闽越国的贵族、官僚和军队,不可能将全部闽越人悉数带走。福建多山面海,史家以为,必有一部分逃遁于山林之中或亡命于大海之上。朱维幹《福建史稿》认为,汉迁闽越于江淮间后25年,有冶县设立,疑为闽越后人所建。《宋书·州郡志》云:"汉武帝世,闽越反,灭之。徙其民于江淮间,虚其地。后有逃遁山谷者颇多,立为闽县,属会稽南部都尉。"可见,汉迁闽越于江淮间之后,闽地并未全虚,数十年后避难山林的闽越后人复出,福建乃为闽越人天下,当为事实。

自汉武帝灭闽越至三国,历经了三百余年,闽越后人应有所发展。文献曾多次提及与吴国作对的"山越",如《三国志》称:"山越好叛乱,难安易动,是以孙权不遑外侮,卑词魏氏。"这里所说的"山越"何来?林惠祥《中国民族史》认为:"山越盖即古越族之遗民。……以其山居,故又称为山越或山民。其活动范围,即西汉时瓯越、闽越、南越之旧地。"① 因其散居于各处山

---

① 林惠祥:《中国民族史》上册,商务印书馆1993年影印本,第125页。

地,人口不易计数。不过徐晓望从《三国志·贺齐传》中所记载的东汉末建安年间（196~219）,山越反,"贼洪明、洪进、苑御、吴免、华当等五人,率各万户连屯汉兴,吴五六千户,别屯大潭,邹临六千户,别屯盖竹"的记载,推算当时仅闽北聚集的山越人即达 62000 户,加上闽中其他一些地方,估计当贺齐领南部都尉受命南下平剿山越时,福建山越人口可能接近 10 万户。①

不过到晋武帝太康年间（280~289）,福建人口又有较大的递减。《晋书·地理志》统计此时闽地建安郡和晋安郡 9 县的人口,仅余 8600 户,较之七八十年前汉末建安时 10 万户的估计,已十失其九了。究其原因,主要是吴国讨剿山越的策略,是以掳掠其人口补充军队,并将其集中于江淮一带屯垦,而造成闽地人口锐减。据《三国志》张昭传、陆逊传、全琮传、诸葛恪传、贺齐传所载,这些吴国名将,都以招降山越起家。这是继汉武帝向北徙闽越人之后的又一次对福建人口的政治性迁徙。

相对于闽越人口的北迁,这一时期也有少量中原人口入闽。朱维幹《福建史稿》分列早期中原汉族入闽的五种类型为:一是亡命者。如七国之变中吴太子驹国亡之后入走闽越。二是驻闽将士。如《惠安县志》载:孙权时吴将黄兴与妻曹氏入住闽邑。三是流放罪人及其家属。闽地开发迟缓,向被历代君王视为蛮荒之地,亡君罪官,或为公私苛乱者,悉投于此,例不胜举。四是避乱入闽者。如东汉末会稽令惠安锦田黄氏始祖,于建安岁避乱入闽。此类移民,开了晋末衣冠南渡的先风。五是采药炼丹的道家。南北朝时,北方名山南朝人士不能前往,而闽山巍巍便为方士所钟。史载吴晋时期,入晋安郡霍童山（今宁德境内）采药的道士甚多,著名者如左慈、葛玄、郑思远等。其入山者,既为采药,亦为避世,对道家医药研究当有所贡献。不过此一时期的中原汉族入闽者,数量不多,地位较低,虽有能者,却为避世而来,对福建社会的发展,整体说来影响有限。因此,这一时期以闽越族为福建人口主体的社会形态,便也延续早期闽越社会的特征,与中原汉族社会的建构有所不同。

比较集中且粗具规模的中原汉族移民入闽,是在西晋末年的永嘉之乱以后。闽中文献多有此类记述。据朱维幹考述,正史记载中原避乱入闽者,以

① 徐晓望:《论吴隋二代台湾移民进入大陆南部》,载福建闽台交流协会等主编《海峡两岸台湾移民史学术研讨会论文集》,1999 年。

《陈书》卷三《世祖》为最古,云:"侯景以来遭乱移在建安、晋安、义安(今潮州)郡者,并许还本土,其被略为奴婢者,释为良民。"① 其后记述者渐多。唐林蕴为《林氏两湘支谱》所作的序言称:"汉武帝以闽数反,命迁其民于江淮,久空其地。今诸姓入闽,自永嘉始也。"唐末林谓《闽中记》云:"永嘉之乱,中原士族林、黄、陈、郑四姓入闽。"《全五代诗》卷八七收詹焯诗一首,序云:"永嘉乱,衣冠南渡,流落南泉,作《忆昔吟》。"全诗如下:"忆昔永嘉际,中原板荡年,衣冠坠涂炭,舆络染腥膻。国势多危厄,宗人苦播迁,南平频洒泪,渴骥每思泉。"此后闽中各种史著,多竞相引述。如乾隆《福州府志》引宋人路振《九国志》云:"永嘉三年,中州板荡,衣冠入闽者八族,林、黄、陈、郑、詹、邱、何、胡是也。"《八闽通志》引宋《福州图经》云:"晋永嘉衣冠趋闽,自是畏乱无复仕。"《八闽通志》引宋《太平寰宇记》述泉州:"东晋南渡,衣冠士族多萃其地以安堵。"民国《建瓯县志》云:"晋永嘉末,中原丧乱,士大夫多携家避难入闽。建为闽上游,大率流寓者居多。"

　　永嘉之乱是中原汉族南下的第一次移民高潮,但究竟有多少人入闽,向为史家所存疑。王仲荦《魏晋南北朝史》认为,自永嘉元年至刘宋泰始二年(307～466),百余年间北方流民南下分为7期,大抵集中在荆、扬、梁、益诸州,而未提及闽。② 据谭其骧《晋永嘉丧乱后之民族迁徙》的统计,南渡移民侨寓之地,首推今之江苏,其次依序则为山东、安徽、四川及陕南之汉中、湖北、河南、江西、湖南。自永嘉至泰始240年中,均未有避乱入闽的记载。不过,朱维幹《福建史稿》认为:"在南北对峙时期,中州人民南移,或可分为前后两个时期。前期是永嘉之乱,吴会(今浙江)靠近南朝政治中心(建康),北朝的士族地主,到了这里,也就定居下来。后期侯景之乱,三吴沦为战场,才会有一批难民(其前代或有由中原过江的),离开吴会入闽。永嘉六年诏,就道出这种情况。"③ 他还引地方县志和墓葬发现的资料认为:中原移民入闽,在永嘉之前即已存在,指为八姓,亦有误漏;其入闽者,并非全为簪缨世胄,而是寒门居多;所谓"宦迹无闻",并非全为"畏难怀居,无复北向",而是与其家世寒微,缺乏政治背景,难有进身机会有关。

————

　① 朱维幹:《福建史稿》上册,福建教育出版社1984年版,第67页。
　② 王仲荦:《魏晋南北朝史》,上海人民出版社1979年版。
　③ 朱维幹:《福建史稿》上册,福建教育出版社1984年版,第69页。

考之福建的人口变迁,自晋代至隋代,约三百年间,福建人口增长不多。《晋书·地理志》合计当时建安郡和晋安郡9县人口仅8600户,至隋代对闽中人口的统计,也只12420户,只增加44.4%。可见,此一时期中原虽有汉族移民入闽,但数量不会很多,不可能是大规模的移民浪潮。

福建人口的增长,主要在唐代。据唐建中(780~783)的户籍资料统计,此时福建人口已增至93535户,537472人,比隋代的人口统计增加了7倍。① 可见自唐以后,福建便成为中原汉族人口的主要迁入地之一。

唐时较具规模的中原汉族入闽有两次。第一次是唐总章二年(669)陈政、陈元光父子率府兵5600人入闽。时闽粤之交,"獠蛮啸聚"。② 陈政以岭南道行军总管衔入闽,驻军绥安(今漳浦县西50千米),守闽南9年,于仪凤二年(677)病故,由其29岁的儿子陈元光代父为将。在平定诸蛮以后,于永淳二年(683)请置漳州。武后垂拱二年(686)置漳州府,并以陈元光为刺史。至景龙二年(708)战死。继由其子珦、孙酆相继任刺史。陈氏一家,四代守漳,达百年之久。在平定"獠蛮"之乱的同时,辟蒿莱之地为稻田蔗圃,治军施政,均获漳属人民拥戴。陈元光死后,被民间尊奉为"开漳圣王",其部属将佐,亦落籍漳州,号称五十八姓,为闽南最具规模的一次中原汉族移民。

关于陈元光是否来自中原,因唐史无传,故众说纷纭。较具代表性的有"岭南土著"说和"中原固始人"说。二说皆有前人著作为据。前者见于明嘉靖黄佐修纂的《广东通志》,朱维幹《福建史稿》引《广东通志》说,陈政"先世家颍川,父洪为义安(潮州)郡丞,遂为揭阳人"。后者出于晚明的《漳州府志》及明末清初的《闽书》,称陈元光祖先于汉时被封为固始侯,归葬固始陈集浮光山,子茫因而定居此地。此说的最早来源应为陈氏后裔的家谱。但前人对家世族谱的附会,早有垢言,谓其不可足信。徐晓望在考辨闽台汉

---

① 隋代人口统计见《隋书·地理志》,唐建中人口统计见杜佑《通典·食货典》,均转引自朱维幹《福建史稿》上册,福建教育出版社1984年版,第123页。

② 关于"獠蛮",系何民族,据朱维幹《福建史稿》考据,其本为瑶,即武陵五溪蛮后。以山林中结竹木障覆居为輋,故瑶也称輋,輋亦作畲,以槃、蓝、雷、钟、苟为姓。陈政入闽,以李伯瑶为先锋,杀蓝、雷2酋,平36寨;仪凤二年,陈谦结"诸蛮"苗自成、雷万兴攻潮阳,后为陈元光所平;景龙二年,陈元光为蓝奉高所害;开元三年,陈元光子珦,袭畲洞,杀蓝奉高。此处所提及的蓝、雷,均为畲姓。凡此种种,朱维幹认为"与陈元光父子连年作战者,非畲族而谁呢?"

族移民是否籍出固始时,对陈元光的籍贯另有所说。首先,他认为讨论陈元光的籍贯,不能尽信后出的明代史料,因为"明人学风不谨,好夸饰,为清代学术界所诟病",而主张注重宋以前的材料。其次,他认为"如果只限于用宋以前的材料,陈元光的籍贯根本不是问题"。他引唐代国子监博士林宝编著的《元和姓纂》,其中明确指出"右鹰扬将军陈元光,……河东人",宋代王象之《舆地纪胜》卷九一收朱翌的《威惠庙记》,其中也清楚指明:"陈元光,河东人。"因此他认为陈元光既不是岭南土著,也非河南固始人氏,而是山西河东人,这是唐宋人早已得出的结论。他还以《唐会要辑稿》中记载陈政娶妻"吐万氏"的说法作旁证,称"吐万氏"是北魏鲜卑的大姓,生活于今内蒙古、山西一带,与河东相近。如果陈政为岭南土著,怎能与遥在北方的鲜卑族联姻呢? ① 若徐晓望此说可信,则陈政、陈元光父子应源出山西。其所率府兵入闽数量究竟多少,史无明载。有称 5600 人,以彼时漳州一带人口分析,可能有所夸大。但其为来自中原(姑不论是籍自河东还是固始)的一次较具规模的汉族移民,是可以确定的。

　　唐代第二次大规模的中原汉族移民入闽在唐末至五代时黄巢起义,中原战乱不已。《资治通鉴》载,屠者出身的光州刺史王绪,无法应付军阀秦宗权的骄奢勒索,于光启元年(885)"悉举光、寿兵五千,驱吏民渡江"。同行者有时为王绪军正的光州固始县人王潮及其弟王审邽、王审知。王绪军渡江后由南康经赣州,再从粤北转潮阳迂回进入福建。由于王绪狭隘暴横、滥杀部众,激成兵变,众共推王潮为主帅。入闽后取泉州,攻福州,统享闽中五州之地。在职 4 年,先后被任命为泉州刺史、福建观察史、威武军节度使等。王潮死后,由王审知继任。后梁初封审知为闽王,至其子延翰建闽国,更 4 主而亡。王审知在职 29 年,承袭王潮的保境息民政策,劝农桑,敛赋税,交好邻道,奖励工商,特别是发展海运事业,北达辽东,南航东南亚;在文教上,礼贤下士,兴学搜书。这一切都使福建社会经济文化有了很大的发展。

　　唐朝两度中原移民入闽,对福建汉族社会的形成,起了关键作用。福建的人口变化,隋时福建人口 12420 户,到唐末元和年间(806)增至 74476 户,

① 　徐晓望:《闽台汉族籍贯固始问题研究》,《台湾研究》1979 年第 2 期。

长了7倍；经过五代之后，到宋初，不过一百多年，《太平寰宇记》的数字已达467851户，比之唐末，又净增了5倍。人口的迅疾增长，不可能是自然繁殖的增加，而只能依靠移民的机械增值。如果说隋时的福建人口主体，还是闽越后裔，到唐末已为中原的汉族移民所主导了。中原汉族南来，最初皆因动乱，属战乱带来的政治型移民，但入闽获得安定之后，便转化为开发性质的经济型移民，不仅促进了福建经济的发展，还带来中原的政治制度与文教体制，使福建社会纳入在以中原文化为核心的汉族社会之中。

关于福建中原移民的移出地，历来有所争论。以对福建社会发展影响较大的唐末王潮、王审知及其所率领的家乡子弟兵而言，其来自光、寿2州，向无异议。史学界所存疑的是：唐末光、寿2州共辖10县，固始仅为其10县之一。王潮兄弟为固始人，无疑。其能为光、寿军拥为新首领，可见光、寿军中固始籍者应为数不少；且王审知主闽时，以桑梓故，独优固始；中原固始流民，入闽者犹多，这些都是事实。但不能依此就论定光、寿军皆来自固始。闽中谱牒，常云祖自固始。不仅唐末随王审知入闽者如是，连晋末南渡和唐初陈元光，都如是。此类攀附之风，早为前人所垢。南宋方大琮在《跋方诗境叙长官迁莆事始》中指出："大琮曩见乡人，凡诸姓墓志，皆曰自光州固始来……诚窃疑之。王氏初建国，武夫悍卒，气焰逼人。闽人战栗自危，谩称乡人，冀其怜悯，或犹冀其拔用。后世承袭其说，世祀邈绵，遂与其初而忘之耳，此闽人谱牒所以多称固始也。"明史学家郑樵在《荥阳郑氏家谱序》中，也指出："王审知因其众以定闽中。以桑梓故，独优固始。故闽人至今言氏谱者，皆云固始。其实谬滥云。"

其实唐末避乱入闽者，不止光、寿二州，还有其他一些地区。朱维幹《福建史稿》引南宋杨时所撰的多种墓志铭，如翁行简、李修撰、陆少卿、周宪之等墓志，皆世族大家，避唐乱入闽，云其故籍，分别来自京兆、江南、吴郡、遂昌等地。子孙散居福建各地，对福建后来社会的发展都产生了不同影响。因此，方大琮说："闽之有长材秀民旧矣，借曰衣冠避地南来，岂必来自一地？"《八闽通志》引《建安志》也称：处五代离乱，江北士大夫、豪商、巨贾，多避乱于此，故建州备五方之俗。

这里还有一个有趣的现象值得提出：在唐末，光州、寿州都隶辖于淮南道，而非河南。其辖地，今也分属于河南和安徽两省。因此，有论者认为，唐末入闽的光、寿二州流民,"准确的说法应是淮南民众"。① 而溯之历史,自秦汉至三国,南方越族,包括瓯越、闽越、南越等,都曾自请或被迫地数度移入江淮之间。越族之融入汉族,成为汉族的四大族源之一,当自这一时期开始。因此可以推见,唐末南来入闽的光、寿二州汉族移民(淮南民众),相当部分应含有越族血统。他们入闽之后,由于男多女少,不少与当地土著女子通婚,落籍福建。陈政部属丁儒有诗云:"辞国来诸属,于兹缔六亲。追随情语好,问馈岁时频。相访朝和夕,浑忘越与秦。……"(《归闲诗二十韵》)唐初南下的汉族如此,唐末应也相类,加速了南方汉族与越族的融合。至明清两朝,闽粤沿海含有越族血统的汉族,即所谓福佬人和客家人,大量迁入古越族曾经进入的台湾,成为今日台湾人口的主体。因此今日闽台两地的汉族人口应都有越族血统。长期从事人类血液研究的台北马偕医院林妈利医师,近日在国际医学期刊《组织抗原》上发表她对台湾 123 个家族、136 名闽南人和 99 名客家人的血液研究结果,在题为《从组织抗原推论闽南人及客家人的来源》的论文中认为:A33–B58–DRBI*303 是闽南人、客家人,乃至新加坡华人和泰国华人最常见的白血球抗原,此种抗原是中国古代越族的基因。因此,她以"族群系统发生树"和族群相关分析的方法,推认台湾的闽南人、客家人和新加坡、泰国的华人,都属于南亚洲人种的"越族"。② 人类基因的这一研究,以现代科技的先进手段,进一步证明了原本就含有越族血统的汉族,在由中原向闽台的迁徙过程中,又不断发生与越族融合的这一有趣现象。

　　北宋末年的靖康之难,是中原汉族移民第三次大规模进入福建的重要时期。北方新兴的游牧民族女真的南侵,使奢靡柔弱的北宋王朝几乎完全丧失了抵抗能力,而避难江南,移都临安(杭州)。较之西晋末年和唐末之乱,这已不是"举族南迁",而是"举国南下"了。汉文化中心的南北换位也由此成为定局。由于南宋定都临安,与福建紧邻,唐宋以来有了很大发展的福建,如诗人张守所说:"忆昔瓯越险远之地,今为东南全盛之邦",不仅成为南宋政权的政治后方,而且成为南宋经济的强大支柱。原来分居中州各地的宋朝宗室,南渡后于福州和泉州分设西外宗正司和南外宗正司,大批皇亲贵胄进入

---

① 徐晓望:《闽台汉族籍贯固始问题研究》,《台湾研究》1997 年第 2 期。
② 见台湾《联合报》2001 年 4 月 29 日记者许峻彬的报道。

福建定居，同时南来的还有大量北方人口。仍以南宋福建人口的变迁为例，据《宋史·地理志》载，北宋崇宁元年（1102）的人口统计为1061759户，至南宋绍兴三十二年（1162）《宋会要稿》所载的人口统计，为1390566户。短短60年间，增加了约33万户，增原来人口1/3。此时福建人口的密度，平均每平方千米25.4人，已高出了全国人口平均密度。

从西晋末年到宋室南渡，其间八百余年，福建经历了数次中原汉族移民的大规模南迁，对福建社会的最后形成产生了根本的影响。首先，北方中原移民及其后代，构成了福建社会的人口主体。福建的先住民闽越族，由于在汉末和东吴时期两度被强制北迁，遗散在福建的人口稀少，增长速度缓慢。福建人口的每次激增，都出现在中原移民的高潮之后，而越族也在融入汉族之后逐渐消失了。从这个意义上可以说，福建也是一个中原汉族的移民社会。其次，中原移民进入福建之后，逐渐由政治性的战争移民，转型为开发性的经济移民，不仅为福建带来了充裕的劳动力，也带来了中原先进的生产技术，促进了福建经济的开发。特别是王审知主闽时期，疏水利、劝农桑、发展海运、奖励工商，经济有了很大发展，至宋已成为"东南全盛之邦"。凡此种种，皆与中原移民南来相关。第三，在政治体制上，带来了中原建立在宗族宗法制度之上的封建社会建构。由于北来的中原移民，自晋末开始，多是举族移入，其在中原的宗族制度，便也延伸引入福建。闽越在历史上常存自外于中央王朝的边缘性和叛逆性，但由于中原移民南来后进入福建的政治核心，从而增强了服膺于中央王朝的法统观念，并依中央王朝的惯制，请增郡县，形成了福建地方政权完整的政治结构。福建本七闽之地，秦设闽中郡，所辖包括浙东的温、台、处三府属，郡地之大，使之无法实施实际的政治管治，使福建在很长时期乃成为游离于中原政治核心之外的闽越天下。三国时吴始析出辖地，立建安郡；晋添晋安郡；至唐，析为福、建、泉、汀、漳5州，立24县；五代王氏又立镡州（后改为南剑州），县治增至31；宋初析泉州置兴化军，析建州置邵武军；南渡后升建州为建宁府，再增10县，合1府、5州、2军，共41个县，为福建路。至此"八闽"的地域概念始成，政治建制也由此走向完善。第四，随着移民南来，中原文化南播，福建文教事业发展迅疾。对此下一章将有专门论述，此不赘述。从人口到政治、经济和文化，唐宋以来，福建已由早期的闽越社会转化为与中原一体的汉族社会了。

　　福建是否为汉族的移民社会，以及福建如何由汉族移民进入的社会，转化为移民定居的社会，史学界对此少有讨论。或许因为年代久远，福建又一直纳入在中央王朝的统一政治建构之中，对其社会曾经存在的移民性质，无太大关系，也不重要，故很少提及。林国平、方宝川执笔的《闽台文化的形成及其历史作用》对此做了一些分析。在肯认了福建曾是移民社会之后，认为宋代是福建由移民社会变为移民定居社会的重要转折时期。[①] 此说应可成立。一般认为，由移民社会转为移民定居社会，应从人口、社会、经济、文化等多方面进行考察。其中人口指标是十分重要的。即是社会人口的增长由主要是移民迁入的机械增长，转变为由移民定居后人口繁衍的自然增长。史书上对福建这一人口分析缺乏详细记录，但从人口统计中可以看出，唐宋以来，福建人口短时期内的急剧增长，显然不是正常的自然增长，而是大量移民的结果。宋室南渡后，福建人口的密度，已超出全国人口的平均密度，此时已出现主张移出人口的议论 [②]；且自南宋以后，南北人口虽互有流动，但未再见有大规模中原移民入闽的记载。可见自南宋以后福建人口的增长，已经主要依靠移民定居后的自然繁殖了。随着南来人口的增长，福建经济有了迅疾的发展，经济结构也发生了相应变化；而伴随移民进入的中原文化，植根福建，也开始出现本土化的文化特征，并以移入文化的本土形态回馈母体。福建在宋以后的文化发展，已具备这种特质。就常俗文化而言，福建一方面保存了后来陆续消亡或削弱了的某些中原文化传统，如中原古俗等，另一方面又在中原文化的基础上形成了自己特殊的地域文化，以民间信仰中的地方神最为明显，这些地方神往往由边缘进入中心，成为中华文化的一个组成部分。产生于宋代的妈祖信仰即是典型的一例。而就文化的精英层面考察，南宋以朱熹为代表的闽学的形成和发展，确证了这一时期福建文化在整个中华文化中的地位。人口因素、经济因素和文化因素都说明，宋以后福建已成为中原汉族移民的定居社会。

　　自晋至宋，中原汉族移民对福建的人口发展、经济开发和文教促成，意义

――――――――――

　　① 参见林国平等：《闽台文化的形成及其历史作用》，载福建师范大学闽台区域研究中心编《闽台区域文化研究》，中国社会科学出版社 2000 年版。

　　② 南宋政论家叶适曾建议："分闽浙以实荆楚，去狭而广。"即认为将闽浙众多的人口移住两湖，则可益田垦，增税赋，见《文献通考》卷一一《户口考》。

重大,最终使福建的社会建构,由先住民的古越文化,转而奠基在中原汉族文化的基础之上,成为中华文明社会在东南的重要一域,并以此而深远地影响了台湾社会的建构和文化的发展。

第三节　闽粤移民与台湾社会的形成

台湾社会的发展,经历了从先住民的社会到以汉族移民为主体的社会的变迁。台湾学者尹章义把"从原住民(番人)社会过渡成为汉人定居社会"的过程,划分为五个阶段[①],即:①番人渔猎粗耕社会规定形态期;②番人优势汉人劣势期;③番汉均势期;④汉人优先期;⑤汉人农业社会稳定状态期。

这五个阶段,实际上可以简略地分为前后两个发展期,即以先住民为主体的社会发展期和以汉族移民为主体的社会发展期。中间存在一个过渡期,即尹章义所称的"番汉均势期"。不过,在台湾,由于汉族移民和先住民基本上并不混同居住,其各自的社会形态往往独立而并存,即使到了后期,汉族移民构成了台湾社会的主体以后,先住民固有的社会形态和文化特质,依然散点式地在他们的聚居地保存下来并独立发展着,只程度不同地接受汉族文化和社会进步的影响。因此,台湾社会的变迁,不是从一种原有的社会形态随同时代的脚步"进化"而来,而是由移民携带而来的另一种文化和社会形态的介入,并逐渐成为主导,才造成社会形态的变化。所谓"从番人优先"到"汉人优先"的过渡,只就人口主体的变化而言,对于社会形态的发展,则不明显。

在这一进程中,汉族移民的进入,是导致台湾社会形态发生变化和发展的根本原因。

大陆移民入台,历史上早已存在。且不说远古人类随着冰期到来陆地上升的进入和古闽越国在覆亡之后泛海而来;三国时期的东吴和隋朝、元朝均已有过遣军入台的记载。不过,除了远古人类和古闽越族外,滞居下来的并

---

① 尹章义:《台湾开发史刍论》,载《海峡两岸首次台湾史学术交流论文集》,厦门大学出版社1990年版,第210页。

不多。最早具有移民性质而为后人记载下来的是连横《台湾通史》"开辟纪"中所称的:"及唐中叶,施肩吾率其族迁居澎湖。肩吾汾水人,元和中举进士,隐居不仕,有诗行世。其《题澎湖》一诗,鬼市盐水,足写当时之景象。"[1] 由于连横所述,未引出处,且无其他史料佐证,学者对此多持怀疑态度。陈孔立主编的《台湾历史纲要》仅说:"关于汉人在台湾的活动,在唐朝有施肩吾《岛夷行》(即连横所说的《题澎湖》——引者)一诗述及,但因没有其他史料可证,许多人怀疑其真实性。"[2] 这里并未肯定连横所说的"施肩吾率其族迁居澎湖",只言其《岛夷行》一诗对汉人在台活动有所"述及"。而学界对此诗也有争议,或言其诗是施氏隐居江西洪州(今南昌)时,对鄱阳湖景况的描写;或称其为专写"鬼市盐水"的海边景象,但未必就是澎湖,可能只是施氏的"闻而兴咏",不一定是其迁居澎湖后的亲历之作。不过,近年有学者进一步以其诗所写的自然与社会状况,既不同于江西的鄱阳湖,也未闻施氏到过广西合浦,而完全相同于当时的澎湖,并以作者其他诗作为施氏到澎湖后亲身经历的佐证。[3]

文献比较确凿记载汉族入台的,在两宋。北宋诗人谢履宗有诗云:"泉州人稠山谷瘠,虽欲就耕无地辟;州南有海浩无穷,每岁造舟通异域。"这一情况,自唐末五代即已开始。彼时北方战乱,闽王兄弟,偏据福建,薄徭轻赋,吸引了大量中原人民来归,使福建人口一时大增,便向近海岛屿开发。澎湖为入台门户,距泉州仅二日水程,隋陈稜率军征台时,曾经路过,后即成为濒海渔民避风取淡水之地,逐渐出现定居式的垦殖开发。周必达《汪大猷神道碑》记载乾道七年(1171)四月汪大猷知泉州时,对澎湖情况已相当熟悉,并称在此"海中大洲",已有"邦人就植粟、麦、麻",进行定居农业垦殖。此处所谓"邦人",对于当时知泉州的汪大猷而言,当指泉州府人。可见最早进入台湾的,即为闽籍移民。楼钥《汪大猷行状》进一步记述当时的垦殖情况,称其拥有沙洲数万亩,"忽为岛夷毗舍耶奄至,尽刈所种。他日又登岸杀略,擒四百余人,歼其渠魁,余分配诸郡"。可见彼时泉州人在澎湖的垦殖,规模已经不

①　连横:《台湾通史》,商务印书馆 1983 年版,第 5 页。
②　陈孔立:《台湾历史纲要》,九州图书出版社 1996 年版,第 24 页。
③　参阅熊俊:《关于唐诗〈岛夷行〉的探讨》,《台湾研究》2001 年第 2 期。

小,才须岛夷毗舍耶动用数百之众前来刈掠。为抗御毗舍耶的杀掠,《汪大猷神道碑》还载,汪氏在澎湖建屋 200 间,派水军长期驻扎,开始实施对澎湖的行政管辖。宋赵汝适的《诸番志》云:"泉有海岛曰澎湖,隶晋江县",把澎湖纳入福建版图。至元代至元年间,更进一步在澎湖设立巡检司。因此,明《闽海赠言》载陈学尹《喻西夷记》云:"澎湖在宋时,编户甚繁。"连横《台湾通史》也称:至元大德(1297～1306)年间,"澎湖居民日多,已有一千六百余人,贸易至者岁常数十艘,为泉外府"。① 可见此时澎湖不仅作为重要渔场,也出现定居农业,并且成为"番汉交易"的海上贸易场所。至明,朱元璋虽行海禁,废巡检司,迁徙澎湖居民于内地,但此一禁令难以实行,澎湖的汉族居民,反却生聚日繁。万历三十二年(1604),荷兰殖民者窥视台湾,先据澎湖,夺澎湖渔船 600 艘,役使汉人 1500 人,为其筑城,可见此时澎湖人口已达数千。

澎湖与台湾西部的北港,仅隔一条 30 海里的水道,烟火相望。往来采捕、贸易的渔船、商船,便也活跃于澎湖、北港之间。宋元时有无汉族移民进入台湾本岛,史无确载。但据汪大渊《岛夷志略》所述,言其游历台湾,登山入海,历遍全境。在彼时情况下,语言不通,风俗有异,若无汉人陪伴导引,当无可能。因此有学者据此推论,此时应已有汉族移民入岛居住。对于此说,可以从若干杂著谱牒中得到印证。台湾《诸罗县志》杂记志引沈文开杂记云:"土番种类各异,有土产者,有自海船飘来,及宋时零丁洋之败,遁之至此者,聚众同居,男女婚配,故番之处处不同。"邓传安《蠡测汇钞》也记卑南觅七十二社,"其女土官宝珠盛饰,如中华贵家,治事有法,或奉官长文书,遵行惟谨。闻其先本逃难汉人,踞地为长,能以汉法变番俗,子孙并凛祖训,不杀人,不抗官"②。故林衡道主编的《台湾史》认为,零丁洋之役,余生泛海,漂泊或晦居闽南及金门一带者,颇有其人。台湾与闽南相近,当时逃生者或因风至台,亦极有可能。③ 从族谱资料查考,也屡有先人于宋元时分裔台湾的记载。如《德化使星坊南市苏姓族谱》,由其 7 世祖苏钦于南宋绍兴三十年(1160)所作序曾云,苏氏一族"分于仙游南门、兴化涵头、泉州、晋江、同安、南安塔口、永

---

① 连横:《台湾通史》,商务印书馆 1983 年版,第 7 页。
② 《蠡测汇钞·问俗录》标点本,书目文献出版社 1983 年版,第 2 页。
③ 林衡道:《台湾史》,台湾众文图书股份有限公司 1979 年版,第 34 页。

春、龙溪、台湾，散居各地"。苏钦是北宋末年南宋初年时人，为北宋宣和甲辰进士，官至利州路转道判官，其笔下所记的族裔迁入台湾，时间当在北宋或者更早。这是族谱资料记载的最初移居台湾的一条明证。又如《永春岵山陈氏族谱》、《南安丰州陈氏族谱》，均有元代分裔台湾的记载。① 入明以后，这类记载是更多见，林嘉书在《南靖与台湾》一书根据谱牒资料的统计，仅南靖一县，于明天启年间迁入台湾的，就达 125 人之多，此时闽台之间的海上通道实际上已经打开，迁台之人已不鲜见，只是数量不会太多。其原因可能即如《中国移民史》的作者所说的："澎湖的汉人渡过台湾海峡登上台湾本岛应当是轻而易举的事。只是台湾本岛的土著居民剽悍排外，移民台湾所遭遇的不是地理的而是种族的障碍。"②

因此，宋元时期来自福建的汉族移民，由于其活动范围主要在以澎湖为中心的台湾外岛，且为零星、分散状态，对台湾社会形态变化的影响，并不明显。

对台湾社会发展影响深远的大规模汉族移民，出现在明清两代。

明代汉族移民台湾，可分为三个阶段：

第一阶段在万历中期至天启初年，即 16 世纪末至 17 世纪初荷兰占据台湾之前。由于台湾西岸海域渔产丰富，吸引祖国大陆沿海渔民前往采捕，如黄承玄《条议海防事宜疏》所称："其采捕于澎湖、北港之间者，无虑数十百艘。"为了避风取水或修理渔具，渔民由登岸逗留而逐渐在台湾定居下来，形成十数户或数十户的渔村，并以台湾优越的自然条件，逐渐兼行农业垦殖。这一过程犹如泉州渔民最初对澎湖的开发。发生于台湾海域的渔业采捕和入住垦殖，都必然出现与台湾先住民的接触，并发生互通有无和互惠互利的交易活动。对于大陆来台的渔民，有的是大陆先进工农业生产条件下的出产品：米、盐、粗布、瓷器和铁器，而对于台湾先住民，则是他们的狩猎品：鹿脯及其皮、角。在番汉交易中获得厚利的祖国大陆渔民，进一步发展了以贸易为主要目的的海上行商和长期留在台湾专事收购的坐商，使番汉交易日趋兴盛。此时日本进入群雄割据的战国时代，对于用作武士铠甲的鹿皮，所需甚殷，国内生产不敷其用，便广向海外求索，于是鹿皮成为一种国际贸易商品，

---

① 族谱资料，可参阅庄为玑：《闽台关系族谱资料选编》，福建人民出版社 1985 年版，第 2 页。

② 葛剑雄等：《中国移民史》第六卷，福建人民出版社 1997 年版，第 318 页。

原本番汉交易中祖国大陆渔、商从台湾先住民换得的狩猎品,鹿皮便转输日本,鹿脯才运回祖国大陆。这进一步刺激了海上贸易的发展。《巴达维亚城日记》1625 年 4 月 9 日条曾记:"在大员湾中,约有一百条戎克船,是从中国来的。"这些船上载满了从台湾收购的鹿皮、鹿肉,"据传闻,每年可获鹿皮二十万张"。为了牟取厚利,在明朝政府权力难以充分达到的东海之上,争斗掠杀便时而发生。十六七世纪,被朝廷视为"海盗"的海上武装贸易集团,便是在这一背景下出现的。他们往往拥有数以百计的船舰、成百上千甚至逾万的兵力和精良武器,以台澎为基地,此消彼长,横行海上。他们不仅垄断收购,直接参与贸易,从最初的截劫过往商船,发展到置关设卡,抽捐索税,扮演了既是商业资本本身,又是打击商业资本力量的多重角色。其影响较大者,有嘉靖三十五年(1556)为福建总兵所败而遁入北港的林道乾、许朝光、吴平、曾一本、诸良保一伙;万历二年(1574)在攻掠福建沿海时被总兵胡守仁所败而逃入澎湖的林凤一伙;还有在万历中(1590 年前后)就从福建往贩北港与日人"互市",而又在海上"杀掠洋船"的林锦吾一伙;以及万历末年至天启初年(1611～1621)从福建用武装大船贩运台湾、日本,"啸聚万计,屯据东番之地",在海上"掳掠商船,招亡纳叛"的袁进、李忠、阮我荣、黄育一、林辛老等诸股势力。其中影响最为深广的当数颜思齐—郑芝龙集团。郑芝龙原随海商李旦往返台湾、日本,进行武装走私,后为颜思齐所劫,遂归附之。[①]颜思齐在台湾,于北港结寨自保,屯田垦殖,《台湾通史》称其"辟田士,建部落,以镇抚土番",漳泉一带人口都来投奔,附者"凡三千余人"。颜死后,由郑芝龙继承,更仿明制设立佐谋、督造、主饷、监守、先锋等官职,势力大增,不仅在台湾拥有一定的土地开发权和移民管辖权,还在海上成为最大的武装势力,几乎垄断了与日本、荷兰的海上贸易。

　　此时进入台湾的汉族移民,估计已经逾万。施琅《恭陈台湾去留疏》称此时"中国之民潜至,生聚于其间者,已不下万人"。传统的濒海之民除了以海为田,从事渔业捕捞之外,还进行定居式的农业种植,为聚集岛上的武装集团,提供生活保障;而最大量的是进行海上武装走私贸易。因此就其性质而

---

　　① 陈碧笙《台湾地方史》引日人岩生成一的《日本侨寓华人甲必丹李旦考》认为,李旦和颜思齐应属一人,无论其出生地、活动区域、活动方式、死亡时间及死后由郑芝龙继承,均完全相同,此说仅供参考。详见《台湾地方史》,中国社会科学出版社 1982 年版,第 42 页。

言,乃属开发性的经济型移民为主,其移出地,主要是福建。

第二阶段为荷兰占据台湾时期。荷兰殖民者于 1622 年进入澎湖;1624 年在明朝官军的围攻下,接受李旦的斡旋,放弃澎湖,入踞台湾本岛,至 1662 年为郑成功驱逐,共占领台湾 38 年。在这段时间,仍有不少祖国大陆沿海居民,移入台湾。一部分是随郑芝龙入台。郑芝龙与荷兰殖民者的关系极为复杂。一方面,郑芝龙庞大的海上武装,是荷兰殖民者进行海上贸易的最大障碍,因此荷兰殖民者屡次联合明朝政府和其他海上武装力量,企图消灭之;另一方面,郑芝龙又是荷兰的贸易伙伴,在无法扑灭郑氏武装势力的情况下,荷兰殖民者只好同意与其签订贸易协议,每年从郑芝龙手中购买 1400 担蚕丝以及糖和其他纺织品等,而卖给郑氏 2000 担胡椒,与郑芝龙约定"共同"占有台湾"平地",允许郑氏继续拥有他原在台湾的土地开发权和移民管辖权。1628 年郑芝龙受朝廷招抚,时值福建大旱,应福建巡抚熊文灿之请,"乃召饥民数万人,人给银三两,三人给牛一头,用海船载之台湾,令其芟舍,开垦荒土为田。厥田惟上,秋成所获,倍于中土,其人以食之余,纳租郑氏"。黄宗羲《赐姓始末》的这段记述,曾为后人所疑,数万居民加上牛逾万头,在当时条件下要悉数由福建运抵台湾,实属不易,尽管此一数字可能有所扩大,但考之郑芝龙此时在台湾仍与荷兰有"共同"占有"平地"之约,吸收移民到台垦殖救荒是完全可能的。尽管荒年过后,大部分移民返回家乡,但滞留定居下来的仍会不少。另一部分是由荷兰聘请"垦首"招募华工入台垦殖。1636 年,原住印尼的华人甲必丹曾鸣岗移住台湾,向荷兰申请了一大片土地准备发展农业生产。《巴达维亚城日记》说:"他为种植稻谷从中国招来了许多中国人,还要长期居住帮助开发大员。"这是典型的一例。其他前往台湾贸易的祖国大陆商人,也有些在台湾投资农业生产,利用商船往返之便,运载大陆移民渡台垦殖的;再一部分是零星、分散,然而持续不断的移民活动。虽为零散,但长期累积,数量仍是不少。当时由福建往返台湾的商船、渔船,相当频繁,每船都载有数量不等的乘客。据杨彦杰《荷据时代台湾史》的列表统计,以每船搭载乘客 60 人以上的船只为例,自 1637 年 6 月至 1638 年 12 月的一年半中,由厦门、安海(晋江)两个口岸发往台湾的船只共 50 艘,载客人数 5216 人;而返回的船只 35 艘只载回 3159 人。杨彦杰据此推论:"以上统计 18 个月,到台湾的移民数为 5216 人,而实际在台居住的是 2057 人,占移民总数的 39.4%。也就是说,有 60% 左右的人是到台湾作短暂逗留后又返回的。这样,台湾移民人口的增长数大约是每年 1300 人。"[①] 移民的数量在 1644 年清兵入关,特别是 1646 年清兵入闽之后,由于战乱,造成难民流离失所,使渡台移民有了急骤的增加。

荷兰据台时期,台湾的汉族移民人口究竟有多少呢? 史无确载,只能进行大致推测。台湾学者曹永和引荷兰东印度总督 1638 年 12 月给本国的报告称,当时"台湾的汉人人口有一万至一万一千人";又云:1648 年以后"由于大陆战乱和饥馑,台湾的汉人,增至 20000 人(包括妇女 5000 人,孩孺 1000 人的流入),但饥馑过后,约有 8000 人再回大陆,1650 年汉人人口有 15000 人"[②]。杨彦杰《荷据时代台湾史》根据荷兰殖民者自 1640 年开始征收的人头税统计资料,列表分析台湾移民人口逐年增长的情况,认为:"大致在 1640 年代初期,台湾的汉族移民未上万人。1646 年清兵入闽以后就迅速发展了:1647 年约为 13000 余人,50 年代初期将近 2 万人,中期 2 万余人,60 年代已达到 35000 人。也就是说,在清兵入闽以后短短十几年间,台湾汉族人口比以前翻了两番。"[③]

第三阶段是郑成功驱荷复台时期。1661 年(明永历十五年,清顺治十八年)4 月 21 日,郑成功从金门料罗湾出发,率军经澎湖直指台湾,5 月占领赤嵌地区,形成对热兰遮城的包围,并于翌年 2 月,迫使荷兰殖民者签订城下之盟,结束荷兰在台湾 38 年的统治。郑成功驱荷复台有着多方面的动因。首先,是出于抗清斗争的需要。曹永和指出:"郑成功盛时所控制的区域是从广东潮州至浙江台州一带的沿海区域,其地盘本已是极为狭长的地带,随时可为清军切断。""尤其自金陵战败以后,元气大损,根据地只留有金厦二地,在筹粮及保持眷属安全皆益见困难。"[④] 从军事观点上看,郑成功急需有一安全的后方根据地,以生聚教训,完成大业。其次,从维护自己作为海商集团的利益出发,郑成功也必须与荷兰殖民者进行斗争。郑氏集团自郑芝龙开始是

① 杨彦杰:《荷据时代台湾史》,江西人民出版社 1992 年版,第 161 页。
② 曹永和:《中华民族的扩展与台湾的开发》,载《台湾早期历史研究》,台湾联经出版事业公司 1979 年版。
③ 杨彦杰:《荷据时代台湾史》,江西人民出版社 1992 年版,第 165 页。
④ 曹永和:《中华民族的扩展与台湾的开发》,载《台湾早期历史研究》,台湾联经出版事业公司 1979 年版。

从海上贸易发展起来的。转入抗清复明的政治斗争后,维持其庞大的军事开支的财源,仍然主要来自东西洋的贸易及对过往船只的"牌饷"征收。而自郑芝龙时代起,荷兰的海上殖民势力就是其商业利益的最大威胁,数十年来纠葛在既联合又争斗的复杂矛盾之中,彻底击败荷兰人是实现其商业利益的需要。再次,郑成功一直把台湾当作是他父亲的领地,一向是属于中国的,只是暂时借给荷兰人居住。而现在中国需要这块土地,就有权从荷兰人手中收回。这一信念,屡次见诸郑成功与荷兰人谈判时的讲话。[①] 由此可见,郑成功收复台湾的行动,不是一般的短期军事占领,而是意在收复国土,把台湾作为一个能够支持他完成抗清复明宏愿的"万世不拔基地"来进行建设。因此郑氏军队一抵台湾,便立即采取措施,一方面安抚居民,承认先来汉人对土地的既得权益,使其安心耕作,支持郑氏政权;另一方面立即安顿军队及眷属,分派各镇,迅速屯垦,使长年流动不居的军事力量转化为垦殖开发的建设力量,不仅解决粮食的一时之需,而且使这部分人获得安土重迁的归属之感。以此而言,郑氏这次进军台湾,实质上是一次规模浩大的军事移民。

此一时期随同郑成功进入台湾的军队有多少呢?据陈孔立主编的《台湾历史纲要》介绍,郑氏进军台湾,队伍分为两程。首程队伍共有士兵11700名,加上随从和其他人员,约为25000人。二程队伍共有士兵4400名,连同其他人员和妇女,在5000人以上。两程队伍合计约3万余人。此说与施琅在《靖海纪事》中的估计相近,施琅概括此次进军,称:"至顺治十八年,郑成功亲带去水陆伪官兵弁眷口共计三万有奇,为伍操戈者不满二万。"这是最初一批军事移民。又,康熙三年(1664)郑氏在大陆沿海的岛屿尽失,郑经率部分将士和眷口退到台湾,人数约六七千,为伍操戈者4000。再,1674年,郑经为响应"三藩之乱",率2000人西渡大陆,先后数次将俘获的清军官兵、降清士绅乡勇及其眷属,移送台湾流放、屯垦。至1680年从福建撤回台湾,几年间移入台湾的人口也达数千。3次合计,随郑氏入台的将士及其他人等,当在4万以上。不过由于战争减员和其他原因病亡,实际人数有所减少。施琅《靖海纪事》称:"为伍贼兵,计算不满二万之众。"陈碧笙《台湾地方史》

---

　① 　参见 C.E.S:《被忽略的福摩萨》,载福建师范大学历史系郑成功史料编辑组编《郑成功史料选编》,福建教育出版社1982年版。

称郑成功"带去的军队约二万五千人,再加上一部分眷属,约三万人左右"。

此一时期,移民台湾者还有为数不少的沿海难民。1661 年(明永历十五年,顺治十八年)清朝政府接受苏纳海建议下令迁海,将鲁、江、浙、闽、粤濒海 15 千米的人民尽迁内地以禁绝对郑氏政权的支持。此举造成"四省数千里生聚,一旦流离,古未有也",给沿海人民带来极大灾难。郑成功乘机驰令各处,"收拾沿海之残民,移我东土,开辟嵩莱,以相助耕种"。于是,一时无家可归、无业可营的难民和流民,不惮禁令,纷纷越界潜出,归附郑氏。此一移民潮,自郑成功复台始,至郑经时期,仍未终止。其数量若何,史无确载。但沈云《台湾郑氏始末》曾称,郑氏复台以后,"招沿海居民之不愿内徙者数十万东渡,以实台地"。连横《台湾通史》也称郑氏经营台湾期间,"其时航海而至者十数万人"。不过学界对此记载,都持慎重态度。一般认为,郑氏经营台湾时期,综合军事移民和其他零散移民,及此前已移民台湾的祖国大陆汉人,《台湾历史纲要》估计此时汉族移民人口已在 10 万以上。该书引《台湾省通志·人口篇》的估计,认为"当时台湾汉族人口大约为12 万,是比较合理的"。葛剑雄主编的《中国移民史》则估计为"可能达到15 万人左右"。但无论 10 万以上,12 万,还是 15 万,此时台湾的汉族移民人口,都已超过了对当时先住民人口 10 万左右的估计。台湾开始进入汉族移民人口占优势的时期。

郑氏三代在台湾的经营,虽只二十多年,但采取了许多重要措施,使沿袭自祖国大陆的汉族社会形态,在台湾开始确立,并成为台湾社会发展的主导。这是郑氏不可磨灭的伟大功绩。自抵台之日起,郑氏集团便十分重视对台湾政权的建设。首先,郑成功循其父郑芝龙先例,废止荷兰人建立的西方管理体制,把祖国大陆的行政管理制度移入台湾,进一步完善台湾的军事体制和行政建制。根据祖国大陆的郡县制度,划分行政区域,以赤嵌为东都明京,下设一府二县,即承天府和天兴县、万年县。至郑经时期,改东都为东宁,在中央设六宫,即吏、户、礼、兵、刑、工;六官之下并置都事、行人、给事中等。同时升二县为州,增设南路、北路和澎湖三个安抚司。同时在府下置坊,县下设里,通过规划基层社区组织,便利对汉族移民集中地区的行政管理。其次,查报田园册籍,征纳税银,以供财政。此时台湾的土地所有制,主要有"官田"、"文武官田"和"营盘田"三种形式。"官田"即从荷兰东印度公司接收的

"王田"，由郑氏集团直接掌握，实行的是与祖国大陆相同的经营方式，即"牛具埠圳，官给官筑"，而"佃丁输税于官"，其赋率约占收成的1/3。"文武官田"则为"私田"别称，由文武各官，圈地申报，而后雇工开垦，便永为世业。其经营方式也为招丁雇佃，给以牛种，而后缴租纳税，租率一般与"官田"同。"营盘田"是各镇士兵汛地屯垦的土地，基本为自耕自给，属于集体所有。但郑成功的垦地令中，有汛地屯垦的土地，可以"永世为业"的约定，营盘田"不仅可以继承，还可外佃"，使其后期出现私人化倾向。三种土地所有制形态，构成明郑时期台湾的土地制度，满足了郑氏集团战争的粮饷需求。第三，安抚土著，采取和睦的民族政策。郑成功登陆台湾之初，即亲抵先住民各社探视，设宴赠物，争取先住民对逐荷复台大业的支持；既而颁令不许侵扰、混圈先住民耕地、物业，并热情地向先住民传播农业技术，帮助他们发展生产，表现出了郑氏经营台湾的长远目标和眼光。第四，传播中华文化，推行大陆文教制度。郑成功本人是儒生出身，其集团中吸收了不少不事清室的儒生文士和前明皇裔贵族，他们随军渡台以后把中华文化的薪火播入台湾，提高了台湾社会的文化风气，使台湾出现了最早一批以传统诗文形式为典范的文学作品。而在教育体制上，在郑经时代，开始建圣庙，设学校，推行开科考试制度。如江日升在《台湾外记》中所述："三年两试，照科、岁例开试儒童。州试有名送府，府试有名送院，院试取中，准充入太学，仍按月月课。三年取中试者，补六官内都事，擢用升转。"这一来自祖国大陆的培育与选用人才制度的推行，对中华文化的进一步传播和台湾走向与祖国大陆趋同的社会发展具有重要意义。

所有这一切，都对汉族社会制度在台湾的确立与发展，奠定基础。

不过，郑氏对台湾社会的建设，毕竟主要还是立足于把它建成为反清复明的根据地。因此，如《台湾历史纲要》所指出的："郑氏政权的权力结构虽然有军、政两个不同的系统，但其核心和主要的部分是按照军事体制建立起来的。"[①] 在这样的体制下，以"招讨大将军"为号召的郑氏宗族，居于权力的顶峰；而衔命效力并分享权益的文武官员，以及前明皇室和为郑氏集团提供财政保障的地主乡绅与海商，则居于社会的上层。这是一个庞大的群体。

---

①　陈孔立：《台湾历史纲要》，九州图书出版社 1996 年版，第 90 页。

而处于底层并成为社会基础的,是广大的士兵、农民、渔民、手工业者、小贩、土著民众等。这样的社会体系既源自祖国大陆,属于封建时代的社会结构,又略异于祖国大陆,有着台湾特殊的历史背景。由于战争环境,郑氏实行的是战时的武官政治,而非祖国大陆普遍的文官政治。武官主宰政权命脉,享有比文官更高的地位和权益。同样,由于军队占台湾移民人口的大多数,郑氏又实行"寓兵于农"的政策,士兵是台湾主要的垦殖力量,"兵即是农、农也是兵",平时务农,战时急用,便从屯垦中抽调兵员,使台湾的垦殖劳力,时有波动起伏。在领导层,文武官员,尤其武官,也是台湾最大的地主,许多还是著名的海商,拥有经济实力,甚至可以在郑氏发生财政困难的危急之时,给予捐助。① 官、绅、商三位一体,是这一权力结构的特殊形态。

有清一代,是台湾人口增长最为急骤的时期,也是台湾社会发展最重要的一个阶段,就移民而言,其间也经历了几度低谷和高潮。

康熙二十二年(1683),清朝派福建水师提督施琅攻取台湾,实现了祖国统一。平台之后,清政府即采取严厉的措施,将郑氏文武官员、兵丁及各省流民,一律强制迁回原籍,致使明郑时期达到鼎盛的台湾汉族人口,骤然减去一半。《台湾历史纲要》称此时台湾,"人口只剩下六七万"。于是"人去业荒","宿莽藏秽,千原俱芜",郑氏经营台湾的成果,遭到很大破坏。

其实此时,清政府对台湾,处于极端矛盾之中。一方面,台湾自万历以来,一直是海上盗贼的渊薮,最后成为反清复明力量最大的根据地;且平台以后实行"迁籍"政策,田荒业芜,不仅于清政府无多大经济利益,每年还必须花费大量人力物力于其地。但另一方面,如闽浙总督姚启圣和统一台湾的大功臣施琅所奏,台湾为沿海四省前卫,弃而不守,必为荷兰再据,或"仍做贼窝",于清朝统治十分不利。经过激烈的去留之争,才决定留守台湾,并于康熙二十三年(1684)在台湾设置府县。

台湾设治之后,便重开海禁,招徕沿海人民前往开发。于是一时"流民归者如市","内地入籍者众"。不过,移民台湾,一直是清政府的心病,生怕台湾"汪洋阻隔,设有藏机叵测,生心突犯。虽有镇营官兵汛守,间或阻截往来,

---

① 如洪旭临死前,曾遗命其子洪磊捐助郑氏饷银 10 万两;刘国轩在郑氏政权财政危机时,曾自请辞去俸禄,并捐助辖兵 3 个月饷银。

声息难通,为患抑又不可言矣"。(施琅《海疆底定疏》)因此从设治开海起,又连续颁布了多种上谕和法令,把禁止私渡台湾,作为一项长期政策,对入台移民设置种种限制。其最重要的是:一是严禁私渡。即所有渡台者,须先发原籍地主照单,以分巡厦兵备道稽查,由台湾海防同知审验。凡有私渡及充当客头者,严律惩处。此令在康熙五十一年、五十七年和雍正七年经过三次严申,在雍正十一年以后屡经反复,弛而复禁,禁而复弛,至光绪元年,才正式废止。二是不许跨省渡台。其时台湾隶属福建,只许闽人入台,江浙及广东移民,则在严禁之列。三是禁止携眷入台,已渡台者,亦不得接引家眷,此举为防患移民长期留居,日久生变,致使台湾汉族移民男女性别严重失调。四是限定大陆渡台路线。最初只规定厦门—安平一条航线,并限制所载食物,不得超过 60 石。后因台湾经济发展,两岸交往日频,才于乾隆四十九年(1784)开放泉州蚶江与台湾鹿港、乾隆五十三年(1788)开放福州五虎门与台湾八里坌(淡水河口)两条航线对渡。其他还有诸如"不准台人入伍当兵"、"不准台湾建筑城垣"、"限制生铁及铁器入台"等。然而即使如此,迫于闽粤两地的人口压力,"田少山多,人稠地狭";而台湾初治,荒地极多,经过郑氏二十多年的经营,恶劣的自然条件已多改善,土肥水足,"一岁所获,数倍中土"。此时汉人社会初成,地主阶级尚在形成之中,与农民矛盾尚不尖锐,每岁租赋反比内地为轻。这一切对于祖国大陆无地无业的难民和游民,都极具吸引力。虽然严刑峻法稽查缉捕,但禁者自禁,渡者自渡。"自福宁一带以迄漳州,私口如鳞,无处不可偷渡。"有清一代,自康熙,经雍正、乾隆,至嘉庆中期,出现了一个历百余年而不衰的移民高潮。

清初自大陆沿海移民台湾的人数,究竟有多少呢? 各种文献记载,略有差异,不过一般以嘉庆十六年(1811)编查户口的统计为依据。据道光《福建通志》卷四八《户口》的记载,此时台湾汉族人口为 23.2 万户,190.2 万人[①],不包括先住民人口约 10 万人左右。如果从明郑时期(1663～1682)汉族移民人口的高峰期约 15 万人估算,到清统一台湾后人口骤减过半,只余 7 万人左右,是为一个低谷期。而清初以来明渡和私渡的移民不断,至乾隆四十七年(1782),据福建巡抚雅德奏报,"台湾府属实在土著、流寓民户男女大小共

---

① 《嘉庆一统志》的人口记载为 24.5 万户,178.7 万人,两个数字相差 12 万人。

九十一万二千九百二十名口"。百年间人口增长约84万多人,平均每年增长人口8000多人。而自乾隆四十七年(1782)至嘉庆十六年(1811)30年间,人口又增加了近百万,平均每年增长人口3万多人,增长率为2.5%。由于此时政府禁止携眷,台湾女性移民一直很少,人口的自然增长率极低,人口的增加主要来自移民的机械增长。由此可见,自清初以来开始出现移民的浪潮,逐年增加,直到乾嘉年间,达到高峰。而后到日本据台前夕的光绪十九年(1893),据《台湾省通志》《人民志·人口篇》的统计,此时全台人口为254万人,较之嘉庆十六年(1811)的人口统计,82年间只增人口63.8万人,平均年增长率只0.35%,接近了正常的自然增值数,可见自嘉庆十六年以后,带动台湾人口骤增的移民高潮,已大大回落。

在台湾起落有致的移民浪潮中,引起我们关注的还有移民的迁出地。《中国移民史》转引陈亦荣《清代汉人在台湾地区迁徙之研究》的资料,开列日据时期台湾各地汉人的祖籍统计,此时台湾汉族人口已达375.164万人,其中原籍福建者达311.64万人,占83%,原籍广东者58.6万,占15.6%,而其他各地4.89万人,只占1.3%。而福建的移民中,以泉州和漳州两地最多,分别占闽籍移民的53.9%和45.3%。《中国移民史》解释此种现象认为:各类移民人口的多少实与各地距离台湾的远近有关,与台湾隔海相望的厦门是大陆渡台的主要港口,与厦门相邻的泉州、漳州地区迁入的人口最多。除此以外,自明郑以降,闽南移民与台湾的传统联系,当也为泉漳移民入台提供方便。加之如雍正年间台湾知府沈起元在《条陈台湾事宜状》中所说:"漳、泉两地无籍之民,无田可耕,无工可佣,无食可觅。一到台地,上之可以致富,下之可以温饱,一切农工商贾,以及百艺之末,计工受值,比内地率皆倍蓰。"而自施琅平台以后,以不许跨省为由,"严令粤中惠、潮之民,不许渡台","广东人口迁台所受限制要比福建人口大得多"①,故粤籍移民远比闽籍移民为少。

清统一台湾以后,是台湾汉族社会发展和完成的关键时期。明郑经营台湾,虽然为台湾的汉族社会确立了重要基础,但由于时间仅二十多年,且一直处于战争环境之中,对于当时正在一统中华的清朝政府持对立态度;因此汉族社会虽已初成,尚难深入进行各方面的建树。清朝统一台湾以后,把台湾

纳入国家统一的版图和管辖之中,台湾社会的发展,便进入了中华社会发展的共同轨道。正如著名的台湾史研究者曹永和所说:清治台湾,其重要意义,"至是台湾始归属于与大陆同一个行政单位"①。在台湾汉族社会的发展与完成进程中,首先是清朝政府平台之后,加强了对台湾政治机构的设置和行政管辖。在台湾去留之争尘埃落定之后,清政府便于康熙二十三年(1684)设置一府三县,即台湾府,下辖台湾、凤山、诸罗三县,隶属于福建省;至雍正元年(1723),析诸罗县增设彰化县和淡水厅;雍正五年(1727)将分巡台厦道一分为二,兴泉永道驻厦门,台湾道专治台湾、澎湖,并新设澎湖厅;乾隆五十二年(1787),改诸罗县为嘉义县;嘉庆十七年(1812)增设噶玛兰厅。自此,台湾以一府四县三厅的设置,实施对全岛的行政管辖。随后,由于入台移民日增,社会矛盾也随之尖锐,发生多起农民起义,特别是发生在乾隆五十一年(1786)台湾历史上规模最大的林爽文起义,引起清朝政府的警戒,决定采取措施加强对台湾的管治。派出得力官员,实行闽督分巡制度,一方面增开对渡港口进行正面疏导,另一方面重申严禁私渡,以利对入台移民的掌控;同时修筑郡县城垣,增加防卫兵力,使台湾不稳局势得到控制。然而到了19世纪后半叶,台湾的重要地位复为东西方的海外殖民势力所窥视,相继发生了日本和法国的侵台事件,使清政府重新改变治台策略,由防内为主转向御外为主。乾隆末年提出的闽督分巡制改为闽抚分驻制,规定"闽抚冬春驻台,夏秋驻省",以兼顾省台两地。同时提出"简报重臣"处理台湾事务。到光绪十一年(1885)下诏台湾建省。台湾与福建分治建省,对台湾政治机构的建设、海防的加固、经济的发展,使之纳入中华民族共同发展轨道,促进台湾社会日趋完善,都有重要意义。

　　汉族移民成为台湾社会经济发展的主要推动力量,不仅带来大量的劳动力,还带来较之台湾先进的生产技术,使台湾土地得到全面开发,经济有了很大提升。汉族移民来到台湾,主要从事农业垦殖,因此清代台湾经济的发展也以土地开发为前提。荷、郑时期,主要集中在府城(今台南)一带,随着军队汛地屯垦,南北各有一些点状的开发。至清,移民激增,则以台南为中心向

---

①　曹永和:《中华民族的扩展与台湾的开发》,载《台湾早期历史研究》,台湾联经出版事业公司1979年版。

南北两路拓殖,由平原逐渐进入盆地和丘陵。台湾学者曹永和描述此一时期台湾开发的情况云:

> 大致至康熙四五十年间,台湾县境开发殆尽,分别向南向北开拓。到雍正年间,南已至琅峤下淡水一带,嗣后即全由南向北,西部平原北至鸡笼淡水,肥沃易耕之地,大多经人开拓。开拓开始时,作点状的分布,点逐渐扩展,至与其他各点相连接,再经扩展变为面,面逐渐伸展,至乾隆末年西部肥沃平原地带开尽,以后渐及较瘦地区或山麓,再进去交通不便之隔离地区。嘉庆年间即进展去开拓宜兰平原。自嘉庆末年至道光年间,开始进入埔里地方,咸丰年间已成为汉人部落。此时也渐入东部卑南开垦……光绪元年,遂弛渡台与进入番地之禁,至是西部开发殆尽,并进而东部,在台湾的汉人社会,终于生长成熟。[①]

在台湾的土地开发中,基本上存在三种形式:一为依据地主出钱、移民出力的原则组成的开拓集团;二是移民根据自愿互助的原则组成的开垦集团;三是由政府直接召民领垦。[②] 第一种形式,能向政府申领垦照或获得番社首肯而拥有大片土地所有权的豪强地主,称为"业户"或"垦户";由"业户"承租给使用土地的移民,称"佃户";而由"佃户"再租给实际耕作的农民则称"现耕佃人"。"现耕佃人"必须交给"业户"和"佃户"两份租子,俗称"大小租"。这样,在台湾被称为"大小租"制的"业户"—"佃户"—"耕佃人"三级结构的土地制度就出现了。第二种形式是互助性的自愿联合。联合中虽也出现"结首"这类人物,但"结首"不因钱势自封,而由民众公推,虽因所付出的力量较多而获得较多的土地,但并无收租的权利。它所产生的只是自耕农或小地主。第三种方式是鉴于豪强业户的包揽垦照却屡屡隐匿逃欠赋税,而由政府出面直接向农民召垦,并规定只许自耕,不许包占。它除向政府交税外,还须向土地原主的番社交租,称"番大租",依然存在双重负担。上述三种形式,形成了台湾社会与祖国大陆基本相一致的"地主/农民"的阶级结构。

---

① 曹永和:《中华民族的扩展与台湾的开发》,载《台湾早期历史研究》,台湾联经出版事业公司1979年版。

② 参见陈碧笙:《台湾地方史》第九章第四节"土地的大量开发",中国社会科学出版社1982年版。

　　土地的充分开发,使台湾经济有了局部的迅疾发展。水稻甘蔗的大量种植和手工业发展的不足,迫使台湾改变传统的自给自足的自然经济模式,一开始就显现出活跃的商品经济趋向。它向祖国大陆输出米糖等农产品,而由祖国大陆提供生活必需的手工业制品,形成一种互补的经济关系。商贸的活跃,使原本移民对渡的港口进一步成为商业性的贸易港口。专事祖国大陆贸易的郊商也大部分集中在这些港口。至19世纪后半叶,随着台湾开港和外国资本的进入,台湾传统的生产结构和市场结构发生改变。在国际市场需求的带动下,以内销为主的粮食生产逐渐转向以外销为主的茶叶、樟脑的生产,郊商的力量开始削弱,而外商则在激烈竞争中不仅占尽优势,且基本上控制了与祖国大陆交通的航线。这一变化同时推动了台湾的经济重心逐渐北移,集中于茶叶、樟脑主要产区的北部。而商业的发达带动港口城市的发展,也改变了岛上人口的流向。最初为寻找土地而来的移民,在港口登岸以后便向人口稀少与土地荒芜的山区和乡村移动;而现在则是一部分原先在土地上耕作的农民,离开土地向人口密集的通商口岸和城镇移动,成为从事各种工业、手工业、商业和服务业的市镇人口,台湾社会由比较单一的农业社会向近代多元化的社会迈出了最初的一步。

　　中华文化的薪火传承,成为台湾社会建构与发展的基础。人创造了文化,又为文化所创造,因此人不仅是文化的创造者,同时还是文化的承载者和传播者。汉族移民进入台湾,并且主导着台湾社会的发展,它也意味着由移民所携的汉民族文化,也延播进入台湾,并在薪火的传承中,成为台湾社会的基础并主导社会的发展方向。一方面是移民自身所携带的常俗文化,包括形成社会基本细胞和底层组织的家庭—家族—宗族的观念和结构,整合社会人际关系的民间习俗和调谐人神关系的宗教信仰。它构成了社会底层的精神基础。另一方面则是由上层权力机构所推行的制度文化和精雅文化。以儒教治国的中国封建统治者,其分派各省进行治理的官员,大都为儒生出身,即使武将也大多经过儒学的濡染。其自身的文化取向便使他们以推行中华文化为己任,其治下的各级儒生也普遍得到重视与重用。相沿成习,文化为先,成为风气;再辅之以一套完整的学院与科考制度,便使以儒学为核心的中华文化,在即使如台湾这样的新辟之地,经过积年累岁的倡扬鼓励,也获得积极的延播与发展。有清一代,台湾很快由蛮荒走向与祖国大陆相似的文治社会,便得益于中华文化的传播。关于这方面的情况,我们下面将有专章论述,这里不详介绍。

在台湾汉族社会的形成中,经历了由移民社会向移民定居社会发展的两个阶段。陈孔立在《清代台湾移民社会的研究》中,分析了台湾学者的相关研究,提出了移民社会和定居社会这两个互相区别的概念①,并认为它们的区别,"需要从经济、政治、社会、文化各个方面进行综合的考察,诸如人口结构、阶级结构、职业结构、政治权力结构、社会关系、宗教关系、经济生活、文化教育、宗教信仰、价值观念、风俗习惯等等,特别要考察移民社会的特点发生了哪些变化"②。这一广泛的诸方面考察,在其主编《台湾历史纲要》时,简约成为主要是对社会结构变化的考察。其最具决定意义的首先是人口结构的变化。根据台湾移民人口增长态势分析,以嘉庆十六年(1811)编查户口的统计为分界,之前台湾人口的增长,主要是移入人口的机械增长。由于禁止携眷,移民人口中的性别比例和年龄比例严重失衡;移民也呈现"候鸟式"的"春去冬归"的流动状态。之后的人口增长,由于携眷渐多,人口的增长已逐渐转向以自然增长为主,性别比例和年龄比例也趋于正常。原先的移民也由流动状态走向相对稳固的定居状态。在世代沿袭中,移民对新土地产生了一种认同感。过去习惯说的"我是泉州人"、"我是漳州人"变成了"我是鹿港人"、"我是宜兰人"……其与祖籍地的关系也由早期的以在台湾垦殖所获回原籍奉亲养家的实际经济关系,转变为回原籍祭祖认宗的血缘上的精神联系。其次经济结构的变化。早期来到台湾的汉族移民,主要是进行农业垦殖,职业结构比较单一;随着台湾经济的发展,工业、手工业、商业、服务业的兴起,吸引了大批农业劳力走向城镇。据陈孔立根据记述清末台湾现况的《安平县杂记》中所载的台湾各种职业,竟达101种之多。③职业结构的由单一走向复杂,其背后是经济结构的变化,它同时也带来了阶级关系的多元化,由早期主要是"地主/农民"的单一阶级关系,出现具有近代社会特征的"资

---

①　对于这两个概念,台湾学者陈其南的表述是,"移民社会"和"土著社会",即所谓"土著化",见其《台湾的传统中国社会》一书;李国祁的表述则为"从移民社会"转变成与"中国本部各省相同的社会",即所谓"内地化",见其《清代台湾社会的转型》一文,具体指的是"由粗放的移垦形态走向文治,由畛域互异的地域观念走向民性融和,以士绅阶级为领导阶层的统一社会"。

②　陈孔立:《清代台湾移民社会研究》,厦门大学出版社1990年版,第24页。

③　同上。

本/雇佃"的新的阶级关系。第三是社会聚落结构的变化。早期的移民,由于禁止携眷,极少出现举族、举家的搬迁,社会的聚落形态,主要是由于同乡、同籍的互相牵引而形成的地缘性聚落。到了后期,随着携眷定居和自然增殖的人口发展,才出现血缘性聚族而居的村落。反映在族群关系上,有清一代屡屡出现的分类械斗,也由早期的以不同祖籍地为分类的械斗,转向以血缘宗族为分类的械斗。第四是文化结构的变化。汉民族文化在台湾的延播,早期以移民自身所涵寓的常俗文化为主,从生产方式、生活习俗、方言土语到为寄托精神的地方保护神的信仰,后期随祖国大陆文教制度的移入,中华文化的延播便逐步转向以精雅的士人文化为主导,官府有府学、县学,民间有书院,学校以讲授儒家学说为中心,其所有教授,皆来自祖国大陆。在台湾社会逐渐文治化的过程中,来自母土的中原文化,也在新土台湾呈现出某些本土特征,而成为母根文化的一个次元文化形态。

由移民社会进入移民定居社会,是一个缓慢的历史进程。台湾自明朝后期开始出现规模性的移民以来,历经三百多年。学界一般以嘉庆十六年(1811)人口编查提供的统计资料为依据,认为此后台湾进入移民的定居社会。其相关的其他方面的特征,也明显呈现出了定居社会的形态。

第四节　闽台移民社会的同异比较
——兼论台湾移民社会与西方移民国家的不同

移民社会有许多共同特征,但由于每个移民社会的移民来源、文化背景、迁移过程、与原住民的关系以及社会发展的情况等,各有不同,因此,每个具体的移民社会也各有自己的特殊性。闽台作为具有相同移民来源和文化背景的移民社会,具有某些共同的特征而与其他的移民社会区别开来;然而在闽台之间,虽都为移民社会,又由于它们移民先后、历程以及社会的后续发展等方面不甚相同,福建和台湾的移民社会也呈现出若干相异的特殊性格。对移民社会共同特征及其特殊性格的认识,有助于我们深入认识和把握社会的性质和特点。因为移民作为社会构成的主体和基础,潜在地影响着社会的后续发展及社会普遍的文化心理。我们往往可以从今天社会存在的诸多现象中,追索到社会最初构成的某些胎记和痕迹。

比较闽台移民社会的同异,以下几个方面的特点特别引起我们的关注:

第一,闽台具有相同的移民来源,都是炎黄子孙的后裔。它们之间的差异不是移民族源的不同,而只是时间的先后,即移民和再度移民的差别。历经千年的中原汉族移民入闽,构成了福建社会人口的主体,把原来人口数量不多、且文化开发较为迟缓的土著民族——闽越族融入在汉族之中,使福建在漫长的历史发展中,形成了与中原相同的汉族社会。而台湾的移民主要来自福建,少部分来自广东,但无论是被称为"福佬人"或"河洛人"的福建移民,还是少数来自闽粤交界的客家,都是中原汉族南迁的后裔,在族源上与福建是相同的,只不过中原汉族移民经由在福建的落籍和发展后再度迁入台湾,时隔数百年,带有了闽人或南方客家的某些本土化的特征。

第二,闽台移民就其类型而言都是"国内移民",即是在同一个国家内部,由经济开发较早而人口稠密的地区向经济开发迟缓而人口稀少的地区的移民。汉民族及其文明的发祥之地在黄河流域。自秦汉以降,从陕西关中到黄河入海口的山东,很早就有了高度发展的农耕文明。而此时的闽粤,虽已列入版图,却仍处于蛮荒之中而被视为化外之地。因此,当北方地区屡有大的政治动荡发生时,畏乱避难的汉族人口,无论举族搬迁的贵胄之家,还是零散飘离的流民,往往向南迁徙,因为江北江南同在一个国度之中,没有太大的政治阻隔和文化障碍。北方汉族移民以先进的农耕文明入主自然条件更为优越的江南,不仅便于生存,也利于南方疆土的开发。中原移民入闽的情况如此,闽粤移民入台的情况也相仿。略有不同的是台湾的开发较福建更晚,南宋以后福建已经发展为相当成熟的封建社会,无论经济的开发,还是人口的聚集,都达到相当水平。而此时台湾,尚处于先住民的部族社会之中。对于背山面海而富有航海经验的福建人,越海向附近岛屿开发,则为必然的选择。尽管台湾在历史上曾经先后沦入荷兰和日本的殖民统治之中,使情况变得更为复杂。但无论荷兰还是日本,都是外来殖民者对于中国领土的侵占,都改变不了福建移民入台的"国内移民"性质。更何况在明末的第一次闽人入台的移民高潮,正是为了驱逐荷夷的战争性移民;而随后出现的持续百余年的移民浪潮,并且在台湾建立了汉人为主的移民社会,都是在清统一台湾之后，日本殖民者据台之前发生的。因此，就其类型而言，闽台之间的人口迁徙是在一个国家之内的人口流动，属于"国内移民"。

第三，闽台移民的性质，往往是由政治性移民开始，而逐渐转化成为经济性移民。从西晋到南宋，中原地区的三次大的政治动荡（永嘉之乱、安史之乱、靖康之难），是导致中原移民入闽的根本原因；而唐中叶陈政、陈元光父子和唐末王审知兄弟率兵入闽的两度军事行动，又是中原移民入闽的直接行为。政治性的移民，无论永嘉之乱中的举族迁移，还是战争时期中的军队调遣，所导致的移民往往是规模性的。而规模性的移民要生存下来（尤其到了经济落后的新辟地区），必须同时进行经济开发。因此，政治性移民最后往往转化为开发型的经济移民，其结果是推动了移入地区的经济发展。福建和台湾两个移民社会的完成，都是典型的例子。略有不同的是，台湾的情况较为复杂。明末荷兰据台时期向内地招募劳工而引发最早一轮闽人入台，是经济开发型的移民；而郑氏驱荷并以抗清复明为目的的经营台湾，则具有由政治性移民转化为经济性移民的功能；但清统一台湾之后实行迁界禁海政策，又极大地破坏了郑氏开发台湾所奠立的经济基础；此后从康熙到嘉庆持续百余年的移民潮，则以经济性的移民为主。政治性移民和经济性移民的互相转换和推动，是闽台两地移民的共同特征。

第四，闽台社会都是以中华文化作为社会建构的基础。中华文化是一个以汉族文化为主体的，包容了诸多兄弟民族文化的多元的结合体。闽台移民——无论是从中原到福建，还是从福建到台湾，绝大多数都是汉族人口。因此，随同汉族移民携带而来的，也是作为中华文化主体的汉民族文化，从宗族制度、政治制度到语言、民俗、信仰，乃至作为文化核心的传统思想、观念、价值系统等，都在闽台社会的形成和建构中，发挥着奠基和主导作用。它使闽台社会融入以汉族为主体的中华社会大家庭之中。略有区别的是，汉民族文化由中原进入福建，在历时千载的发展中，出现了某些本土化的色彩，使闽文化成为中华文化的一个区域性的次元文化；而带有福建本土色彩的汉民族文化，随同移民进入台湾，经过长期的历史发展，又带有了某些台湾的本土色彩。它使建构闽台社会共同的汉民族文化，各自呈现出某些本土化的特征，不是另一种性质不同的文化，而是中华文化在福建和台湾的一种地方性的本土体现。

第五,在与先住民的关系上,闽台移民社会存在着较大的差异。在汉族移民进入之前,闽台两地都有其他民族先期在这里居住,在福建是闽越族,在台湾事后来被泛称为高山族和平埔族的诸多族源各不相同的兄弟民族。闽越族的消失是在中原汉族移民进入福建之前就已开始。由于战争和强制迁移,闽越族徙处江淮之间,陆续融入汉民族之中。西晋以后,中原汉族入闽,闽越族已大为削弱。今天的福建社会,除了与古越族在血缘和文化上有某些相近或相似之处的畲族存在外,闽越族作为一个独立的民族,已经完全消失。而在台湾汉族移民进入以后,只融合了居住在平原地区的平埔族,而对居于高山或海岛的其他兄弟民族,虽屡有冲突出现,则多采取隔离和保护政策,不断调整与先住民族的关系,使今天台湾的高山族仍然有着自己的领地、血统和文化。

第六,在与移出地的关系上,闽台之间的移民也存在较大差异。中原移民进入福建以后,虽然保留着原乡的某些记忆,但由于岁月久远,迄今大多只从族谱上寻根或在郡望堂号中怀乡,实际的联系已不存在。而台湾的移民,如前面所分析,无论是出于政权更迭或其他政治原因而往海上避难或积蓄力量寻机待发的政治型移民,如郑氏逐荷入台的军队,还是迫于生计或为寻求财富的目的,而来台湾从事垦殖开发或贸易活动的经济型移民,其最终归旨都在祖国大陆。不仅恢复政权必须返回祖国大陆,其垦殖或经商所获也是为了养活留在祖国大陆的家口,这都决定了台湾移民与原乡的密切关系。加之其在台湾的聚居方式,多以原乡为单位,且时常发生以祖居地为分类的械斗,这一切都加强了台湾移民的原乡意识和祖籍观念。虽然由于岁月迁延和两岸阻隔,早期移民与祖籍原乡的紧密联系已渐疏缓,但迄今仍保留鲜明的记忆,时有回乡认宗祭祖的活动。

从以上的简略分析中可以看出,闽台两地,在移民的族源、类型、性质、文化背景等方面,有着根本上的许多共同点,这是闽台移民社会的共同本质。而它们之间的差异,只是由于地理环境、移民进入之前社会所存在的文化要素,以及不完全一致的历史发展所造成的,带有着鲜明的区域性特征。这些差异的存在,并不能改变闽台移民社会共同的本质。

台湾移民社会的这些特征,也使我们注意了它与西方移民国家——例如美国,本质上的区别。这些带有根本性的区别,主要表现在以下四个方面:

第一,如上所述,台湾的移民是一种"国内移民",即由本国经济发达、人口稠密的地区,向经济开发迟缓、人口稀少地区的移民。在性质上不同于美洲新大陆的移民是由殖民宗主国或其他国家向殖民附属国或另一个国家的移民,这是一种"他国移民",或被民众通俗称呼的"海外移民"。这是一个具有本质意义的区别。

第二,台湾的移民不仅属于同一个母国、同一个民族,甚至是来自同一个地区,具有同样的国籍归属和同一个文化母体,在这一基础上形成了台湾相同于自己母体的统一的社会结构方式和发展方向。而美洲新大陆的移民,则来源于不同的国家、民族和地区,有着不同的语言和文化母体,他们分别忠诚于各自的母国和各自的文化母体,并以之来建构自己的社区,使美国社会成为一个文化多元的、块状结构的社会。

第三,台湾的移民不论出于政治的或经济的迁徙原因,都以自己的故国家园为归指,在政治上也都隶属于自己祖国的统一管辖。而美洲新大陆的移民,其迁徙动机要更复杂得多,除了寻求财富,还有由于宗教的或政治迫害的原因。他们来到新大陆的目的,许多是为了摆脱自己母国的政治管辖和法律约束。因此,他们往往会在自己的新居地重新订立更适合自己生存与发展的法津,并作为摆脱母国法律的一种标志,具有很强的政治独立性。

第四,在和原住民的关系上,由于中华民族本来就是一个多民族的统一体,汉族移民和台湾的先住民族都是这个多民族大家庭的成员。虽然移民与先住民的矛盾难免发生,但历代的中央政权为了消弭矛盾的过激发展,往往对先住民族采取某些保护性的隔离政策,使得先住民族从领地、文化到血缘,获得较好的保存;也使难以避免的民族矛盾和冲突,得以缓和而不致发展成为对抗性的矛盾。而在美洲新大陆,由于移民对土地和财富的疯狂性掠夺,又不可能有统一的政权机构来协调他们之间的矛盾,造成移民与原住民族矛盾和冲突的对抗性激化,以致酿成移民对原住民的血腥屠杀和原住民的激烈报复。长期持续的种族围剿,使美洲新大陆的原住民印地安人和印地安文化几乎被消灭殆尽。

台湾移民社会与美洲新大陆移民社会的这些性质上的根本区别,决定了社会的不同发展,美洲新大陆最终建立自己多元化的移民国家,而台湾则维系在祖国多民族的大家庭之中,成为一个文化结构相对比较单一的、以汉族为主体、包容了其他先住民族的移民社会。

第四章　移民与中原文化的闽台延播

第一节　移入与再生：移民社会的文化延播

文化区的形成，是文化传播的结果。这是深刻影响 20 世纪文化研究的"文化传播学派"和"历史学派"共同发展的一个重要的论断。这一理论认为，每一个文化要素，最初总是产生于某一基点，而后经过传播，扩展到新的地区，才逐渐形成一个共同的文化区。在这个意义上可以说：传播是文化的实现，没有传播就没有文化，也就没有文化区的存在。因此也可以说：文化区是一个或几个文化要素，在历史发展过程中空间扩散的现实体现。

"文化传播"（或称"扩散"）这一概念，是英国"人类学之父"泰勒在1871 年出版的《原始文化》一书中最早提出和使用的，以之来概括文化迁徙和分布的现象。它影响到后来德国的文化圈学派和英国的传播学派的形成。传播学派把文化看成是一种动态的、不断迁移和发展的现象。因此，文化既是空间的，即从一个地区扩散到另一个地区，也是时间的，即从上一代传递到下一代。它既受到地理和人文环境的影响，也受到历史变迁的左右。这样，文化传播这一概念，便包含了扩散、交流、传承和发展的多重涵义，是指文化在空间和时间上的延续过程。

文化的空间传播，有两种基本类型，即扩展扩散和迁移扩散。扩展扩散指的是通过社会网络中人与人的直接接触或间接的信息传播，使具有某一特征的文化，如滚雪球般地在地球表面占有越来越大的空间。扩展扩散还因其接触方式的不同，又可分为传染扩散、等级扩散和刺激扩散三种。传染扩散是通过人的直接接触而实现的文化传播；等级扩散是通过公共信息中心向次一级中心和更次一级中心等级式的扩散而实现的文化传播；而刺激扩散则是在接受文化信息时,由于自身条件的不足,无法按照原样学习搬用,而只受其文化影响的刺激而产生的传播。在文化传播中,扩展扩散是最基本和普遍的一种传播方式;而另一类型的文化传播,即迁移扩散,则是一种比较特殊的方式。它指的是随同人群的流动和迁徙,而把文化从一个地区带到另一个地区。它较之扩展扩散的渐进方式,具有爆发性和跳跃性特点,其传播速度更快,范围也更大,可以越过高山、大海的阻隔,造成拥有同一文化特征的老区和新区,在空间上不一定相连。顾名思义,迁移扩散是移民社会最常见的一种主要的文化传播方式。

中原文化由黄河流域中下游向南延伸进入福建,再由福建越海东移进入台湾,主要依靠的就是这种迁移扩散的传播方式。

移民社会的文化传播,包含着移入和再生两个层次。首先是移入,它指的是伴随移民的迁徙而带来的文化在空间上的迁移扩散。人和文化,有着多重的关系。一方面,人是文化的创造者。所谓文化,一言以蔽之,就是人所创造的一切物质价值和精神价值的总和,也就是说,文化是人所创造的一种生活方式。在这里,人是创造的主体。但另一方面,人又是文化的创造物。人创造了文化（生活方式）,便同时以自己所创造的文化（生活方式）,来塑造和规范自己,使自己成为文化的一种体现,从衣食住行、生活习俗到价值准则、思想观念和行为方式。这样,第三方面,人便同时又成为文化的最大承载者。人所创造的文化,既塑造了人,便在很大程度上也凝聚在人自己身上。因此,人走到哪里,实际上便也把文化带到那里。对移民社会而言,人们从一个地区迁徙到了另一个地区,便也意味着,这个地区的文化,随同人的携带,也同时扩散到另一个地区。这种迁移性的文化扩散,最初可能主要是其常俗文化部分,诸如生活习俗、聚落方式、语言和信仰等等;但随着迁徙人群的增加和迁徙者文化水平的提高,文化的精雅部分便也逐渐进入这个新区,使得伴随移民而来的文化扩散,获得了更充分和全面的实现。

然而,某种文化由一个地区扩散到另一个地区,便同时会遇到新区不同的自然环境和人文环境的问题。前者是文化生态学所关注的人与自然的关系（人地关系）;后者则是文化地理学上有关文化综合作用所讨论的主题。因为文化是人对自然的适应、利用和改造,它只能存在于实实在在的自然环境之中,而不存在于真空世界。某种已经适应了原有自然环境的文化,进入一个新的地区,便必然会遇到新区不同的自然环境,从而发生新的互相适应、利用和改造的过程。这个过程是双向互动的,既是文化作用于新的自然环境,而实现适应、利用和改造,也是新的自然环境作用于文化,而使其发生某种变化。这使移民文化进入新区后存在着一个本土化适应的过程。同时,随同移民而来的文化扩散,还会遇到新区原有的其他文化要素的影响,从而发生极其错综复杂的作用。既可能是影响或改变了新区原有的文化要素,也可能吸纳新区原有文化要素的某些成分,而使移入的文化发生某些改变,还可能与其他文化要素共存于同一个地理空间之中,成为一种多元的文化共存。这一切也同样会导致文化的本土化进程。这是移民文化进入之后必然发生的一种再生。导致这种文化再生的还有时间的发展,新区与母区不同的历史际遇给予文化的不同影响,从而使二者之间存在差异。如果说文化的迁移扩散,是空间意义上的文化传播,那么,文化的本土化和随同社会发展的再生,则是时间意义上的文化延续。移民社会的发展,必然经历由流动性的移民到定居性的移民两个阶段,只有进入定居性的移民社会,才是成熟的社会。而文化的本土化发展和对文化的本土认同,是进入移民定居性会的重要条件之一。

　　当然,这里所说的文化的本土化或再生,都是在原有文化固有逻辑基础上的发展,而不是离开固有文化的性质和形态的另一种文化的出现,这是必须区分清楚的。移民社会在其初始阶段时,对原乡文化有着强烈的怀祖观念,他们时时记住自己是从哪里来的,自己文化的根植在何处。这种强烈的祖根文化意识,是移民社会重要的文化特征。但随着移民社会向定居社会发展,对本土的认同,同时也体现为对本土文化——即原乡文化的本土形态的认同。强烈的祖根文化观念和本土文化认同,构成了移民社会文化特征的两面。

　　移民社会的主要文化传播方式是迁移扩散,但并非说只有迁移扩散才是移民社会唯一的文化传播方式。事实上移民活动有高潮和低潮,带有一定的时段性。迁移扩散只是在移民高潮时带有爆发性的一种文化传播。文化地理学在讨论迁移扩散和扩展扩散这两种基本的文化传播方式时,注意到二者并不是截然分开或互相对立,而是互相渗透和补充的。对于一个移民社会来说,文化的迁移扩散,主要是建立一种随同移民而来的文化模式。在移民成为社会主体并逐渐走向定居的社会之后,这一文化便也成为社会奠立的基础

和未来发展的指向。在漫长的历史进程中,文化传播这一带有某种阶段性和
突发性的迁移扩散,还需要依靠大量渗透于日常生活和社会进程中的更基本
的扩展扩散,来持续、丰富和补充。这是我们在对移民文化传播方式进行研
究时,不能忽略的一个重要方面。

第二节　从中原到福建:中华文化的南渐

从公元4世纪初西晋末年的永嘉之乱,到公元12世纪初北宋灭亡的靖康
之难(中间还经历了公元8世纪初唐代由盛至衰的安史之乱),八百多年间
北方频仍的战乱,导致了中原人口南下避难的3次移民高潮,同时也把发祥
于黄河流域一带,一千多年来一直在西安—洛阳—开封做东西轴向移动的中
国文化中心,由北方移向江南。正是在中原人口南迁和文化中心南移的历史
背景下,中原汉族人口,及其所携带的汉民族文化,也南播福建,融合了福建
先住民的闽越族及其文化,成为福建社会的人口主体和福建社会构成及发展
的中华民族文化基础。

这是中华民族文化发展史上令人难忘的一幕。

其实,晋室南迁以前,甚至可以远溯到公元前3世纪的战国时期,来自中
原的汉族文化,就开始对闽越族文化产生影响,

犹如汉民族是在历史漫长的过程中,以华夏系为核心,融合了周边的东夷
系、西狄系和南方的百越系,而形成的一个族源多元的民族一样,汉民族文
化也存在着同样复杂的融合过程。王会昌在《中国文化地理》中,把汉民族文
化的形成,概括为"双源并出"而又"合而为一"的过程。一方面是诞生在
黄河流域——即中原地区的华夏文化,在与周边的夷、狄文化的冲突和融合
中,发展壮大成为中国本土文化的核心和精髓;另一方面,在长江流域以稻作
文化为基础发展起来的荆楚文化,融合了起初与之并驾齐驱的越族文化,在
稳定地占据南方之后,以其极富浪漫精神的文化创造,影响了中原地区古朴
刚健的华夏文化。正是这两股文化源流的汇合,形成了深沉醇厚而又绚丽多

姿的中国本土文化。①

这两大文化融合的过程,化为具体的历史事件是:曾经是黄河下游地区东夷部落集团伯益部族之一支的秦人,在夏王朝建立前后,先被华夏族融合而成为以农耕为主要经济形态的汉族;随后带着华夏文化西迁到陇西地区,在与戎狄部族的长期相处中,又吸收了戎狄文化,成为兼具双重文化特征,既有华夏农耕文化沉稳厚重品性,又有戎狄游牧文化强悍枭勇气概的汉民族特殊的一支,崛起在黄河西部。到战国时期,实力雄厚的秦国,先是横扫西戎,开地千里;继而逐鹿中原,灭亡六国,完成了惊天动地的统一大业。正是在秦灭六国的统一过程中,以战争暴力打破了黄河流域与长江流域各部族之间的隔阂,消除了华夏族与荆楚族长期形成的历史界限,使南北两大文化系统的融合,成为汉族这个新的民族共同体的文化基础,并为汉民族文化和以汉文化为主体的中华民族文化塑造了基型。

在中国历史这一文化的南北大融合中,越族文化作为以荆楚文化为代表的南方文化的一支,也融入以中原华夏文化为核心的汉民族文化之中,就福建而言,史学界一般将福建文化的发展,划分为四个时期:一是战国中期以前,是闽文化的形成期,主要以考古发现的新石器时期文化为标志。二是战国中期至汉武帝灭闽越国,是闽越族文化时期。② 此时因闽越族与中原的秦汉有着广泛的政治、经济交往,时而降从,时而反叛,中原文化已开始为闽越文化所吸收。三是西汉后期至唐五代,是中原汉族文化融摄闽越文化,逐渐成为福建社会的文化基础和主导的发展期。四是宋元以后,以汉文化为主体的闽文化走向全盛的成熟期,以朱熹理学为代表,对中华文化的发展作出了

① 王会昌把"中国本土文化"和"中华民族文化"两个概念作了严格的区分。前者指的是以中原为核心的地区所形成的农业文化,后者指的是中国境内汉民族和其他少数民族在数千年间所共同创造的文化。两者在地理区域、文化内涵及文化发展的历史阶段上均有所不同。后者是以前者为核心凝聚、形成而发展起来的。详见王会昌:《中国文化地理》,华中师范大学出版社 1992 年版,第72 页。

② 关于福建早期的闽越族,学术界存在两种不同意见。一是认为闽、越不同族,他们各有不同的活动地域和文化传统。闽为福建土著民族,以蛇为图腾;越族发祥于江浙一带,以鸟为图腾。他们的融合发生在战国时期。楚灭越国以后,一部分越人迁入浙南和闽北,与闽族相融合而成为闽越族。二是认为闽、越是一族。闽为地称,越是族称,是活动于南方的百越之一支,西汉以前的福建古代民族就是闽越族。两种意见分别参见陈存洗《闽族文化的考古学观察》和陈国强、周立方《闽越族历史发展及其文化特征》,皆载《闽文化源流与福建近代文化变迁》,海峡文艺出版社 1999 年版。

重要贡献。在这一历史进程中,汉越文化的融合,表现为互相渗透的两个进程:前一进程前期是闽越文化对中原汉族文化由吸收到逐步汉化;后一进程是汉民族文化统摄闽越文化,成为福建社会发展的文化主体。

前一个进程主要发生在秦汉时期由从秦废无诸为君长,历经合楚灭秦和助汉灭楚,至汉武帝王闽越国,在闽越族与中央王朝时合时离、时降时反的频繁战争与交往中,不断地受到中原汉族文化的影响,使闽越文化的发展,具有了浓厚的中原文化色彩。主要表现在以下诸方面:

第一,在闽越国的政治建构上,仿效秦汉王朝的政治制度。从《史记》、《汉书》的本传记载中可以看到,无诸为闽越王,国中设有相、侯、将军,如"越衍侯"、"建成侯"、"绚北将军"、"吞吴将军"等,与中原汉制相同。近年在闽越国故城武夷山城村遗址的考古中,出土了不少带有戳印文字的陶片及泥封,如"官黄"、"官长"、"官径"等,内在和形式与陕西咸阳、临潼始皇陵发现的印章戳记相类。由此可见,闽越国的职官设置,大部分都可在中原王朝中找到原型。

第二,在城邑建设上,深受中原城邑文化的影响。以闽越国典型的城邑建筑武夷山城村故城遗址为例,从城邑位置、地势的选择和平面布局、结构的安排所体现出来的礼制观念,到建筑工艺与材料的应用与制作,无不留有秦汉宫殿建筑的深刻烙印;在其他礼祀建筑如宗庙、祭坛等,其内部结构和外在形式,也都符合秦汉礼制和中原文化传统。

第三,在生产技术上,特别是铁制工具,吸收了中原的先进技术。闽越国出土的铜器,虽不多见,但大部分具有中原风格,如铜镜上的蟠螭纹、鎏金铜盖弓帽、伞柄箍、包金铜饰等,有些甚至是直接从中原输入的,如城村遗址出土的青铜兵器弩机,錾有"河内工官"(汉朝设于河内郡怀县——今河南武陟——的制造机构)的铭文。在闽越国大量出土的铁器中,不仅有兵器,还有各种用以农耕的铁制工具,如锸、锄、镢、五齿耙、犁等,说明此时闽越国已从中原吸收了先进的制铁工艺和农耕技术,进入了一个高度发达的铁器时代。

第四,在文字上,已通行秦汉文字。不仅在文献记载中,上自国王,下至属官的名字和封号,都用汉名;在闽越国遗址的出土文物中,无论瓦文、陶器印文、铜器铁器铭文,还是封泥文字,都用汉字,其字体结构介于篆隶之间,与西汉初年的中原篆隶并行的情况一致。可见早在战国时期,中原文字已为越族使用,至西汉初年的闽越国,更为官署和民间熟练驾驭。中原文化对闽越的影响,由此可见一斑。[①] 明代学者瞿庄曾高度评价无诸时代对中原文化的吸收,称:"自时厥后,渐靡风教,用夏变夷。驯至唐宋之世,笃生秀民。或立言垂训,或为世宰辅。蝉蜕荒服之习,澡沐邹鲁之化者,王实开之。"[②]

汉武帝灭闽越国以后,闽越族大部分被迁入江淮一带,融入汉族之中。避入山林的闽越后裔,二十多年后复出,建冶县,史称山越,此时已陆续有中原汉族人口入闽。受两汉强大的政治和文化的影响,闽越族对中原文化的吸收,也在强化。从近年在福州、闽侯、光泽等地发掘的汉墓考察,其墓葬方式虽为闽越旧制(土坑葬),但随葬品又多用汉物。如反映庄园经济特点的陶制仓、灶模型,铁制炊器釜,铜制酒器醮壶,以及五铢钱、货泉等流通货币等。所以东汉王充在《论衡·恢国篇》中说:"唐虞国界,吴为荒服,越在九夷,蠃衣关头。今皆夏服、褒衣、屦舄。"

汉越文化融合的另一重要进程,是中原文化对闽越文化的统摄,将闽越文化消融其内,使中原文化成为福建社会文化的主导与主体。这一文化的融合以政治的统合为前提。秦灭六国以后,为改变长期分裂割据的局面,建立统一的中央集权的封建王朝,便废除世袭制,推行郡县制。以闽中郡把闽越故地纳入在秦王朝的统一版图之中。虽然秦末曾派出官员对闽中郡进行实际管治,只废闽越王为君长,在其尊奉秦始皇为最高统治者,不再自号为王,也不奉祀自己祖先的先决条件下,允其自行管理,实际上实行的是自治郡制,这也是中国历史上第一个少数民族的自治建制[③],但辖入版图并尊奉中央为最高统治机构这一政治前提,却是中原汉民族文化南播福建,并融合闽越文化的政治基础。此后历代封建王朝都在这一基础之上,沿着汉越文化融合的方向、把以中原汉族文化为核心的中华民族文化南播,视为体现自己统治尊严与意志,王化天下的象征。

中原文化的南播,首先表现在制度文化方面。所谓制度文化,指的是人类

---

①　参阅杨琮:《闽越国文化》,福建人民出版社 1998 年版。

②　道光《福建通志》卷二〇。

③　参阅彭文宇:《秦汉王朝对东越的民族政策》,载《第三届全国民族史研讨会论文集》,改革出版社 1991 年版。

在处理个人与他人、个体与群体关系的文化规范。它包括政治制度、经济制度、婚姻制度与宗族制度等方面。秦设闽中郡,即意味着把反映中原汉族农业社会的建构方式和封建政治制度,推及闽越故地。此后历代封建统治者,都竭尽全力推行中原政治制度。一方面是在郡县制度的细化和普及上。福建本七闽之地 ①,秦设闽中郡,至汉,避入山林的闽越后裔复出,自立治县,管辖闽越故地。到了东吴,又析出辖地,另立建安郡,辖建安、南平、将乐、建平(今建阳)、东平(今松溪)、昭武(晋初避司马昭讳改名邵武)、吴兴(今浦城)7 县,为福建最初的县治。晋添晋安郡,再辖侯官、原丰(典船校尉旧地,唐改闽县)、温麻(今霞浦)、晋安、同安、新罗(今上杭)、宛平(无考)、罗江(或说为今之罗源)8 县。隋代对上述郡县进行若干裁并。至唐,则析为福、建、泉、汀、漳 5 州,辖县 24。五代闽国,又立镡州(后改南剑州),县治增至 31。宋初析泉州置兴化军,分建州置邵武军。宋室南渡后,升建州为建宁府,再增 10 县,合 1 府、5 州、2 军,共 41 县。至此,"八闽"的概念始成,中央王朝对福建的郡县建置,也已普及全境。另一方面,在各级职官的设置上,都循汉例,并由中央政府直接选派任命,以保证中央政府的管辖及政令施行。福建在闽越时代政治上相对的独立性,随着闽越国的覆亡和闽越族的融入汉族,已完全消失。政治制度的中原化,是中原文化入主福建在政治上的集中体现。有学者认为:"福建汉越文化交流融合的过程,也是中原汉族封建制对闽越的政治同化的过程。"②

宗族制度是中原制度文化南播的另一个重要方面。秦汉之前的闽越族,《史记》称只有驺氏一姓,以此推论,当时应还属于族人同出于一个女性祖先的母系社会的血缘特征。所以秦平百越以后,秦始皇南巡会稽,才针对越族的婚姻状态,刻石明令"禁止淫佚"。有汉以来受到中原文化的影响,闽越族从贵族到平民,出现了除驺以外的多种姓氏,如吴、林、黄、胡、马、莫、赖、卢、邓等,表明此时的闽越族已进入了以男性祖先为中心而组合起来的"父家长制家族"社会。循此发展,本可能逐步建立起宗法式的家族制度,但汉武帝

---

① 《周礼》有"四夷、八蛮、七闽、九貉、五戎、六狄"之说。七,疑为周朝所服国数,即闽越的七支部族,见清李光波《周礼述注》卷一九。

② 林忠干:《闽越文化与汉文化的交流融合》,载《闽文化源流与近代福建文化变迁》,海峡文艺出版社 1999 年版。

灭闽越国,中断了这一社会进程,致使东汉以后的闽越族后裔,还长期停留在父家长制的家族形态之中。以宗族或家族为独立单位的集团组织,成为山越社会构成的基础。其首领称"宗主"或"渠帅",分散各地,没有形成强大的集团,这也使山越在与孙吴的政治斗争中,处于无力的不利地位。

而此时北方的中原汉族,由春秋战国而至秦汉,随着奴隶制度的崩溃,宗法式的家族制度也迅速瓦解。自东汉至两晋,一些拥有世袭权势地位和雄厚庄园经济的豪族世家,也日益显赫。他们旗下不仅拥有本族人口,还依附着大批宾客、佃客和部曲——世家大族耕战结合的私人武装。他们的兴衰荣败,常常影响着世局的更迭变迁。永嘉之乱以后,北方豪强受到沉重打击,纷纷避难南来。所谓"衣冠南渡,八姓入闽",指的便是这些世家望族。为避免途中遭袭,也为南来后争夺生存之地,这些北方豪强在举族南迁时,依然保持聚族而居的生存方式,以人多势众成为福建的显赫大族。只不过由于福建地僻东南,其影响远逊于中原。近年在闽北、闽中、闽南等地发掘的魏晋南北朝时期墓葬,其墓室构造和规模,墓砖上雕刻的青龙、白虎、朱雀、玄武等花纹图饰,皆与中原世家墓葬相同。1973 年在南安丰州东晋墓葬中出土的一枚"部曲将印",也证明魏晋时期确有北方望族率众南下聚居闽南。这一切都说明,自晋末开始,随着中原汉族移民入闽,也把中原汉族的宗族制度带入福建。

不过此时进入福建的北方家族主要是望族,并不就是两宋和明清发展的宗族制度。世家望族的经济基础是大型的庄园主经济,族内不仅有血缘宗亲关系,还有大批异姓宾客、佃客和部曲,在庞大的世袭权势的阴影下,同姓或异姓成员的人身自由都受到一定限制,成员身份地位也有很大差别,其庞大族众实际上是大庄园主用来称霸一方的工具。因此随着权力的斗争和社会的变迁,一些豪强大族便衰败下去乃至销声匿迹。史称"八姓入闽",曰林、黄、陈、郑、詹、邱、何、胡是也。至梁陈,据《陈书·陈宝应传》所云,只余林、黄、陈、郑四姓。

隋唐以后,实行科举录士,废除世族垄断的官宦特权。"均田制"实行以后,进一步瓦解了大庄园主经济,世家望族在社会上的地位已逐渐削弱。至唐末五代,在避乱南来的中原移民中,再也罕见豪强世家的举族迁移,多为单门独户或三五成群的辗转流徙。即使如中原名士杨承休、郑璘、韩偓、崔道融、李洵等避难来投闽国,也只是携带家小艰难地搬迁,大不同于晋末的举族南移。

无休止的战乱和迁徙,使以血缘为纽带的宗亲关系日渐松弛。中国的封建社会,本来就建立在以宗族为基础的封建宗法统治之中。以忠君孝悌为本义的儒家思想,是封建社会上以事君、下以齐家这一金字塔式结构的黏合剂。宗亲关系的松懈,同时也意味着儒家思想的失范,这一切无疑对封建秩序的稳固都极为不利。北宋一统了五代的混乱局面后,社会稍稍稳定,封建统治者便以弘扬儒家孝悌之义为号召,倡导"敬宗睦族",重建和完善宗族制度。宋代理学家为此作出了极大的贡献。特别南宋以后,社会政治、经济、文化中心南移,宗族制度也成为江南社会普遍的一种组织形式。集理学之大成的朱熹为完善宗族制度,提出一套可以操作的规范和模式,以祠堂为中心,置族田,订族规,立族长,把所有人都纳入在宗族之中,使宗族成为能够在思想上控制、行为上规约所有成员的一个社会基层管理单位。朱熹制定的这一套宗族规约,在得到统治者赞许后,已为各地仿效。不过在南宋时期的福建,除少数大宗族外,尚难以普及;进入明清以后,则蔚然成风,并对朱熹提出的规约进一步修订完善,形成一个世代相承,传延万世的宗族中心。敬祀的祖先不仅朱熹提出的四代,祠堂的建筑也已脱离民居自成格局,并普遍编修、续修族谱,既追索历史,光耀祖庭,亦启迪后代,传延家世,达到"敬亲睦族"的目的。中原宗族制度的南延,自晋末开始,至两宋在福建形成制度,明清更趋光大,成为福建社会结构的一个基础单位。

中原汉族的南来,也带来了中原地区先进的生产力和生产关系。先秦时期的福建,还处于奴隶制社会。其文化特征是在福建青铜时代遗址发现,青铜器与印纹陶、釉陶和石器并存。而以印纹陶为特征的文化,正是我国奴隶制时代商周文化的一个标志。福建青铜时代的印纹陶,亦应属于奴隶制时代的文化。西汉以后,闽越族在与中原汉族的频繁交往中,不仅政治上接受汉代中央政府的分封,经济上也广受中原地区的影响,最典型的是铁器的使用。以崇安汉城遗址的出土为例,在一个建筑遗址中就出土了犁、锄、斧、锯、刀、矛、镞、钉、齿轮和链条等代表当时较为先进的生产工具156件,说明福建(主要是开发较早的闽北)到西汉中晚期,已从"火耕而水耨"进入了犁耕和牛耕的时代,其生产力发展水平已向邻近的汉族地区靠拢。铁器的使用,在我国由奴隶制进入封建制历史进程中起了重要作用。福建由奴隶制向封建制转化,亦发生在铁器进入的西汉时期。所以汉代是福建历史发展的一个重要转折,是在中原汉族的政治经济的影响和推动下完成的。

中原汉族人口的入闽,在带来中原地区的先进生产技术和工具同时,还带来封建的生产关系。魏晋南北朝时期是中原汉族人口的第一个入闽高潮。其移入的特征是世家望族携带大批宗族成员、宾客、佃客和部曲南徙福建并聚族而居。这样的移民方式和聚居方式,不仅使其进入新区后拥有较强的生存能力和生产能力,同时也带来了北方固有的封建生产关系。一方面是他们辟垦的土地为私人所有,促进了福建土地私有制的发展;另一方面是形成了福建以地主/农民两大阶级为主体的社会基本结构。其拥有大量土地和生产工具的地主阶级,主要是北方南来的豪强世族,如梁、陈之际盘踞福建的所谓"闽中四姓",皆为西晋末年"衣冠南渡"的遗裔。另一部分则是中央政府派任福建的各级官吏以及其他土著大族。而农民阶级则有南来的零散移民辟荒成田拥有少量土地的自耕农,地主的佃客以及为主人平时务农、战时打仗的部曲。这样一种阶级结构的社会形态,到隋唐以后仍无太大改变。隋唐虽称推行"均田制",但大多有名无实。唐代的土地占有形式,分官田和私田两大部分。官田所占数量不多,地大部分仍为私田。在激烈的土地兼并中,如陆宣公所言:"富者兼地数万亩,贫者无容足之居。"阶级矛盾日趋尖锐。至宋,作为封建社会阶级基础的封建土地制度更加成熟。除了作为国有土地的官庄田、职田、屯田和学田之外,土地仍大部分集中在地主和享有特权的寺院僧侣手中。南宋以降,为应付财政急需,只好借助大量出卖官田,于是更加促进了土地的集中。地主与佃户,大多数采用租田制,即对租出土地采用分等收租的办法。如朱熹《劝农文》中所反映的:"佃户既赖田主给佃生租以养家活口,田主亦藉佃客耕田纳租以赡家计。二者相须方能生存。"只是二者关系并非像朱熹轻描淡写得那么谐和,而是存在着残酷的压迫和剥削。土地制度作为中原封建时代制度文化的一部分,自晋末南延进入闽中,延续一千余年,成为福建与中原一体的社会发展的基础。

儒家文化的南传最能说明中原文化对福建社会文明进程的影响。儒学在福建延播,早在永嘉南渡之后即已开始。晋末光州人危京避乱入闽,官建州16年,即辟庠讲学,传播文化。民国《建瓯县志》称"建人知尚文字,有京洛遗风,实自京始"①。此后南陈的顾野王,隐居武夷,在崇安著书讲学;南朝齐梁间的范缜,在其晋安太守任上宣传无神论;刘宋时的著名诗人江淹,在其吴兴(今浦城)县令任上,赋诗著文;梁时著名廉吏刘溉在其任建安内史时,著有文集 20 卷。这些都以中原文化对福建的文明开发,起了重要作用。祝穆《方舆胜览》称这些南来的文化传播者,"使薄者厚,而野者文","民之秀者押于文,家有诗书,户有法律"。至唐,其对南方的文化政策重点,一是打击、限制和改造巫觋文化;二以儒者治闽,传播中原文化。唐高祖曾诏令诸州县置学,为历代相沿不替的制度。初时福建,状况不佳。大历年间,唐宗室李椅任福建观察使时,福州州学"堂室湫狭",教学基本荒废,便予以重建,使任中三年,儒学面貌大变。德宗建中初年,常衮罢相贬为福建观察使,再度倡导儒学,并亲加讲导,使闽中"风移教行",士子"竞劝于学"。不过此时福建,无论经济还是文化,与中原差距还较大。《三山志》称唐初的福建,"户籍衰少,耘锄所至,甫迩城邑,穷村巨洞,茂木深翳,少离人迹,皆虎豹猿猱之墟"。对福建开发的重点首在经济方面,文化尚还其次,且南来名士,多为贬官离人,本土文人的成长,尚待时日。所以欧阳修《新唐书·常衮传》称衮来之前,"闽人未知学"。隋唐制立科举,至唐神龙元年(705),福建才出现第一个进士长溪(今福安)薛令之。此后沉寂 80 年,至李椅、常衮先后任福建观察使大兴儒学之后,才有学生晋江欧阳詹与韩愈同榜。福建在整个唐代举进士者,据《闽大记》载,仅 57 人,较之其他省区,数量为少,较之宋代以后,更不能比。儒学在福建传人虽可溯至南朝,但至宋以前,尚无杰出儒者名世。盛唐薛令之虽贵为太子侍讲,可惜其《明月先生集》早已失佚,无从窥察其儒学修养。最有名的儒者要数欧阳詹,其思想多受韩愈影响,甚至直接来自韩愈,也与韩愈一样,充满了深刻的矛盾。至于唐宋的林慎,虽有《续孟子》4 卷、《伸蒙子》3 卷传世,但其生于动乱之中,著作多在南宋末年才由其后代刊刻行世,在南宋理学的灿烂成果中,未能引起充分注意。

儒学在闽中的倡兴主要在宋,其先经历了五代闽国的准备。王审知治闽期间,以尊儒重教兴国。其在福州、泉州设立招贤院,广纳北方离乱南来的贤才文士,较著名者如翁承赞、韩偓、黄滔、王琰、李洵、徐寅等。王审知依靠他

---

① (民国)《建瓯县志》卷一九。

们，一方面广搜佚书，鼓励著述，并刊刻行世；另一方面，创"四门学"，培养闽中士子。儒学之风，遂为炽盛，为两宋闽中理学的倡兴，打下了基础。

两宋的闽中理学，以杨时、罗从彦、李桐、朱熹所谓"延平四贤"为杰出代表。明人何乔远曾认为，孔孟既殁，"士之为学，其卑者溺于训诂，而不知性命道德之微；其高者淫于佛老，而惑其无虚空寂之说，岂复知有所谓道学哉"①。入宋以后，儒者便以恢复孔孟之本来面貌为目的而倡兴理学。其儒学中心主要在北方，以程颢、程颐建立的"洛学"初成体系，前往访学受业者如过江之鲫，福建也不乏其人。杨时、游醇、游酢、陈渊、陈瓘、王蘋等，都曾专赴河南追随二程；尤以杨时、游酢名声最高，位列程门"四大弟子"之中。杨时南归时，程子曾以"吾道南矣"赠别，寄予厚望。归来后，杨时倾毕生精力著述授业，有弟子千余，被誉为"程门正宗"。罗从彦即为杨时门下，并得杨时心传，平生以杨时为榜样，笃志修学授业，门中弟子以李侗最为得意，而李侗则将从杨、罗所得二程"洛学"四传给朱熹。朱熹吸取诸家之说，"对宋以前的儒学传统也给以整理和总结，最终集诸儒之大成，把天理论、性论、道理论、格物致知论、持敬说等，都熔铸到传统儒学思想之中，使北宋以来的儒家学说臻于完整和系统化，建立起一个广大精微的理学思想体系，并使之更富有思辨性，更具有理论色彩，成为统治我国后期封建社会的正统思想"②。这就是与江西庐山濂溪周敦颐的"濂学"，河南洛阳程颢、程颐的"洛学"，陕西关中张载的"关学"并称的福建建阳考亭朱熹的"闽学"。

"闽学"的形成是儒家思想和学说在福建从延播走向成熟的标志，对福建自身文化的发展起了重大影响。"延平四贤"都是学识渊博、著述丰富的文化大师，毕生都重视兴学授徒，广纳四方门生。北宋时福建书院曾经一度兴盛，后因政府将重点放在发展官学上，到南宋初年时，书院已走向衰落。朱熹以后，竭力鼎革官学弊端，并重兴私学，直接经建的"草堂"、"精舍"、"书院"等，据明戴铣《朱子记实》和明万历《紫阳朱氏建安谱》载，多达28所。其传世弟子亦都重视办学，培育新任，传延文化。南宋闽中读书之风为之大盛。祝穆《方舆胜揽》记彼时福州有书院54所，有诗云："路逢十客九青衿，半

---

①　何乔远：《道南祠记》，民国《南平县志》卷一三《艺文志》。

②　程利田：《宋代杨、罗、李、朱理学与闽文化发展》，载《闽文化源流与近代福建文化变迁》，海峡文艺出版社1999年版。

是同窗半弟兄;最忆市桥灯火处,苍南苍北读书声。"教育的发达,使福建在两宋以后,人才辈出,文化水平跃居全国前列,并一度成为全国的文化中心,程朱理学的根据地。据统计,唐及五代福建仅74人中进士,宋代则有760人(其中状元22人),占宋代进士总数的1/5,为全国第一;元代福建有进士76人,明代有2410名,清代有1337名,皆名列全国前茅。从最能体现儒学地位的主祀孔庙的人物看,宋朝到清末,全国从祀孔庙的孔门弟子44人,福建占了13人,约1/3,亦为全国之最。在黄宗羲编纂的《宋元学案》中,全国立案92个,福建籍学者占了17个。这一切都说明,以儒学为代表的汉民族文化,自秦、汉开始播入福建,至宋代已臻高峰,形成了福建自身的特色,以朱熹为代表,并且因闽学的发展,一度成为全国的文化中心。

其实,早于儒学入闽,中原文化的南播,最先是随同移民与生俱来的语言以及常俗文化,诸如民间习俗和信仰等。不过这些与民众生活交织在一起的语言及习俗,很容易随着环境的变化和时代的发展而发生新的变异。这也是移民文化进入新土后,出现的本土化进程。不过,不管其本土化程度如何,仍然可以辨析出其源于中原的文化特征。

以语言为例,闽方言的复杂性在国内各个汉语方言区之中,是最为突出的。其复杂的原因与移民来源、徙移路线及移入地的自然文化环境密切相关。根据周振鹤、游汝杰的研究,方言分化的原因有三:一是移民越走越远,与中心区的来往也越来越少,方言的区隔便越来越明显;二是移民所带来的语言与移入地的土著方言发生融合而产生变异;三是方言在形成过程中受邻近区域的影响而出现"杂化"和歧异。[①] 就福建方言来说,由于闽方言的次方言区十分复杂,其形成的时间和所受地理、历史和文化因素的影响,也不尽一样。大致说来,闽北方言的形成与西晋末年永嘉之乱的中原移民,及南朝梁侯景之乱时南渡的中原移民再沿太湖流域进入浙南和闽北有关。闽北地区作为中原移民最早进入的居住之地,其方言的形成时间可能最早,与中原古代汉语的关系也可能最为密切。闽南方言的形成除了西晋末年中原移民逐步南徙进入闽南外,还与唐初陈政、陈元光父子为平定闽粤交界的"獠

---

① 参阅周振鹤等:《方言与中国文化》,上海人民出版社1986年版。

蛮啸聚"，自中原率兵南来，在啸乱平伏之后开发漳泉、落籍闽南有密切关系。而闽东方言的形成，则更多与唐末五代王潮、王审知兄弟入闽，据福州而控全境，建闽国以稳定东南有关。至于闽中方言的形成，则与宋以后闽北地区的历史变迁有关。闽北方言区原包括闽江上游各支流（建溪、富屯溪、金溪、沙溪）的广大地盘，南宋以后，吴人逐渐移民浦城，赣人大量流入邵武、将乐，使浦城北部蜕变为吴语区，邵武、将乐蜕变为赣语区，富屯溪以西成为客、赣混杂型的方言区。明代以后分置永安，沙溪流域的沙县、三明（原三元、归化）、永安便逐渐脱离闽北中心区，形成了独具特色的闽中方言。莆仙方言的出现，实际上是北受闽东方言、南受闽南方言的影响而形成的变异，杂糅着闽南方言与闽东方言的某些元素。

　　尽管闽方言的次方言区划分复杂，形成的时间也很难确定，但作为闽方言主干的闽北次方言、闽南次方言和闽东次方言，大约形成于晋末至唐代，则少异议；其与中原古代汉语的渊源关系，则更为学界所津津乐道。就语音而言，把闽方言与隋代陆法言等人所编的《切韵》音系进行比较语音学的研究，可以看出，"闽方言直接延续了上古汉语的声母系统，而没有经历中古时期的两种语音变化。而这种重要的语音变化，在闽方言之外的所有汉语方言中都已经发生了。这两种语音变化就是，唇音和舌音的分化。上古汉语没有轻唇音。《切韵》中唇音还没有分化，而唐季沙门宋温的三十六字母系统里，唇音已经分化为重唇音和轻唇音两类声音了。重唇，有了'帮滂并明'，轻唇，有了'非敷奉微'。同样，上古汉语没有舌上音。《切韵》已有了舌头、舌上之别，除了'端'、'透'、'定'，还有'知'、'彻'、'澄'"[1]。由此可见，闽方言是直接承续上古汉语的，这显然是晋末中原移民南来留下的遗韵。朱维幹《福建史稿》侧重从闽方言的词汇来证明与上古汉语的关系。他以莆仙次方言为例，莆仙话把锅叫鼎，杯叫盅，书叫册，洗米水叫潘（奔音），冷水叫清水，下雨叫落雨等等，今天汉语都已不用，但却可在上古文献如《左传》、《曲礼》、《孟子》、《诗经》中找到。[2] 此类情况，在福建其他次方言中也不胜枚举。闽方言中保存的中原上古汉语的化石成分，说明闽方言只是汉语的一个支裔，其源头可

---

① 参阅赵遐秋等：《"文学台独"面面现》，九州图书出版社 2001 年版，第 229～230 页。

② 朱维幹：《福建史稿》，福建教育出版社 1984 年版，第 70～71 页。

以追寻到隋唐以前。正是移民的南迁,使闽方言成为保留中原古音的一个独特的汉语方言区。

同样的情况,在福建民间习俗与信仰的追溯中,也可以找到中原文化南播的历史源头。广义地说,民俗文化既是一种生活方式,也是一种文化规范,它既反映生存环境自然的和社会的特殊因素,也积淀着历史和文化的发展脉迹。因此,民俗的嬗变,常常和社会史、移民史、政治史、经济史的发展相一致。在福建民俗历史的嬗变中,我们既可以找到早期闽越社会的遗习,也可以看到中原移民成为福建社会人口主体所带来的华夏民俗的移植与渗透;既有着福建特殊地理形态所形成的山海文化的熏陶,还有着对中原古代民俗的原型保留,以及近代以来接受外来文化影响所出现的新的形态。在民俗的这一复杂构成中,延自中原的汉族民俗,构成了福建民俗的主干。其传入于魏晋,繁盛于唐五代,而成熟于两宋。无论闽方言对中原古音和词汇的保留,民间崇儒好学的风尚形成,还是生产习俗、生活习俗等等,都可以追溯到唐宋甚至更早。以岁时年节的习俗为例,在宋梁克家的《三山志》卷四〇的《土俗类·岁时》中,中原各种岁时习俗,除中秋节外,均已见记载。如春节拜年,元宵观灯,寒食(清明)墓祭,端午插艾、裹粽、竞渡,七夕乞巧,中元祭鬼,重阳登高,冬至祭享,除夕守岁等等。可见传延至今的岁时礼俗,在宋以前就传入福建。再如对民间影响极大的婚俗、葬俗,所循基本上都是中原古礼。婚姻礼俗主要是依循儒家传统的"六礼",而葬俗,则深受朱熹《家礼》的影响,以此作为操办丧葬礼仪的准则。而《家礼》则来自儒家思想的规范。虽然时代的变迁,会给风俗带来新的变异,如一向以儒家门第观念为圭臬的婚俗,受商品经济的影响,逐渐出现"重资财,轻门第"的倾向;在丧葬仪俗上,富裕人家也走向奢侈,或大作与儒家主张相反的僧道佛事。但福建民俗的基本规范,虽有新变仍然不离中原民俗的传统。

宗教和民间信仰的情况亦然。对福建影响最大的佛教,传自魏晋南北朝时期,而繁盛于隋唐五代。寺庙兴建,文献记载可考的,在永嘉以前即已出现。如福州城北的乾元寺,侯官县的灵塔寺,建瓯县的开元寺等,都建于晋太康年间。儒释之间,向来视为不同道。因此从北朝到五代,北方儒者先后策动了4次灭佛运动。由于所发生时间多在南北隔绝期间,对南方影响较小。于是佛教中心,便也逐渐由北向南转移。五代王审知对佛教一直持鼓励的态度,礼佛敬僧,大读儒释之书,称道二者"盖同波而异流"。其推官黄滔也云:"夫帝王之道,理世也;释氏之教,化人也。理世与化人,盖殊路而同归。"① 因此,佛教在王审知治闽期间,有了很大发展。度僧、建寺、修经无数,且名僧辈出,禅宗诸派,多与福建有关,使福建成为禅宗佛教中心。作为中国本土宗教的道教,也于魏晋南北朝时传入闽中。在这一时期北方最早的入闽者中,就有采药避乱南来的道家,如左慈、葛玄、郑思远等;至隋唐五代,道教也走向兴盛。此时所建道观达二十多座。数量虽不能与佛教寺院相比,但道教文化上承老庄思想,下与闽越故地的巫觋文化相融吸,把民间信仰中诸多的地方神,都纳入道教的神灵系统之中,其不论对士绅官僚阶层,还是对广大的民间信众,影响并不在佛教之下。

在福建被纳入道教神灵系统之中的民间信仰,其神明多至千计,大部分是由于福建的特殊地理环境和民众的特殊际遇所产生的地方神。但一些影响最大的民间神,则与中原汉族的信仰传播密切相关。如山川神灵崇拜,是典型的例子。《周礼》规定,天子祭天地,诸侯祭社稷;到了秦汉,各地州郡官员都要祭祀境内山川,以求五谷丰登。因此社稷祭坛的建设,成了官例,福州社稷坛,即建于唐代。再如对泰山神的崇拜,源于三皇五帝对泰山的封享和祭奠。至唐末,光寿移民进入福建后,便把泰山神带入闽中,至五代末,已成为福建最有影响的神灵之一。福州的泰山神庙——东岳行宫,便是由闽王的东华宫改建的。其他如城隍崇拜,其庙神或曰是西汉御史周苛,守荥阳为项羽所烹,高祖恤其忠烈,令天下郡县各附城立庙宇祀之;或曰为西汉名将灌婴,平江南有功,祀为城隍神,并仿例把有功德于地方者,都列入城隍祭祀,香火便日益鼎盛。福建各县城,驻地也皆有城隍庙。在南传的民间信仰中,以关帝崇拜影响最大,也最为普及,关羽的忠义刚烈,向为民间所尊崇。他最初是被作为勇猛无敌的战神来祀奉,但在宋明理学大张的背景下,关羽笃义忠君、仁德天下的精神被凸现出来,而被重塑为实践儒家仁义道德的完善的人格偶像,其关怀人间的一切,成为无事不可与求的全能化的神灵。

从中原到福建,以汉民族文化为核心的中华文化的南播,是全面的,不仅在物质文化、制度文化方面,更在精神文化方面;也不仅体现在世俗文化层

---

① 黄滔:《福州雪峰故真觉大师碑铭》,《黄御史集》卷五。

面,更体现在精雅文化层面。同时,中原文化的南播是开放性的,不仅将闽越的土著文化融摄其中,也将近代以来外来文化的影响吸收其内,呈现出中原文化在福建的本土化进程和特征。它构成了福建社会发展的文化基础,使偏于海域一隅、源出闽越的福建社会,融入中华社会一体性的发展之中,同时,又成为中原文化向海峡彼岸的台湾东延的基地和桥梁。

第三节　从福建到台湾：中原文化的东延

台湾文化的大陆渊源,可以远溯到史前时期。对此我们在本书第二章第二节已作过描述。它主要表现在两个方面:一是台湾出土的旧石器时期的长滨文化和新石器时期的圆山文化、大坌坑文化等,与祖国大陆华南地区,特别是福建出土的旧石器时期三明万寿岩文化遗存、漳州莲花池山文化遗存和新石器时期的壳丘头文化、昙石山文化等,有密切的对应关系和亲缘关系。它也证明了地质研究中所指出的,台湾在更新世的地质年代中,曾因冰川期的周期性出现与消融,四次以陆地和福建相连。在这一时期就有古人类为采集和狩猎,随同华南相的动物群一起经海上陆桥进入台湾,从而给台湾石器时期的文化留下深刻影响。二是在对台湾先住民族源的人类学研究中,无论是从文化的比较,还是 DNA 的分析,都证明古越族是台湾先住民最重要的来源之一;而活动区域在福建的闽越,是最靠近台湾,也可能是最多进入台湾的一支。古越族在秦、汉以后,大部分已逐渐融入汉族,成为汉族的四大族源之一。而这一时期进入台湾的越族,则融入台湾的先住民之中,使族源复杂的台湾先住民,其相当大的一部分,无论血统还是文化,都保留着古越族的鲜明特征。对台湾远古时期这一文化追认,说明台湾与祖国大陆自古以来就有着密切的文化亲缘关系。

台湾社会的发展,经历了由先住民社会向汉人社会转型的过程。形成于社会转型进程中的台湾文化,其构成和性质都发生了变化。这是由于明清以来,主要来自福建的几次汉族移民高潮,把植入福建的中原文化带入台湾,并且随着台湾移民社会的形成,使汉族文化成为台湾社会发展的文化基础和主导。文化构成是一个复杂的系统。中华民族文化就其整体而言,是以汉民族文化为核心,包括各兄弟民族文化的一个多元一体的文化系统。它在汉族地区和兄弟民族地区,其文化构成的主体各不相同。台湾社会在汉族移民到来之前,其人口主体是族源不一的先住民,多元的先住民文化便也成为台湾社会文化构成的主体部分。明清以后,几次汉族移民高潮,使台湾成为汉族移民社会,汉族移民也就成为台湾社会的人口主体,随同移民带入台湾的汉民族文化,便也在台湾文化的构成中,占据主体的地位,它和多元的先住民文化,共同构成了中华民族文化在台湾的区域体现。而在汉族的移民文化中,有来自福建的闽南文化(其下又有泉州府和漳州府的区别),有来自闽粤交界的客家文化,还有20世纪中叶大量涌入的祖国大陆各省籍人士带来的"外省文化"等。台湾的先住民文化则包括基本上已为汉族移民同化了的平埔族各族文化和一般认为有9个(或13个)不同族裔的"高山族"文化。台湾文化这一复杂的构成,以汉族文化为主体,有着广泛的包容性和多元发展的文化基因。

对于台湾文化的构成成分,曾经出现过一些不同的意见。有一种观点认为:台湾"从长滨文化(15000年前)开始到今天,它包括了山地文化、荷西文化、满清文化、日本文化、大陆沿海文化、国民党买办封建文化、美欧文化,错综复杂,终而塑造了自己的面目,大大的与祖国大陆传统的汉文化不同"[1]。与之相似的说法还有所谓台湾文化的"五大渊源",即原住民文化、汉移民原乡文化、汉移民社会移民文化、各宗教教派文化、日本和欧美文化。[2]无论"七种成分论",还是"五大渊源说",撇开其"台独"的政治目的不说,在学理上存在两个问题:一是把文化在不同时期和不同层面的表现,当作不同性质的文化。例如祖国大陆沿海文化、汉移民原乡文化、汉移民社会移民文化,其本质都是汉民族文化,而不是不同的文化成分。而所谓"国民党封建买办文化"是从政治性质对文化某一发展阶段的说明,而不具有文化的本质规定性,不能成为一种独立的文化成分。再如"满清文化",所指并非满族文化,而是满族入关后,接受汉族文化的清代统治者的文化。清代对台湾的统治,大量的史料证明,所推行的是汉族文化,而非满族文化。在文化概念定

① 宋泽莱:《台湾人的自我追寻》,台湾前卫出版社1988年版,第125~126页。
② 李乔:《台湾运动的文化困局与转机》,台湾前卫出版社1988年版,第36~37页。

义上标准不一的随意性,使其所说的"七种成分"或"五大渊源",并不都是真正的"成分"和"渊源"。二是把文化影响当作文化构成元素。台湾历史上曾遭到荷兰、西班牙、日本的殖民占领,近半个世纪来又受到欧风美雨的侵袭,这都是客观事实。殖民者所带来的文化,作为体现他们殖民统治的意志和手段,并借助殖民政治的推动,对被殖民地区的文化产生重要的影响,这也是必然的。但是文化影响和文化元素是两个概念,尤其不能把殖民文化的影响,当作被殖民地区的文化成分来鼓吹和接受,这是必须十分警惕的,否则便会露出为殖民者作"伥"的马脚来。

中原文化在台湾的延播,是与台湾移民社会形成和发展并生的一个历史的文化进程。台湾移民社会与其他一些地方的移民性会不同,它是在同一个国家内部由经济开发较早地区向经济开发迟缓地区的移民,移民来源不仅属于同一国家、同一民族,而且基本来自同一个地区;无论出于何种移民目的和原因(政治的或经济的),都以故国家园为归旨;在与原住民的关系上,也保持着较为和睦的民族关系。这一切都赋予中原文化在台湾的延播,具有不同于其他移民文化的特殊性,主要表现在:

第一,中原文化播入台湾,是随同移民的携带。就文化传播的方式而言,这是一种迁移扩散。移民作为文化的载体和文化传播的媒介与动力,在迁移扩散中起了主导作用。不过由于台湾的移民浪潮持续两百多年,在这期间与祖籍地有着密切的关系,时常往返。因此,中原文化在台湾,还存在着另一种通过人际交往而逐渐浸透的传播方式,即扩展扩散。两种不同的传播方式,把中原文化对台湾的延播,互补地持续了数百年之久。

第二,中原文化的延播是全面的移入。由于汉族移民在台湾,不像其他地区的移民融入于当地社会和文化之中;而是相反,在台湾原住民社会之外,建立自己与原住民社会并立的移民聚落,并逐渐发展成为影响整个台湾的移民社会。它不仅使随同移民携带进入台湾的原乡文化——中原文化在福建的体现,保持相对的独立性与完整性;而且由于自成聚落的移民社会建构和发展的需要,对原乡文化是一种全面性的移入,即不仅带来体现原乡先进生产水平的物质文化,还移入了规约社会人际关系的制度文化和满足移民全面发展需要的精神文化。这种文化的全面移入和完整保存,在某种意义上,是近乎对原乡文化的"克隆"。

　　第三，中原文化的延播是以俗文化为主体，雅文化为主导。俗和雅不是对文化严格意义的区分，而是一种形象的说法。俗文化一般指建立在民众的经验传统、生活传统、信仰传统、社区组织传统基础之上，带有自发性、非理性和承传性特征，以约定俗成的方式在民间广泛流行的那些文化形态，如风俗习惯、民间信仰、民间工艺和谣谚、歌舞等。雅文化则主要指经过比较精细加工，以意识形态和书面形式出现的那些系统完整、逻辑严密、主要为上层社会所掌握的文化成果，包括政治法律、科学技术、文人创作、学术著作等。虽然雅文化往往源于俗文化，是对于俗文化的加工和提高，但反过来又对俗文化起着指导、规范和制约的作用。由于台湾在长达两百余年的移民浪潮中，存在着以开发拓垦为目的的经济性移民和以建立政权为目的的政治性移民两种不同类型，其对文化的引入重点和方式，也各有侧重。政治性的移民，例如郑成功驱荷复台，虽然也从事垦殖开发，但出于对政权建构和统治的需要，更多侧重于通过自上而下的官方行政力量，建立起属于上层雅文化系统的、规约社会的各种制度和意识形态；而对于大量的以经济为目的的垦殖移民，更多地是在其地缘和血缘的社会聚落中，通过人际关系，自下而上的影响和渗透，把那些适合生存和发展需要的文化——首先是在民众日常生活广泛流行的俗文化引入台湾，包括生活方式、风俗习惯、宗教信仰、民间文艺等等。以俗文化为主体的民间下层的自下而上的扩散和以雅文化为主导的来自政权自上而下的推广，二者形成的合力，把中原文化全面地移入台湾。

　　第四，中原文化进入台湾，是经由福建的二度传播。由于台湾移民大部分来自福建的闽南地区，少部分来自闽粤交界的客家地区，随同移民而来的汉民族文化的移植，不是直接来自中原地区，而是经由福建和粤东的二度传播，受到闽粤自然与人文环境的影响，进入台湾的中原文化，带有浓厚的闽南文化和客家文化的特征，使台湾文化与福建文化有着密切的关系而成为一个共同的文化区。这些带有福建本土化色彩的中原文化进入台湾，还会受到台湾自然与人文环境的影响，再度经历一次本土化的衍化，虽然未曾改变其汉民族文化的本质特征，却已具有了鲜明的地域色彩。

　　上述这些特点，渗透在中原文化延播台湾的各个层面与全部进程之中，使中原文化在台湾的发展，也呈现出独特的形态和过程。

　　在物质文化方面。宋元以后，即使如福建这样开发晚于中原的地区，也已进入了成熟的封建社会,相对于此时尚处于部族社会的台湾,无论社会发展阶段还是生产力发展水平,都高出许多。南宋时就深感人口压力的福建,所以选择移民台湾,就因为台湾拥有大片未经开发的沃野。然而要形成较高的生产力,仅有劳动力的移入远远不够,还必须有较先进的生产技术和劳动工具。因此在某种意义上可以说,垦殖移民也是一种技术移民,是移入的劳动力运用较为先进的生产技术和劳动工具,对未经开发土地的拓垦,以求获得较高的农业收益。这种把体现祖国大陆物质文化水平的较为先进的生产技术和工具传入台湾,可以追溯到宋元时期泉州对台湾外岛澎湖的开发。据南宋楼钥《汪大猷行状》和周必达《汪大猷神道碑》所载,彼时的澎湖已由渔民避风取水的暂居之地,变成拥有"沙洲数万亩","邦人就植粟、麦、麻"的定居点。至明,福建沿海渔民和商人,开始越过澎湖,频繁在台湾西部渔场和港口出入。黄承玄《条陈海防事宜疏》称"其采捕于澎湖、北港之间者,岁无虑数十百艘",并逐渐登岸逗留,出现了兼治农耕的零散渔村和就地与先住民进行贸易的"坐商"。明末,雄霸海上的郑芝龙,在台湾建立据点,并有组织地招引福建移民入台垦殖。史称"人给银三两,三人给牛一头",将福建受灾的数万饥民用船舶载入台湾。史学界对其移民数量能否达致"数万"持有怀疑,但其为第一次大规模地将劳动力与劳动工具一并带入台湾,则无异议。从明末至清,历次出现的移民高潮,同时意味着是一次又一次将祖国大陆先进生产技术和工具引入台湾。即使为政治目的而来的郑成功,在其收复台湾的船队中也"携有很多的犁、种子和开垦所需的其他物品"[①],生产技术和劳动工具的携带,依然是郑氏谋取在台湾立足所必须考虑的。在郑氏于台湾推行屯田制度的同时,还采纳户官杨英的建议,发给周围的番社"铁犁、耙、锄各一副,熟牛一头",并派人传授"犁耙之法,五谷割获之方",使当时还不知锄镰为何物,稻熟时"逐穗而拔"的土著居民,"欣然效尤,变其旧习"[②],乃至后来做到"耕种如牛车犁耙与汉人同"[③]。在台湾持续两百余年的移民浪潮中,土地的开发由最初的嘉南平原向北部和中部深入,逐渐遍及全境,体

---

① 曹永和:《郑氏时代之台湾垦殖》,载《台湾早期历史研究》,台湾联经出版事业公司1979年版,第267页。

② 杨英:《先王实录》,福建人民出版社1981年版,第259~260页。

③ 范咸:《重修台湾府志》卷一四。

现出了这种劳动力移入与技术引进同时并举的积极成果。除了农业,在其他手工业方面,如制糖业、硫黄业、盐业、茶叶加工业等,也广泛引入祖国大陆的生产技术和工艺,推动了台湾社会的发展。

在制度文化方面。宋元时期,中央政府已开始对台湾驻官设治,不过此时还限于台湾外岛的澎湖。乾道七年（1171）泉州知州汪大猷已在澎湖"建屋二百区",派兵驻守。至元,更设巡检司,秩九品,职巡逻。官虽不大,却是在台湾设立行政管理机构的开始。有明一代,巡检司虽几度废兴,却一直把澎湖和台湾纳入明代的海防部署之中。明朝末年,郑成功驱荷复台,目的是要把台湾建成抗清复明的根据地,便必须十分重视在台湾的政权建设。早在永历九年（1655）郑成功就在厦门承制设立"六官"（吏官、户官、礼官、兵官、刑官、工官）,下置都事、行人、给事中,将此带入台湾。另一方面,按照明代的郡县制度,划分台湾区辖,以便利统治。郑成功最初立赤嵌（今台南）为东都明京,设1府（承天府）、2县（天兴县、万年县）,至郑经时,改东都为东宁,升2县为州,另设北路、南路和澎湖3个安抚司。台湾的行政建制自明郑开始,就全面引入祖国大陆的封建政治体制和行政管理系统。清统一台湾之后,进一步加强和完善这一政治体制和管理系统。所不同的是,郑氏是把台湾作为承袭明朝的政权机构,而清政府则是把台湾作为中央政府辖下的地方政权来设置,一切皆循祖国大陆地方政府之例。起初将台湾作为福建省的一个府,归福建台厦道,后来单独设立的台湾道管理;1885年台湾单独建省后,仍援甘肃、新疆之例,对主政台湾官员以"福建台湾巡抚"名之,以求台湾和福建"联成一气,内外相维,不致明分畛域"[①]。在行政区域的划分上,进一步细化。由明郑时期的1府2县3司,增为1府（台湾府）、4县（台湾、凤山、诸罗、彰化）、3厅（淡水厅、澎湖厅、噶玛兰厅）;在光绪元年（1875）在原来台湾府的基础上增设台北府,辖淡水、新竹、宜兰3县及基隆厅。分省以后,又添官设治,为3府（台湾府、台南府、台北府）、11县（台湾、云林、苗栗、彰化、安平、凤山、恒春、嘉义、淡水、新竹、宜兰）、4厅（埔里社厅、澎湖厅、基隆厅、南雅厅）,及1个直隶州（台东）,一应官员,均由中央政府选派。政治制度的移入,是祖国大陆制度文化移入台湾的一个重要标志。

---

① 刘铭传：《遵议台湾建省事宜折》。

　　与政治制度建立的同时,教育与科举制度亦移入台湾。此举亦自明郑时期开始。儒生出身的郑成功,对先后赴台的明末文人学士十分看重,吟诗作赋,时与过从。不过此时政局尚乱,未能顾及其他。永历十九年（1665）,时局稍为安定,郑氏部将陈永华即向郑经提出:"开辟业已就绪,屯田略有成法,当速建圣庙、立学校",并以"成汤以百里而王,文王以七十里而兴"为激励,希望借兴学以求人才,"十年生长,十年教养,十年成聚,三十年真可与中原相甲乙"。① 在陈永华的倡导下,引入了学院、府学、州学和社学等相当完整的祖国大陆教育体系;并开始推行科举选考人才制度,即两年三试,"州试有名送府,府试有名呈院,院试取中,准充入太学,仍按月具课。三年取中试者,补六官内都事,擢用升转"② 。清统一台湾以后,进一步完善这一套教育系统,设府学和县学,统称儒学,由主管台湾政务的台厦道（后为台湾道）兼理学政。在民间则有社学、义学和私塾如雨后春笋般崛起。由于各组官员的倡导,祖国大陆盛行的书院也移入台湾。据统计,自康熙四十三年（1704）台湾知府卫台揆倡建的崇文书院始,至光绪十九年（1893）台湾布政使沈应奎所建的明道书院止,百余年间台湾共办书院45处。所有这些书院,所学均以儒家经史典籍为正统,有所谓"非圣贤之书,一家之言,不立于学官者,士子不得诵习"之说;其授业儒师,则由内地调补。据清《吏部则例》规定:"台湾府学训导,并台湾等四县教谕、训导缺出,先尽泉州府属之晋江、安溪、同安,漳州府属之龙溪、漳浦、平和、诏安等七学相调缺教职内拣选补调,倘有不敷,或人地未宜,仍于通省教职内,一体拣选补调。"因此,台湾儒师,多为福建人。由于福建学子对朱熹的崇仰,朱子理学便在台湾儒学的发展中居重要地位。各级学校、书院的学规,亦大都沿袭朱熹创办的白鹿书院的学规而加以衍化。其强调明大义、端学规、务实学、崇经史、正文体、慎交游等,均以儒家思想为规范。为了推崇儒家典范,各学校在主祀孔子,两旁配祀颜子、子思、曾子、孟子同时,有的地方还增设朱子祠,并配祀明末清初寓台八贤,即沈光文、徐孚远、卢若腾、王忠孝、沈诠期、辜朝荐、郭贞一、蓝鼎元。春秋两祭,亦礼同祖国大陆。儒家思想在台湾的弘扬,推动了台湾走向与祖国大陆一体的文治社会。

---

① 江日升:《台湾外纪》卷六。
② 同上。

科举制度移入台湾,自明郑草创,清以后,在儒学的基础上,更进一步纳入体制,走向正规。三年两试,由县试、府试至院试,逐级选拔,均按内地模式进行。岁考、科考在台湾,乡试则须到省城福州。考虑到台湾文教初开,往来风波险阻,为鼓励生员参加省城乡试,于康熙二十六年（1687）援甘肃、新疆例,为台湾考生另编字号,额外取举人 1 名。雍正、乾隆、嘉庆、咸丰又陆续增加,定额中试举人者最后已达 8 名。在全国会试中,也于福建通省之外,另准额取 1 名。此一措施,说明清政府对台湾的重视,也反映了台湾儒学教育的发展。科举制度既是人才选拔的措施,也是教育推广的结果,同时又是统治者对作为四民之首的士进行思想控制的手段。它在台湾,同样也起到了播扬儒家思想,选用各级人才,把台湾纳入体制的多方面作用。

在语言方面。语言的移入是移民直接的结果。台湾的土著语言,应是先住民所使用的属于南岛语系的黏着语。虽然有学者研究指出,南岛语系与古越语有十分密切的关系 [①] ,但其与孤立语的汉语分属不同语系,是公认的。明清以来的祖国大陆汉族移民,从其移出地带来了汉语的闽南方言和客家方言,成为占台湾 90% 以上人口的通用语 ;并且一直沿用至今,数百年来,无论在语音形态还是语言的内部结构上都没有发生多大变化。但在闽南方言和客家方言传入台湾的同时,作为汉语标准语的"官话"——即现在台湾所称的"国语"和祖国大陆所说的"普通话",也一并传入台湾,成为官方的正式语言,这却是过去较少为人论及的。语言的发展,一方面是语言的分化,即方言的产生,另一方面是语言的整合,即标准语的出现。建立在北方方言基础之上、以北京话为标准音的汉语标准语,是语言整合运动的结果。它对于促进国家统一,维系民族团结,沟通不同方言区之间的联系,推动民族文化的保存和发展,有着不可替代的作用。汉语标准语,即明清时期所谓的"官话",与闽南方言和客家方言同时传入台湾,对于促进台湾社会与祖国大陆社会一体化的发展,整合建立在地缘和血缘基础上各自分散的移民聚落,推动教育的发展和科举的实行,有着重要的意义。虽然闽南方言本身就有白读和文读两种发音,白读用于日常生活,文读用于书面阅读,它更近于上古语音和以此为基础发展的北方方言。但文读并不能代替汉语标准语的推行,只能起一种

[①]　参见史式等:《台湾先住民史》,九州图书出版社 1999 年版,第 83 ~ 95 页。

助力的作用。如果说闽南方言和客家方言的移入，是来自民间自发的携带，它有利于闽南方言文化和客家方言文化在台湾的传播；而汉语标准语的推行，再次证明了，来自民间和来自官方自下而上与自上而下的合力，对中原更多依靠官方的行政力量，有助于政治、科举、教育、文学等来自上层的雅文化的推广。

在宗族文化方面。与移民关系最为直接的是宗族文化、民间习俗与宗教信仰的传入。福建自南宋以后，特别是明清以来，宗族文化已有了较为成熟和完善的发展。在农业社会，以父系血缘为中轴的宗族关系和宗族文化，往往是以农民和土地作为基本载体。血缘和地缘在某种程度上的融通与合一，使宗族文化和村落文化互相依托。血缘关系定格于地缘，地缘则成为血缘关系的投影。福建宗族文化的这一特征，在移民台湾以后发挥了重要作用。以垦殖为主要目的的闽南移民，以同乡或同族的牵引投靠，聚亲（族亲和乡亲）而居，形成了相对集中地固定在某一片土地上的包含着一定血缘关系的地缘聚落，为宗族文化的移入准备了前提。不过宗族文化在台湾的移入，有一个发展的过程。在郑氏父子所带动的早期移民中，郑芝龙组织灾民渡台救饥，主要是男性劳力，灾后不少仍返回原乡，其血缘关系并不重要，宗族文化并没有在台湾形成影响。郑成功率军入台，并于逐荷后招接因"迁界"而流离失所的沿海人民入台垦殖，形成了一次移民高潮。但其时正处于和清政府的战争状态，垦殖活动主要是寓兵于农的分配屯田，此时虽已出现了某些巨姓大族，但主要都在上层集团之中，如郑氏家族、在郑氏政权中举足轻重的陈永华家族等。民间以垦殖为中心的宗族聚合或同乡聚合，尚不多见，宗族文化的传播也不明显。清统一台湾后实行的限制入台政策，使受到挫折的移民活动以私渡的方式继续发展。在这种情况下，毫无关系的单身移民来到环境陌生的台湾，其所遭遇的困难，是可想而知的。事实上，当时的移民，不论明渡还是私渡，大都有族人乡亲的牵引，抵台后也以族缘乡缘相投靠，以地缘性为主、同时包含一定血缘关系的移民聚落开始出现。到雍正、乾隆年间，在闽台官员的不断吁请之下，才三次诏许台湾垦民回原乡搬眷，时间虽不长，渡台门户却为之洞开，有力推动了移民的规模和速度。宗族制度在台湾的形成和发展，主要在这一时期。

由于早期渡台政策限制，台湾移民中举族浩荡的迁徙几不曾见，多是单人独户的进入；即使合家迁入，也多以化整为零的方式渗透私渡。在抵台以后，依靠单家独户的力量难以进行恶劣条件下的垦殖，便常有同宗不同房系或几个家族联族合作经营出现。如康熙五十二年（1713），王姓与郑、朱、赖三家合垦海山堡，乾隆六年（1741）龙溪杨正公与同籍廖、陈、蔡、吴、张、马等族人合垦台南大内乡。因此，早期台湾的移民聚落方式，以地缘性的族居聚落为主。他们以宗姓或原乡的地名来命名新开辟的居地。如南安丰州黄氏族人在台北聚居的村落叫"黄厝村"，南安苏姓族人在嘉义聚居的村落叫"苏厝村"，而晋江石井双溪李氏分布在嘉义、台北和新竹的聚居地都叫"双溪村"，南安码头枫林村林氏族人在花莲的聚居地也叫"枫林村"。陈正祥编写的《台湾地名手册》收入此类冠姓地名的词条 87 个，《台湾省通志稿》则多达 165 个。与这种垦殖环境和聚居方式相适应，早期台湾移民宗族制度的发育尚不完全，无法按祖籍的房、辈来区分，只能以合股的方式，来奉祀共同的祖先，出现了一种"合约式祭祀公业"的方式。数代以后，随着后裔的繁衍，在直亲血缘基础上形成的继承式的宗族制度才开始出现。其在台湾的发展，也不平衡。在移民较早进入的台南地区，据康熙五十六年（1717）编修的《诸罗县志》记载，已出现四世同堂、五世同堂，宗族成员中男子达 48 人的大家庭，而移民较晚进入的地区，如台中和台北，宗族组织则要晚至乾隆、嘉庆、道光年间才形成。从以祭祀原乡共同祖先为主的"合约式的祭祀公业"到祭祀开台祖先为主的"继承性宗族"，是宗族制度在台湾发展的两个阶段。宗族制度的建立，同时也成为台湾由移民社会向移民定居社会发展的标志之一。[①]

宗族制度在台湾的确立，可以从有形的族田设置、祠堂兴建、族谱编修、族长的设立等方面果考察。但无形的宗族文化对台湾社会发展的影响，更为深刻。首先，宗族对于移民，不仅是一种血缘关系，还是一种生产方式。早期的移民，以血缘和地缘的关系，形成一种劳动组合，是台湾开发初期的基本特征。台湾垦殖史上，记载着大量这样的例子。如新竹地区的开垦，是同安人王世杰在康熙三十至四十年间，率族亲和乡党百余人请垦竹堑埔开发的；下淡水流域的开发主要是康熙年间在府治东门种菜的嘉应州客属移民，招徕乡人族亲请垦而成的。较大规模的水利设施，也多为同乡同族合力修建。如

---

①　参阅彭文宇：《闽台家族社会》，台湾幼狮文化事业有限公司 1998 年版。

惠安杨志申领4个弟弟及族人修筑彰化3处水利,晋江张士箱父子联合族人在台湾北部修建7处陂圳。其次,宗族文化还起着社会组织的作用。宗族内部,有着严格的辈分秩序,形成一种生物学的等级关系。在移民社会形成初期,上层社会管理系统尚难以充分到达社会底层的每一个成员。等级秩序严格的宗族制度,便同时起着调节和制衡所有宗族成员的作用,弥补社会管理系统的不足。第三,宗族文化本身就是中华文化构成的部分。中国传统文化的儒家伦理道德,围绕着对祖先的崇拜不断深化和丰富起来。在血亲认同的基础上,以宗族为单元,形成了封建的宗法体制,事亲和忠君是封建伦理道德的核心,以此孕育出中国传统的人文观念。对宗族制度的维护,实际上也是对宗法社会人伦传统关系的维护,宗族制度在台湾的确立,便也意味着中国传统人文精神在台湾的播入。第四,宗族组织形成的一整套礼俗规范,通过对成员在心理上、文化上、精神上的"族化",从思维方式和行为规范上,强化了所谓的"宗族人格",而且在"敬宗睦族"的观念指引下,形成了宗族成员的认同感和凝聚力。移入台湾的宗族,都承袭祖籍的郡望、堂号,以及世传辈分,标榜自己的渊源、衍派,并定时回乡祭祖认宗,延修族谱,以示不忘根本。这一切宗族活动,既强调了与原乡宗族的认同,也形成了在新土生存的巨大凝聚力。当然,作为封建宗法社会构成基础的宗族制度,也有着其他一些负面影响。随着时代的变迁,宗族制度的表面形态已逐渐解体,但其作为历史积淀的精神价值,依然在发挥作用。

在民俗方面。民间习俗是与民众生活紧密联系的一种约定俗成的规范形态。狭义地说,民俗即是一种生活方式,一种为了生存的需要,无数次循环进行的为群体所认同了的生活习惯和仪式。移民进入台湾,为了现实生存的需要,也为了怀乡思亲,都把原乡的生活习惯和仪式带入新地,特别是福建和台湾,有着大致相同的自然环境,民俗的引入不会出现太大的障碍。例如在衣、食、住、行方面,食以饭稻羹鱼,辅以番薯;衣以赤足木屐,单衣短裤;住以杆栏式的民居和源自当地丰富建筑材料的石建筑房屋;行以轻舟泛海,乘风踏浪。这些大致相近甚至完全相同的生活习惯,来自闽台共同的山海地理环境,湿润多雨的自然条件,还可以远溯至闽越族和台湾先住民留下的影响。有着较多中原文化积淀的生产习俗、岁时节庆和婚丧礼仪,则在移民的地缘性族居聚落中,承继和延续下来。台湾汉族移民中的岁时节庆,自正月初一"开正"

到腊月除夕"围炉",其间的清明祭扫、端午插艾、七夕乞巧、中秋赏月、重阳登高等等,皆与源自中原的福建民俗相同。因此,清丁绍仪在《东瀛识略》中认为:"台民皆徙自闽之漳州、泉州,粤之潮州、嘉应州,其起居、服食、祀祭、婚丧,悉本土风,与内地无甚殊异。"[①] 某些不同于中原的特殊民俗的出现,皆与闽台特殊的社会环境有关。如拾骨葬,相传系"宋季南迁,转徙不常,取先骸而珍藏之,便于携带"[②],与中原移民南迁福建相关。而福建移民入住台湾以后,由于叶落归根的寻宗观念,子孙后代常依先人遗志,拾骨改葬祖籍。后来又受风水观念的影响,使拾骨葬在闽台相沿成风。又如养子习俗,它本来源于福建的宗族社会以多子而强房的观念。移民台湾以后,因单身男子多,为承祀祖宗香火,不使绝嗣,便广为盛行。在岁时节庆中,普度为闽台最为盛大的一个时节。其原因都因闽台皆是移民社会,最初多为单人独往,艰辛的移民途中和筚路蓝缕的开发过程,多有因疾病、猛兽、饥寒而恶死者。乡俗以为孤魂野鬼是瘟灾疾病的散布根据,便以盛大的普度斋祭,超度这些无主野鬼,以保驱灾避祸。至于某些习俗,随由时代的更迁而发生嬗变,如结婚礼仪中的文明婚礼,年岁节俗中新增的元旦、圣诞等,则闽台两地情况如一。

在神灵崇拜方面。闽台两地的先民,本来就有好巫尚鬼的习俗。这是因为古代先民生产力低下,无法认识和战胜南方湿热多病和灾害频发的恶劣环境,只好乞求超自然力,巫医结合,以求平安。所以史书上早有闽人"信鬼神,重淫祀"的记载。明清以后,福建大量移民台湾,途中风波险阻,新土瘴疠肆虐、野兽横行,严重危及生存。在巨大的环境压力之下,移民往往携带祖籍寺庙的香火、符签,乃至地方和宗族的守护神,以求保佑。平安抵台后,便立庙设祭,并在此后不断回乡拜谒祖庙,增修扩建。于是,福建本来就神出多源的宗教和民间信仰便随同移民足迹所到之处,传遍全岛。来自底层民众的民间信仰的功利性和实用性,只求灵验,而不问其神灵系统,即使一石一木,只要能够却灾避难,便叩头烧香,相信多一个神灵,便多一份保佑,神灵越多,平安的系数也就越高,这使闽台的信众走向多神信仰。西方宗教的排他性,在中国文化传统的消弭中,化为多神的共存并蓄。其神灵体系,既有从印度传

---

① 丁绍仪:《东瀛识略》卷三《习俗》,《台湾文献丛刊》本。

② 《诸罗县志》卷八《风俗志》,《台湾文献丛刊》本,第136页。

入经过汉化了的佛教,中国本土的道教,全国性的俗神信仰,以及产生于福建本土的自然神崇拜,神格化了的祖先神、行业神和英雄神崇拜,等等。福建宗教信仰中的各种神明究竟多少,有称数百,有说逾千,尚无准确统计。台湾也号称"神明三百,庙宇逾万",都说明其多神信仰的特征。且台湾神明绝大部分皆由福建移入(少数来自广东),其与福建关系十分密切,不仅由福建祖庙分香,连寺庙建筑,也多仿祖庙原型,或从祖籍地聘请工匠购置材料赴台依祖庙仿建,还定期组织庞大香团,返回祖庙寻根拜祖,或恭请祖庙神灵金身赴台"巡境",从而形成了闽台的共同祭祀圈。

最早传入台湾的民间信仰,应属17世纪初已在台湾建庙的保生大帝吴夲。吴夲原为北宋时医德高尚的名医,死后衍化为能祛病除灾的医神,俗称"大道公"。康熙《台湾县志》卷九"寺庙"条云:"在广储东里,大道公庙,红毛时建。"广储东里即今台南县新化镇,"红毛"为台湾民众对荷兰殖民者的蔑称,其时郑芝龙已在台湾建立据点,保生大帝庙应是随同郑芝龙的船队或垦民由闽南传入。郑成功驱荷复台时,据说曾拜求妈祖相助,还把保生大帝神像供奉船上。所以在攻取台湾后,翌年便于鹿耳门(今台南市南区土城)修建妈祖庙,并把由龙海白礁慈济宫分身而来的保生大帝神像,供入学甲慈济宫。于是,保生大帝和妈祖成为最早进入台湾、香火也最鼎盛的两尊民间拜祭的神明。至康熙统一台湾时,已建保生大帝庙21座、妈祖庙10座。据乾隆《重修台湾府志》所载,保生大帝庙在台湾五大神佛庙宇中,数量居其首,先在台湾高雄建庙,随后发展到中部的嘉义、云林,不久扩展到北部的台北、宜兰,宫庙扩增的过程,恰是闽南移民开发台湾的路线。在有清一代持续两百多年的移民浪潮中,作为海上守护神的妈祖信仰,更是后来居上。由于籍贯的不同,移民对从自己家乡寺庙分身而来的妈祖,便也有了不同的称谓,来自莆仙的称"兴化妈"或"湄洲妈",来自泉州的称"温陵妈"(泉州别称温陵),来自同安的称"银同妈"(同安别称银城)。据1930年对台湾寺庙的调查,妈祖庙宇已达335座,保生大帝庙也有117座,都列台湾民间信仰的前10位。妈祖和保生大帝所以为移民信众所尊崇,当与其海上救难和却病除灾的神职功能密切相关。

闽粤移民带入台湾的民间神明,当以地方或宗族的守护神为最多。如安溪移民奉请入台的家乡守护神清水祖师,惠安移民奉请入台的俗称青山公的灵安尊王,漳州移民奉请入台的开漳圣王陈元光,闽西客家移民奉请入台的定光佛,潮汕移民奉请入台的三山国王等。另如泉州郭姓族人奉请入台的广泽尊王,据说因其善庇流寓之人,而成为闽南移民共同尊奉的守护神;而以职司五方疫病的五府王爷,因其分身来源不同,也各有称谓:来自晋江潘径乡的高雄天凤宫,称吴王爷,来自莆田南天宫的凤山北辰宫,称巫王爷,来自晋江大嵛村的台南保济宫,称池王爷,还有来自漳浦的云林县福顺宫,称朱、李、池三王爷,来自平和古坑社的嘉义玉贤宫,称黄、吴、李三王爷,等等。另外还有在诏许搬眷后由福州移民奉请入台的临水夫人,因其专司护胎育儿,而成为移民共同信奉的妇幼保护神。所有这些神明,都以其来自原乡,具有安境息民、除灾却病、助业护生的超自然能力而获得移民的尊崇,体现了台湾民间信仰的功能性和实用性特征,成为聚合移民群体和维系与原乡联系的精神纽带。

在文学艺术方面。文学艺术在台湾的发展,也深以中原文化的延播而获得活泼的生机。一方面,作为雅文化的文人创作,自明郑时代开始,以先后入台的文人为核心,将中国传统文学的诗文范式引入台湾,开了台湾文学的先河;清统一台湾以后,又以宦游台湾的文人学士为主体,采风问俗,咏怀述志,进一步弘扬了中国文学的传统精神。在台湾进入定居社会的过程中,儒学教育的发展,培育成长了一代台湾本土的知识分子,以关怀本土的创作,把台湾文学融入在中国文学的传统之中。其时诗社林立,几遍全岛,即使在日据的淫威之下,也盛况不减。一部《瀛海诗集》所收稍负诗名的作者469人,而一部《台宁击钵吟》,选入的台湾能诗者,竟达1200多人。五四以后,台湾文化界以与祖国大陆新文学运动的同一方向和步骤,推动了台湾文学的新生。而作为俗文学的传说、故事、歌谣和谚语,也在移民的带动下融合了原乡的母题、原型和语言,发展出新的异本,体现为文化传播和再生的成果。

在戏曲歌舞方面。闽台先民本来都有歌舞怡神的遗风,明清以后,各种宗教信仰传入台湾,更使台湾祭祀活动极为频繁。据有关统计资料显示,台湾各寺庙供奉的249位主神,一年累计的祭祀时间达248天,再加上其他民俗节日,可谓年头到年尾,无日不酬神。《汉书》称闽人"好淫祀",传至台湾,更无以复加。酬神必演戏,娱神亦娱己,是文化生活贫乏的早期移民的一种精神寄托。在这一背景的推动下,来自移民原乡的各种戏曲歌舞,源源传入台湾。连横《台湾通史》记及"演剧"一节,云:"台湾之剧,一曰乱弹,传向江南,故曰正音,其所唱者,大都二黄西皮,间有昆腔。……二曰四平,来自潮州,语多粤调,降于乱弹一等。三曰七子班,则古梨园之制,唱词道白,皆用泉音。而所演者则男女之离欢悲合也。又有傀儡班、掌中班,削木为人,以手演之,事多稗史,与说书同。……又有采茶戏者,出自台北,一男一女,互相唱酬。淫靡之风,侔于郑、卫,有司禁之。"言及曲调,又称:"台湾之人,来自闽、粤,风俗既殊,歌谣亦异。闽曰南词,泉人尚之;粤曰粤讴,以其近山,亦曰山歌。南词之曲,文情相生,和以丝竹,其声悠扬,如泣如诉,听之使人意消。而粤讴则较悲越,坊市之中,竞为北管,与乱弹同。亦有集而演剧,登台奏技。勾阑所唱,始尚南词,间有小调。建省以来,京曲传入,台北校书,多习徽调,南词渐少。"其演出盛况,"多以赛神,坊里之间,醵资合奏,村桥野店,日夜喧闐,男女聚观,履舄交错,颇有欢虞之象"①。今人研究台湾戏剧源流,分为北管和南管两大系统,北管指用"正音"演唱的昆腔、皮簧、梆子等北来的剧种:如乱弹、四平戏、京剧以及后来传入的豫剧、湘剧、川剧、评剧,南管则指以南音为主要唱腔的闽南方言区的剧种:如梨园戏、潮州戏、高甲戏、白字戏等。北管传入台湾分为两路,一路经闽西的宁化、龙岩传至漳州地区,再随同移民进入台湾,称为"福路派";另一路由闽西的长汀转入粤东的梅县和潮汕地区,再随同客籍移民进入台湾,称为"西皮派"。两派仅在使用乐器和唱腔上略有差异,却因为台湾频繁的分类械斗而互相对抗。其他的如采茶戏,源于赣南的民间茶歌、灯舞和花鼓而形成的戏曲,随闽粤移民流入,早期只有一丑一旦的"对子戏",后发展为二旦一丑的"三角班"。花鼓戏源于安徽,乾嘉年间经福建传入台湾。四平戏从四平腔发展而来,明万历间由安徽经江西传入福建,与当地民间歌舞结合,形成各具地方特色的四平戏,其在闽南,亦称正字戏,也随移民流入台湾。傀儡戏的形成,一开始就与宗教的除煞祈福相联系。有学者称是傩戏的木偶化。其在南宋时已流行福建,南宋西湖老人《繁胜录》中已有福建傀儡戏在临安(今杭州)演出的记载。明清两代,尤为兴盛,为婚丧喜庆和酬神祭祀的主要演出形式。木偶戏有提线木偶、杖头木偶和掌中木偶之分。泉州一带以南管为主要唱腔,漳州一带吸收乱弹班的皮簧为主要

---

① 连横:《台湾通史》卷二三《风俗志》,商务印书馆 1996 年版,第 434～435 页。

唱腔,二者都于清代传入台湾。

　　台湾民间戏曲中,仅有的地方剧种歌仔戏,也是在闽南传入的民歌和表演形式基础上形成的。先是漳州一带的锦歌盛行于台湾,这种为移民所喜闻乐见的说唱形式,最初在街巷之间流动清唱,称"歌仔",后发展成为定场说唱,称"歌仔馆",再吸收同安传入的车鼓阵,安溪传入的采茶歌舞,形成了可以在广场作简单化妆表演的"歌仔阵"。清末,歌仔阵吸收梨园戏、四平戏、乱弹的剧目和表演程式,以歌仔说唱为主要唱腔,以漳厦一带方言道白,形成有生、旦、丑三个行当的"三小戏",在乡间谷场庙埕演出,称"落地扫"。后来在逢年过节、迎神赛会中临时搭台演出,歌仔戏便逐渐形成。从这一简略的历程中可以看出,作为台湾唯一的地方剧种,也是移民在原乡民间歌舞艺术的基础上,吸收中原相关的艺术营养,从移民台湾的现实生活中培育出来的,是闽台文化共同哺育的艺术结晶。

　　中原文化经由福建东延台湾,形成了台湾社会以汉民族文化为主体的文化基础和发展的主导方向,把台湾融入到与大陆一体的中华社会之中,并以其在台湾特殊的文化经历和色彩,进一步丰富了中华文化。文化发展的这种根的再生与回馈,是我们深入认识台湾文化的价值所在。

第五章　闽台社会的文化景观

第一节　闽台文化景观形成的环境因素和特征

　　文化景观是人类在特定的时间和空间里,对自然环境进行利用和改造所产生的各种人类可以感知的独特文化景象。景观一词,最初来自地理学,指的是地球表面各种自然景象;19世纪下半叶为德国著名的地理学家拉采尔引入他的《人类地理学》,第一次提出历史景观这一概念,认为它是一个独特集团的各种文化特征的结合体。这一概念在后来的运用中被更准确地定义为文化景观,强调它是"因人类活动而附加在自然景观上的各种形式"。尽管不同时代的不同学者在认同文化景观的概念同时,又不断对其进行补充和丰富,使这一概念从外延到内涵不断得到完善。因此,对其界说也不完全一致,但内涵则大致相近,主要包括了以下四个方面:

　　第一,文化景观是作为文化集团的人群,出于某种实践的需要,有意识地对自然景观进行利用、改造所创造出的新的景观,是人群集团在自然景观基础上进行的文化"叠加",反映着某一人群集团的文化行为特征。

　　第二,文化景观是文化空间分布的特定形态,虽然它潜隐着文化发展的各种信息,但它不是时间意义上文化发展的过程,而是空间意义上文化变迁的结果。

　　第三,文化景观作为文化的凝聚物,是一种独特的文化景象,它指明了某一区域的文化同一性和与其他区域的文化差异性,成为文化区域划分的重要指标之一。

　　第四,文化景观可以分为物质性文化景观和非物质性文化景观两种类型。前者是人群在大自然提供的物质基础上,创造出来的那些看得见、摸得着的文化凝聚物,如城市、乡村、建筑、园林、水库等,其重要的特征是可视性;后者同样也是在客观物质环境的作用下,人的文化行为所创造的那些虽看不见,却可以感知的文化创造物,如语言、法律、道德、宗教、价值观、某些艺术（如音乐）等。它所形成的独特的文化气味或氛围,如同文化区的个性一样,是一种通过联想实现的抽象而真切的感觉。

文化景观既然是人群叠加在自然景观之上的文化创造物,那么,自然景观的地理因素和社会发展的人文因素,对文化景观的形成便具有决定性的作用。在这个意义上,分析文化景观形成背后的自然与人文的因素,也就成为我们深入认识文化景观的必经之道。

闽台作为一个共同的文化区,其文化景观的同一性,很大程度上来自闽台相同或相似的自然地理环境和社会人文发展。这些影响闽台文化景观形成的自然和人文因素,主要表现在以下几个方面:

一是闽台相似的自然地理环境。从地理位置上看,福建位于祖国大陆的东南部,在北回归线与北纬28°之间;台湾则隔一道海峡与福建相望,北回归线横穿中部,纬度在20°～25°之间。两地都属亚热带型气候,湿润多雨。这一特定地理位置,形成了闽台共同的中国南方典型的"饭稻羹鱼"的水的文化。从地形上看,福建西北依山,东南面海,中部是大片的丘陵山地;台湾虽为岛屿,四面环海,中部却是平行走向的山脉耸立,丘陵山地占了全岛面积的2/3。闽台这一大致相似的山海兼具的地理环境,一方面把闽台与中国历史上的文化发祥地中原地区隔开,使中原文化的南播,因山或海的阻隔无法迅速扩散,只能以层层递进的方式,先进入江南,再沿三大湖流域南下,进入福建以后,由闽北到闽南,再传入台湾。中原文化进入闽台都属二度、三度传递,难免带有再传地区的某些地域特征。另一方面,闽台中部相似的大片丘陵山地,把闽台内地分割成交往不便的许多小区,从而造成了文化传播和发展的区域间隔。福建复杂的小区方言文化和台湾高山族先住民复杂支裔及其文化的长期存在,都与闽台山地小区复杂的地理环境密切相关,它也带来了闽台相同的沿海与内地的文化差别。再一方面,福建东南面海和台湾四面环海的天然条件,使长期困于逼仄山地环境的闽台先民,很早就开始了向海拓展的努力,从而形成了闽台"水行山处"的海洋文化性格和沿海地区较早萌发的商品意识;而台湾海峡相对平缓的水面,中间还有许多小岛陈列,也为隔海相望的闽台提供了交往与移垦的便利与可能。闽台相同或相似的地理环境，成为了闽台文化景观同一性的物质基础。

二是闽台共同的文化渊源。福建文化源自于中原移民携带而来的汉民族文化，在吸收融化了福建先民的闽越族文化后，形成了具有福建本土特色的汉民族文化传统；而台湾文化则主要是由福建移民将具有福建地域特色的汉民族文化，二度延播台湾，在与台湾先住民文化的并立中，发展成为台湾社会的文化主体。闽台两地共同的文化渊源，使其在闽台两地形成的文化景观，无论其物质层面，还是非物质层面，虽有时间的先后和某些本土色彩的差异，却都是中原汉民族文化在闽台相似的自然景观基础上，利用、改造而创造出来的文化成果，这是造成闽台文化景观同一性的根本原因。

三是闽台在历史上都曾是移民社会。福建自西晋末年至宋室南渡，历时800余年，一直是中原汉族移民不断南来的社会，两宋时期才进入定居的社会发展阶段；而台湾，自明代末年至清代中叶，也历时两百余年，一直是闽粤移民不断徙入的社会，至 19 世纪初才进入移民定居的社会发展阶段．共同拥有的移民社会经历，意味着：①闽台社会都有过由以先住民文化为主体的发展阶段，向以移民所携带的汉民族文化为主体的发展阶段转型的历史过程。文化的多元存在与文化主体的转型，是移民社会文化的特殊现象。文化历程上的这一时间变化，必然会以空间的形态凝聚下来，使闽台文化景观，呈现出多元的文化特征，保留着先住民文化和移民文化互相融摄和转移的历史信息。②闽台社会的移民文化，都有着与其移出地的原乡文化极为密切的关系和在移入地随着向定居社会发展而出现的本土化进程。前者是移民的文化根源，体现为移民文化怀宗认祖的本根性，后者则是移民所处的文化现实，体现为移民文化认同新土的草根性。二者都无可回避地凝聚在文化景观上，既呈现为闽台社会的一种特定的文化形态，也从中潜隐着闽台社会文化根源的历史信息。

四是闽台都遭受过异族文化的强势侵入。近代以来，闽台一直处于西方和东方殖民者虎视眈眈的弱肉强食之中。福建自鸦片战争以后，被迫开放福州、厦门为通商口岸，西方文化便源源不断涌入；而台湾尤甚，16 世纪中叶即一度遭到荷兰和西班牙的殖民占领，甲午之后，更沦为日本侵略者的殖民地。西洋的和东洋的文化，倚仗殖民者的军事与经济强势，长驱直入，使闽台社会在近代以来一直面临异族文化的压迫和冲击。这一特殊的历史遭遇,带给闽台社会的影响极为复杂。尤其是台湾,在直接的殖民统治下,无可避免地使民族文化受到极大伤害,而沾染了某些殖民文化的气息。但同时,在社会现代化的转型中,外来文化的冲击也带给传统文化更新的契机。闽台先于内地接受西方的现代文化,是在这一复杂的历史背景下展开的。这一切在对异质文化的吸收中促进传统文化的现代转型,作为一种新的人文因素,都在闽台的文化景观中留下痕迹。

闽台文化景观在上述自然与人文因素的影响下,呈现出某些带有本质性的总体特征,主要表现在:

第一,闽台文化的草根性。汉族文化是一种原生性的文化,是汉族人民从自己实践生活中创造出来的文化,而不是对于其他民族文化的借用和引入。闽台的汉族移民,虽然离开了自己的原生地,由中原到福建,再由福建到台湾,但并没有创造另一种文化,而是把移民原乡的文化播植在新土之上。因此,随同移民而来的汉族文化,尽管在进入新土以后,会呈现出某些地域性的——或称本土化的色彩,但并未改变其原乡文化的本质和原乡文化原生性的初衷。可以把这种来源于原乡而播植在新土,从移民生活实践之中成长起来的文化原生性,称为移民文化的草根性。它既意味着文化的原乡根源,也呈现出文化的新土特色,还体现着闽台文化植根于民众实践生活之中的深厚生长基础。

第二,闽台文化的边缘性。无论从自然地理、政治地理、经济地理,还是文化地理来说,闽台都处于以中原为中心的中华版图的东南边缘。尽管在南宋的特定时代,福建在政治、经济和文化上曾经有过举足轻重的发展阶段,但与当时作为政治中心的临安相比,仍未改变其边缘状态。台湾的情况更是如此。这种从地理到政治、经济和文化的边缘位置,赋予了闽台文化种种边缘化的特性。一方面是以儒家思想为主导的汉族文化,其宗法结构的思想和以中原为核心的观念,形成了一种巨大的民族凝聚力和文化凝聚力,使闽台文化在其历史发展中,无论遇到多大的波折,都有一种强大的民族向心力和文化向心力,作为抵御异族侵入和异质文化侵扰的有力保障。另一方面,文化的边缘性,同时也意味着来自中心的文化规约力相对地松弛。使边缘性的文化具有更多的叛逆性和吸收异质文化进行变革的可能。这两个方面都有着它正值和负值的意义。在闽台的文化景观中,我们既看到了它对文化中心的承继和因循关系,也可以看到在异质文化的影响及传统文化的变革中出现的某些新的文化特征。

第三,闽台文化的多元性。闽台都是汉族的移民社会。这一概念背后,意味着在汉族移民到来之前,存在着其他的先住民族。福建曾经是闽越族活动的地盘,不过这是在2000年前的秦汉时期。汉以后,闽越族与越族的其他支裔一起,都逐渐融入汉族之中,闽越文化也成为汉文化的一个构成部分。今天的福建,闽越族及其文化虽都已不存,但其遗风仍有迹可循,除了比较明显地保存在与越族有某种亲缘关系的畲族文化里,还沉淀在福建民间的某些文化习尚之中。在台湾,情况稍有不同。汉族移民的大量入台,是晚近三四百年的事。在此之前,台湾一直是被笼统称为平埔族和高山族的先住民族活动的领域;汉族移民入台之后,在文化保护政策上,与先住民族保持着某些互相隔离。今天的台湾,除平埔族已融入汉族之外,高山族基本仍保留其血统和文化。在这个意义上,福建和台湾都有着两种以上的不同的文化基因,只不过在福建,古越族的文化是一种遗习的潜隐存在,而在台湾,先住民族文化是仍然存活的显性的存在。我们所看到的闽台文化景观,实际上保存了这种多元的文化基因。以福建的民间信仰为例,即保存着闽越族尚巫信鬼重淫祀的遗风;一些地方的蛇崇拜,源自于古代闽越族的图腾。而在台湾,汉族地区和先住民地区迥异的文化景观,更是一道差异明显的风景,它们共同构成了台湾文化多元一体的丰富性。闽台文化的多元性,还在另一个意义上表现出来,即同样是汉族文化,在不同的小区呈现出略有差异的样貌。在福建,主要是山岭重叠、河流交错的复杂地形,在古代交通不便造成的闭塞,从而形成了不同的文化小区,如福建复杂的方言片和民俗中常见的"十里不同风,五里不同俗"的现象,以及各有所宗的民间信仰等,堪为代表。在台湾,除了复杂的地理因素之外,还由于移民来源的不同,带来的地域性文化也略有差异。亦以方言、民俗和民间信仰最为突出,不仅闽粤(福、客)之间有一定文化差别,同为"福佬人"的泉州府和漳州府,乃至同为泉州府中的晋江、南安、安溪、同安诸县,以及同为漳州府中的龙溪、南靖、平和、诏安诸县,都有一定的文化差异。闽台文化的多元性,不仅使闽台文化景观呈现出多样的丰富性,也使闽台文化景观有着整合多元走向一体的兼容性特征。

　　第四,闽台文化的开放性。闽台的海洋环境,以及历史发展上的特殊遭遇,使它较之中原地区更早地处于开放的前沿地带。这种文化的开放意识表现在两方面:首先,较之内地建立在亚细亚生产方式之上的自给自足经济和锁闭观念,有着更为明显的商品经济的开放意识。闽台分别自两宋和明代末年开始,便凭借海洋环境,形成了走向世界的商贸意识,商品经济的发展对小农经济产生了巨大的冲击力量。其次,在与异族文化冲突中,从文化的守成走向文化的开放,吸收外来文化的积极成分,为传统文化的更新进行了最初的努力。近代以来,福建是继朱熹之后对中华文化贡献最多的一个时期。如果说,朱熹的历史功绩在于集儒学之大成,为维护晚期的封建社会奠立道学基业,那么近代以来的福建文化,以林则徐为代表,则为"开眼看世界"的先声,为中国的现代化打开视野。台湾则以其现代化的实际成果,为中国的现代化提供先例。文化的开放性,增添闽台文化景观的新鲜活力,使闽台的文化景观不仅只是历史的回声,而且成为现实的塑形。

　　闽台文化景观的草根性和边缘性,从文化的内部关系规约了闽台文化的本质及其与原乡文化的密切关系;而闽台文化景观的多元性和开放性,则从文化的外部关系,说明了闽台文化与其他文化的关系。它们互相包容却又各有侧重地表现在闽台文化景观的各个层面,是我们深入认识闽台文化景观的一个重要提示。

第二节　闽台文化景观的分类描述

　　文化景观通常被划分为物质性文化景观和非物质性文化景观两大类型,这是就文化景观的存在形态进行的划分。但是,物质性的文化景观常常凝聚着非物质性的文化因素,而非物质性文化景观又常常有其物质性的文化背景。因此,在对文化景观进行分类描述时,人们并不仅仅以其存在形态的物质性或非物质性作为唯一的标准,而同时兼顾、甚而更加侧重文化景观的内在性质、特征和功能,以此作为划分的参考。全面地描述闽台的文化景观,需要很大的篇幅,这里我们选择若干相互关联的方面,对闽台文化景观及其特征做一些基本的描述和分析。

一、农村和城市

农村和城市,是人类对客观自然环境进行主观改造所形成的生存场域。自然环境的物质性和经过人类改造后的生存环境的物质性,是农村与城市这一文化景观的本质特征。具有不同文化特征的人群在把自然环境改造成为适宜于自己发展需要的生存场域时,必然会将自己群体的文化特征,烙印在改造后的生存环境之中。农村是以土地为根基的农耕部族缔造的生存场域,它不同于逐水草而居的游牧民族所需要的草原生活环境,也不同于漂泊流动的海洋部族所需的海洋生活环境。从农村到城市,是人类普遍的文明进程。农村的逐渐萎缩、衰减和社会结构上城市化比重的不断增加,是人类从农业文明向工业文明和后工业文明发展的结果。作为文化景观的闽台农村和城市,它的缔造和变迁便交错在这一文明进程之中。

首先,闽台虽然都为濒海地区,有着传统的海洋文化的基因。但在北方移民入主闽台,带来了中原发达的农耕文明,便改变了闽台传统的生产结构,除少数濒海地区的住民仍从事海上捕捞的渔业生产外,中原的农耕技术在南方的亚热带自然条件下,呈现出的生产力优势,使闽台都变成与中原相似的农业地区。因此,土地的开发,是闽台人民对大自然最早的改造。略不同于北方以麦、黍为主的旱地作物,南方湿润多雨的气候和纵横交错的河网,使闽台发展了以水田为主的稻作文化,同时也兼及湖海河渠的捕捞和养殖。"饭稻羹鱼",充分体现出南方水的文化的生产特点。闽台本为丘陵地貌,山地多而平原少,迫于生存需要,近山住民艰辛开发山地,造出层层相叠、蔚为壮观的高山梯田;同时利用丘陵山地发展林业,使原始森林和人工植造的杉、松等经济林木郁郁葱葱遍布全境。农业生产在历史上一直是闽台经济发展的基础和主体,这种情况一直到 20 世纪中叶,仍无多大改变。

其次,城市的诞生,是 19 世纪下半叶以后闽台社会变迁的标志。城市的出现,一般有两种情况:一是城市首先是作为政治、军事中心出现,而后才逐渐发展成为经济中心。二是城市的出现首先是由于交易的需要,从经济中心逐渐成为政治中心。东方国家的城市大多属于前一种类型,而西方国家城市的出现较多属于后一种类型。当然也不绝对,历史的复杂性就在于不同的因素会互相渗透。以闽台为例,福建的城市出现,更多属于第一种类型,具有 2200 年历史的福建省会福州市,是由汉高祖五年(前 202)封闽越王于东冶,而后为历代王朝定为省会不断迁延而来；泉州市的源头可溯至西晋太康三年（282）设晋安郡，梁析晋安郡立南安郡，唐将南安郡所在地的丰州改泉州，由此不断发展而来；漳州的设置，《福建史稿》称其是"为加强对少数民族的统治"[①]，由率兵南下平定"獠蛮啸乱"的陈元光以其驻驿之地扩建而成。上述三座历史都达千年以上的城市之建立，都与历史上的政治布局与军事行动密切相关，是先将其作为政治中心和军事中心而逐渐发展起来的。唯独厦门有些例外，厦门在鸦片战争之前，已是由清政府钦定的与台湾鹿耳门对渡最早的唯一港口；鸦片战争之后辟为五口通商的口岸之一，更加速了厦门的城市化进程。因此，厦门是先作为经济中心而后发展为政治、文化中心的。台湾的情况也相仿。一方面台湾的开发时间较晚，是中国封建社会末期的一个新兴的农业区，其时商品经济已较发达。台湾以米糖为中心的农业生产已越出自给自足的自然经济范畴，相当大一部分是作为商品进行生产的。另一方面，台湾从明朝后期以来，一直是国际贸易海路的一个中转站，无论与荷兰、西班牙、日本、东南亚诸国，还是与祖国内地，都存在着密切的贸易关系。其以米糖为中心、兼及其他土特产如鹿皮、鹿肉、樟脑、硫黄等，每年都有大量的输出，同时也大量输入祖国内地的手工业制品，以满足生产和生活需要。这样，台湾城市的发育，便与这一经济要求密切相关。它具有如下一些特点，一是除了最早形成的鹿耳门所在的台南市，曾是荷兰殖民者占据的政治与军事中心，后又为明郑确立为"东都明京"，是先作为政治军事中心，后在鹿耳门与厦门对渡中发展为经济中心外，其他的一些城市，如南部的"笨港"（后改北港）、旗后（高雄），中部的鹿港，北部的艋舺（台北）等，都是先行作为与大陆对渡的经济中心而发展起来的，而后才逐渐成为政治或军事中心的。二是先行发育的城市主要在海口，都属于港口城市，后期发育的城市才逐渐向内地深入。三是先期发育的港口城市都以垦殖聚落中心为背景，成为移民聚落的货物集散地，便利他们输出农产品，购进生活用品。城市的发展与农村有着密切的联系。

第三，在农村与城市之间，还存在着一个过渡性的单元——镇。村庄是从事农业生产的农民的聚居点，为了方便耕作，村庄星罗棋布地坐落在大片的

---

① 朱维幹：《福建史稿》，福建教育出版社1985年版，第112页。

田野中间,彼此联系不便,一般称此为自然村,不同的自然村之间存在着某些简朴而必需的交易,这就需要寻找一个比较中心的自然村,定期定点进行交易,这就形成了墟市。墟市把几个、十几个自然村形成一个共同的经济圈,而墟市这个共同的经济圈又往往和某个特定畛域的民间信仰祭祀圈相重叠,这就慢慢发展成为市镇。在行政结构上,镇政权管辖着村政权。这更使以镇为单元的经济圈、祭祀圈和行政圈三者合一,从经济上、精神上和政治上把分散的村落聚合在镇的周围。镇一头联结着村庄,另一头则伸向城市。农民剩余的农产品通过镇输往城市,而城市的工业制品则通过镇,满足农民生产和生活的需要。闽台社会的这种村庄—镇—城市的结构性景观,与中国传统的社会并无太大差别。

在历史的进程中,建立在自然经济基础之上的中国封建社会,促进了农村的充分发育;而随着封建社会的没落和资本主义经济的到来,社会的现代化进程,在催生城市的发育中,也促使了传统农村的萎缩和解体。破产的农民——农业的剩余劳力是经过小镇流入城市,补充了城市工业化发展所需的劳动力;而城市的现代化影响也是通过小镇,渗透进亟待启蒙的传统的农村。社会的都市化,除了使大城市更加现代化外,主要是转换镇的职能,赋予小镇以城市的现代化性质和规模。社会的都市化进程,集中而强烈地发生在整个20世纪。就台湾公布的资料看,台湾在20世纪60年代已基本实现了社会的都市化转型。其标志有二:一是市镇数量的大量增加。20世纪50年代台湾5万以上人口的市镇只有9个,到60年代已增至30个,70年代初达50个,80年代已超过60个。二是都市人口的大量增加。据1952年的统计,台湾的都市人口占42.6%,1960年已超过一半,至1985年已达78.3%。市镇数量和都市人口的大量增加,同时意味着农村的萎缩和农村人口的递减。福建的都市化进程虽晚于台湾,但在80年代以后,已出现了骤剧转变。它表明传统的乡村与城市的文化景观正在发生深刻的变化。

二、政治体制和宗族制度

从本质上说,制度是一种文化。人类作为地球上最具有主宰力的动物,是因为人能够组织成为一个群体,去应对自然界(包括动物)的一切挑战,从而维系自己生存和持续的发展。而制度正是人类在组成群体过程中,用以保证社会有序发展和协调个体与个体、个体与群体、群体与群体间关系的规范体系。它覆盖人类行为的各个方面,大致可划分为三个层次。第一个层次是社会形态意义上的制度,如原始制度、奴隶制度、封建制度、资本主义制度、社会主义制度等;第二个层次是社会关系或行为模式意义上的制度,如婚姻制度、经济制度、教育制度、宗族制度等;第三个层次是社会规范和行为准则意义上的制度,如交通制度、用人制度、考核制度、礼仪制度等。因此,制度形态的文化是文化景观的重要组成部分。其中尤以社会体制上的政治制度和作为社会基本构成的家族—宗族制度,最能体现出一个社会的性质和文化特征。

闽台的社会政治体制是随着中国历史的发展而变化的。大致说来,闽台社会都经历过原始社会—奴隶社会—封建社会的漫长发展。福建早期的原始社会和奴隶社会情况缺少文献的描述,只能从有限的考古发掘中进行推论。从武夷山城村遗址考古发掘中同时出土的印纹陶和大量铁器分析,印纹陶为奴隶时代商周文化的标志,铁器却是奴隶制进入封建时代的特征,由此推论,福建从奴隶制社会进入封建制社会,大体出现在城村遗址存在的西汉中晚期。从西汉到清末,历时约两千年,才结束封建社会的历程。台湾社会的发展略为迟晚,从迄今仅存的三国《临海水土志》、《隋书·东夷传》和元代《岛夷志略》三种文献分析,至少在明以前台湾还处于原始公社的部族社会阶段。直到明朝末年,荷兰、西班牙的入侵和明郑政权的建立,才推动了台湾的社会转型,清代大量移民入台拓垦以后,才使台湾进入带有某些资本主义因素的晚期封建社会。在这一漫长的历史发展中,闽台作为秦汉以来历代王朝的边陲国土,中央政府始终以其政治体制进行统辖。秦设闽中郡,在原则上即象征着将反映中原农耕文明的封建政治制度推及闽越故地,虽然此时福建还处于奴隶社会,而秦也无力派员对福建进行实际管治。只有汉封闽越王以后,福建进入封建制社会,历代王朝在福建推行的封建政治体制才有了实际意义。在组织形式上,其一方面以中原的郡县体制来建立中央对闽台的辖属关系,另一方面,由中央政府直接任命和派遣各级官员以实现高度的中央集权;而在思想统辖上,以儒家思想作为实现社会思想大一统的工具。台湾封建制的社会虽然发展较晚,但仍依照这一模式从社会组织结构到思想规范进行统辖,只不过明清以来,中国封建社会已进入晚期,内外环境的变化和台湾远离中原政治、文化中心的特殊因素,使之从组织体系到思想管辖都处于相对松弛的状态,反映资本主义的新的阶级关系和商品意识也就较之内地社会获得更多发展的可能。

中国社会体制发生根本变革以 20 世纪初爆发的辛亥革命为转折。闽台的社会体制也于此时出现分离状态。福建在推翻清朝的封建统治之后,进入了半殖民地、半封建社会的特殊发展阶段,而台湾则由于 19 世纪末的乙未割让,变成日本的殖民地。20 世纪中叶以后,中国共产党领导的新中国的诞生和国民党政权撤迁台湾,又使半个世纪来祖国大陆和台湾走上不同的政治体制,祖国大陆实行的是社会主义的政治体制,而台湾仍保持其资本主义社会的政治形态。一国两制成为近半个世纪来海峡两岸完全不同的制度形态的文化景观。两岸的诸多文化差异,也因这一政治体制上的根本不同而发生。

中国漫长的封建时代,使作为封建社会基础的宗族制度得到了充分的发育。宗族制度最初来源于原始氏族公社的父系家长制社会,其以男性祖先为中心组合在一起的血缘性宗族,在商周两代的奴隶制时期,演化为具有等级色彩的宗族社会。进入秦汉以后,等级式的宗法性宗族随着奴隶制的崩溃而瓦解,蜕化为拥有政治、经济特权的豪门世家的宗族制度,不仅以血缘认同为原则,还以权力为轴心归附着大批宾客、佃客和部曲。封建社会的发展打击了带有等级色彩的豪门宗族,使建立在血缘认同基础上的宗族,经过儒家思想的改造和深化,形成一套系统的封建宗族制度,不仅孕育了中国传统的封建社会,同时也成为中国传统的封建社会的特征之一。家国同构,家是国的基础,而国是最大的家,皇帝是最大的家长。所谓"孝亲",扩大到政治领域就成为"忠君"。君君臣臣父父子子的封建伦理观念,渗透在整个封建体制及其人文思想之中。

福建宗族社会的形成,虽始于西晋末年的衣冠南渡,北方的豪门大族入闽把中原的宗族制度引入福建,但此时以大庄园主为代表兼有权力色彩的宗族制度,与宋以后盛行民间的宗族制度有明显区别。其宗族成员的身份差别和大批异性的附众,使簪缨贵胄的豪门宗族,只是大庄园主利用族众和附众来称霸地方的政治工具。福建宗族制度的兴起主要在宋以后。唐五代的频繁战乱使北方流民四散南下,以血缘为纽带的宗族关系也日渐松弛。北宋稳定政局以后,为维持政权统治,便倡导"敬宗睦族"来安定民心。靖康之难,政治中心南移,偏安一隅的南宋政权愈加需要稳定南方政治局势,为此宋代学者不遗余力重倡以儒家伦理为规范的宗族制度。朱熹更为宗族制度的完善制定了一套建祠堂、置族田、订族规、设族长,把所有人都纳入血缘宗族之中的制度模式,广为推行,使宗族制度成为社会管理的基层单位。由于朱熹长期活动于福建,其宗族制度模式,在福建也影响最大,使福建成为建祠修谱、宗风最炽的地区。朱熹的这一套宗族制度模式经过明清的实践,又有了某些突破。如所祀祖宗已超过朱熹所认定的 4 代,所建祠堂已脱离民居而自成格局,所置族田也大大扩充,有从家产中分析而出,也有族人认捐或集资购置,不仅用作祭祀,还用以赈济贫弱和资助教育;另外还盛行修纂家谱,记载宗族历史、族产沿革、家法族规和谱系分支、人口繁衍的诸种情况,发展成为以祠堂为中心、以族田为基础、以族谱为标志的近世宗族制度。

　　台湾的宗族制度由于福建移民的携带,也十分炽盛。不过出现的时间略晚,其主要原因是早期的移民入台以单身男性为多,其社会组合方式以地缘性的聚落为多,缺少明显的血缘关系。至清雍正、乾隆年间 3 次诏许垦民搬眷入台,才有血亲宗族出现的可能。不过由于开放搬眷的时间很短,台湾宗族中较为典型的血亲宗族的出现,要等到道光、嘉庆时期。这些特殊情况使中国传统社会的宗族观念在台湾呈现出某些不同的特征。其一,宗族发展在台湾不平衡。有些地区移民进入较早,在搬眷后经过若干年的发展已形成宗族,如台南地区,在康熙年间,已出现四世同堂家庭;而有些地区移民进入较晚,如台东地区,道光以后才得到进一步开发,相对而言,宗族制度也形成较晚。其二,扩大了宗族的界限。在内地,对于宗族的宗脉房派划分十分清楚,界定也很严格。而在台湾,由于移入单纯血亲的人口有限,便扩大了宗族的界限,不仅不限制不同的分支房派,甚至连不同衍脉祖地的同姓,都视为同宗一体。乾隆《续修台湾府志》就称:“台湾聚族鸠金建祠宇,凡同姓者皆与,不必同枝共派也。”这种淡化血亲观念的以同姓为同宗的情况,到清代后期,甚至扩大到不同省份。如建于道光十一年（1831）的台北“全国林姓宗庙”,建于同治七年（1868）的台南“全台吴姓大宗祠”,都是不分支派、不分籍贯的同姓共祀。其三,在祭祀方式上,出现了“阄分式祭祀公业”和“合约式祭祀公业”两种方式。前者是继承性的血缘从分产的祖业中析出一部分财产作为祭祀公业,后者是不同分支、房派的子孙,无共同祖产可分,以合股式的方式来祭祀共同的祖先。在移民早期,“合约式祭祀公业”更为普遍,到移民后期"阄分式祭祀公业"才占据主要地位。它也表明,此时台湾的血缘宗族已较普遍地建立起来了。其四,早期的移民所祀的主要是唐山祖,并经常还乡认宗祭祖,保持与祖籍地的密切关系;到移民晚期,在祭祀唐山祖同时,更多地祭祀移民台湾的开基祖。这一转变,也成为台湾从最初的移民社会进入定居社会的标志之一。

当然,随着封建社会的崩溃,作为封建社会基础之一的封建宗族制度,实际上也已经瓦解。不过,其文化影响仍在社会生活中留下深刻的痕迹。尽管宗族制度已不再起着维护封建体制的权威作用,但不少地方祠堂尚存,谱牒仍在续修,宗族文化继续起着"敬宗睦族"的维系宗族历史记忆的重要作用。特别在闽台两地处于人为的疏隔背景下,宗族关系发挥着维系两岸族亲的文化纽带作用。祖国大陆改革开放和台湾解严以后,返回祖国大陆省亲祭祖认宗和赴台参加同乡活动的宗族团体络绎不绝,其对祖国统一大业的促进,有着不可低估的意义。

三、方言和谚语

语言是文化的载体,而文化是语言的内涵,语言作为文化的一个构成因素,是我们考察文化景观的一个重要方面。根据语言学家统计,目前世界上流传的语言在 2500 种以上,依其来源,大可分为汉藏语系、印欧语系、闪—含语系、高加索语系、阿尔泰语系、达罗毗荼语系、芬兰—乌戈尔语系、南岛语系、南亚语系、爱斯基摩—阿留申语系、非洲语系等 11 大类,每个语系下面又分有不同语族和语支。

汉语属于汉藏语系中的汉泰语族,是世界上最古老的语言之一。汉语作为汉民族的共同语,在漫长的历史发展中,由于社会的变化、人口的迁徙、山川的阻隔,以及语言内部各种矛盾不平衡的运动,汉语的发展呈现出分化和整合两种趋势。一方面,汉语在不同地区的发展分化为 7 大方言子系,即北方方言、吴方言、湘方言、赣方言、粤方言、闽方言和客家方言。闽方言是汉语 7 大方言中最为复杂的一支,它还可以分为 5 大次方言,即闽北次方言、闽南次方言、闽东次方言、闽中次方言和莆仙次方言。每个次方言还有不同的次方言片,同一个次方言片中,还有土语腔调的不同,据说福建有的县竟有三十多种土语之多。另一方面,从汉语的 7 大方言区看,北方方言区占有最大的流传地域,其他 6 个方言区,都在南方,事实上它是北方方言在南传过程中受到不同地理环境的影响和融合不同地区的土著语言所出现的歧变,除了语音的差异外,在基本词汇和语法上并无根本的不同。这一语言运动的走向,也体现了汉族文化以北方的方言为中心向南拓展的趋势。因此,汉语的分化过程也潜藏着汉语整合的可能。历史选择的必然结果是在北方方言的基础上以北京话为标准音,形成汉语的标准语,以维系民族内部的交流、团结和民族文化的保存与弘扬。

以闽方言的 5 个次方言为例,闽北方言是西晋末年中原移民定居闽北而形成的,这是福建最早出现的次方言;闽南方言是初唐陈政、陈元光父子率府兵入闽平定“獠蛮啸乱”驻军闽南而定型的;闽东方言则是唐五代来自河南固始的王潮、王审知兄弟率部入闽征战,建闽国于福州而控全境定型的;闽中次方言是明置永安而从闽北次方言中析出;莆仙次方言是闽南次方言和闽东次方言的过渡和杂糅。5 个次方言都由北方方言衍生而来。而事实上,在汉语标准语尚未最后形成时,北方方言作为官方语言(所谓官话)起着代替标准语的作用,沟通省内各次方言区,也维系与其他方言区及中央政府的联系。

相比之下,台湾的语言现象要单纯一些,主要因为台湾开发较晚,至明末和清初才有大规模移民由福建和广东迁入,移民的祖籍地集中在闽南和闽粤交界的客家地区,其通行于台湾的语言,除少数先住民各自的民族语言外,主要是泉漳移民带入的闽南次方言和粤东闽西客家移民带入的客家方言。[①] 它们进入台湾之后,虽有语音和词汇的某些变化,但极其有限,并无演化成为另一种方言。同福建一样,作为“官话”的北方方言也在起着沟通不同方言区之间的准标准语的作用。

闽台复杂的方言现象,是闽台重要的语言景观。这种特殊的语言景观,还表现在地名文化、姓氏文化和俗语谣谚等方面。地名的起源往往与自然、经济、政治、社会相关联,蕴蓄着历史发展的信息。姓氏作为血缘的标志,存在有同姓不婚的婚姻禁忌之外,还具有族群凝聚力的作用。而谚语作为一种独特的语言现象,是民众社会生活经验的智慧总结,具有十分丰厚的哲理韵味

---

① 1949 年国民党政权撤迁台湾,随同入台的人员中包括了祖国大陆各省籍的人氏,使台湾的方言变得十分复杂,但他们并不构成一个单独的方言区,这里只作一种语言现象考察,而不作为方言统计。

和文化价值。

闽台都是谚语十分丰富的地区。据《中国谚语集成》的"福建卷"所称，在福建省 1 万多人参加的谚语采录中，共收集谚语资料 70 多万条，收入《中国谚语集成·福建卷》的也有 2 万多条。[①] 台湾未经普查，数量难以统计，但就台湾稻田出版社出版的《台湾谚语的智慧》就达 8 集之多。[②] 谚语的起源很早，先秦文献就有"俚语曰谚"（《尚书》）、"谚，俗语也"（《礼记》）的记载，《说文解字注》认为："凡经传所称之谚，无非前代故训。"明确地指出，所谓谚语，是前代生活经验的结晶。这是谚语在内容上的特征；而在形式上，谚语具有通俗上口的口语性，简约博蕴的精练性和寓理于象、节奏鲜明、广用词格的艺术性等特征。它作为人民群众口头创作的民间知识总汇，蕴蓄着人类社会广博的智慧和经验。闽台的谚语有许多是相同的，反映出闽人移民台湾之后将先辈生活经验也带入台湾。例如"少年毋打拼，老来无名声"，"三分天注定，七分靠打拼"，"输人不输阵，输阵歹看面"等流传两岸的谚语，都透露出闽台人民共同的拼搏进取的精神性格。许多谚语体现着闽台人民的海洋经验，有着典型的地理特征，如同样流传两岸的"一时风，驶一时帆"，"要看看外海，不看看缸内"，"过得海，就是仙"，"艙晓泅水嫌溪窄"，"讨海人请亲家，无鱼也有虾"等；许多谚语还反映着不同地区的风俗习惯，如闽南形容惠安女的衣饰："封建头，民主肚，节约衫，浪费裤"（指惠安妇女的头饰十分繁杂古典，而衣裤之间要露出肚脐眼，好像很现代、民主，短衣窄袖似乎很节约，宽大裤筒却又十分浪费）；七月普度，是传统的盂兰盆节，又是稻熟鸭肥时节，闽台都十分重视，各家设路祭于门口，都宰鸡杀鸭，所以有"七月半的鸭仔不知死"的俗谚；元宵观灯，闽台风俗，婆婆要带新妇去看热闹，围观的人爱将鞭炮扔向女人堆中，常把新娘的裙裤烧出洞来，所以又有"新娘新当当，裤底破一孔"的谚语。许多谚语在总结人们生活经验时，都闪烁着哲理智慧，如"起厝一工，娶某（妻）一冬，饲细姨（妾）无闲一世人"，"钱追人财旺，人追钱发狂"，

---

① 中国民间文学集成福建卷编辑委员会编：《中国谚语集成·福建卷》，中国 ISBN 中心出版社2001 年版。

② 《台湾谚语的智慧》，据收录讲解者李赫称，先后在《台湾自立晚报》副刊、《新生报》副刊、《台湾时报》副刊刊载，并在台湾中广、警广、台北、汉声等电台讲播，前后历时 7 年，后由台湾稻田出版社分成 8 集出版。

"交官散,交鬼死,交好额,变乞食,交县差,吃了米","人给狗咬,总不能再去咬狗","猫哭老鼠没眼泪","老鼠哭猫无真心",等等。这些谚语大多以方言传达,风趣幽默,别具韵味。它常寓事理、见识、智慧于形象之中,运用排比、对偶、比喻、递进、倒装、设问等各种修辞手法,有单句的,也有偶句、三句或四句,节奏鲜明,音韵铿锵,不愧是"浓缩的诗"。人们常通过谚语的日常使用,简练精确地表达思维,也通过谚语的传播,把经过形象概括的老一辈的人生经验传递给后代,使谚语成为一部流传民间的人生教科书。通过对谚语这一特殊的语言景观的考察,也能更深刻地认识某地的历史积淀与人文精神。

四、民俗和民间信仰

民俗是由历史所形成的一种生活方式,是对人的一种规范形态。在传统的民俗学家那里,民俗通常指的是乡民的行为举止、风俗习惯、民间信仰,以及神话故事、民歌谣曲等,具有集体的、类型的、继承的和传播的特点。现代的民俗观念,倾向于把它从民间传统文化的精神现象,扩大到物质、制度的文化现象,从乡民的民俗生活,扩大到全民族的社会生活。这就使得我们在考察民俗的文化景观时,既要重视它的历史传统,也必须剖析它的现时状态。

闽台民俗的形成和嬗变,经历了漫长的历史进程。它最早形成于秦汉之前的闽越族时期。闽台都具有的越族血统,因此闽台先民在民俗文化上有许多相同和相似的特征,如饭稻羹鱼、断发文身、凿齿黥面、杆栏式的住屋等。魏晋以后,中原汉族移民徙入福建,至明清时期,福建移民徙入台湾,把中原民俗带入福建,再经由福建带入台湾,使闽台民俗在中原民俗的基础上定型。它一方面是对中原民俗的继承:中原民俗从魏晋以后开始影响福建,隋唐五代渐成风尚,而至宋便走向成熟。迄今我们尚完整保留的岁时年节习俗,如春节拜年、元宵观灯、寒食(清明)墓祭、端午竞渡、七夕乞巧、中元祭鬼、重阳登高、冬至祭享、除夕守岁,均见载于宋梁克家的《三山志》中,是对中原民俗传统的继承。而在婚俗和葬俗中,长期以来都循中原古例,以儒家"六礼"和南宋朱熹制定的"家礼"为规范。昔时严于闺教的妇女出门,以"文公帕"蒙面,据说系由一贯主张男女大防的朱熹任同安主簿时所倡。另一方面,闽台民俗的形成,又是中原民俗在播入福建之后发生的变异。它主要受到下到一些因素的影响:

　　第一，闽越古风的涵化。闽越族虽然在汉代就融入汉族之中，但作为精神现象的闽越民俗，依然在现实中存在，最典型的是闽越食俗的饭稻羹鱼，喜爱腥味食品，视海鲜为珍肴的传统，建立在闽台的特定地理条件之上，是北方建立在内陆旱作文化基础上的食俗所难以更易的；又如闽越好祀鬼神的巫觋文化，使闽台长期具有多神崇拜的信仰习俗，举凡大树、巨石、灵禽、猛兽，或风或雨，或人或鬼，甚至一段枯骨、一处山水，只要能避灾却难、赐福降瑞，不问其神灵系统，都可作为信仰对象，带有古代闽越图腾崇拜的色彩。至今闽台乡众爱看戏，喜歌舞，特别在迎神赛会上以歌舞戏曲酬神，都有闽越巫觋遗风的影响。这些闽越古俗涵化在中原民俗之中，赋予了闽台民俗强烈、古朴的地域色彩。

　　第二，山海环境的熏陶。中原的内陆环境和闽台的濒海环境，有着很大的差别。以衣食住行为例，在食俗上，除了上面提及南方水作文化的饭稻羹鱼与北方旱作文化的麦粟黍稷有很大差异外，北方面食的引进在福建衍化为柔韧、细长且易于保存的"面线"，是把面食从家庭操作变为专业加工的一种变异。闽台引进的番薯补充了个别地区稻米不敷的食物结构，并使地瓜粉成为闽菜烹饪中的重要原料。在衣饰上，北方衣着的厚重御寒和南方的单衣短裤，凉爽透风，以及赤脚便于涉水的风格，形成不同的景观。在居住方面，中原多用土木，而南方因地制宜多用石材，为能抗御地气潮湿，多有杆栏式建筑出现。在行的方面，以南方水系繁复，多弃马行船，继承了闽越"水行山处"的传统。由于闽台的丘陵地势，山川纵横，形成了许多闭塞孤立的小环境。中原民俗的传入不平衡，发展也有差异，形成了"十里不同风，五里不同俗"的特殊现象。如人生礼仪中的寿仪：闽北、闽南、闽东地区，视"九"为凶，多跳跃而过，逢"九"做"十"（即49岁做50岁的生日），而福州、莆田地区，则避男不避女，即女性不怕逢"九"；漳州、龙岩、三明地区，则是逢"一"做"十"，即51岁才做50岁的生日。在岁时年节上，也略有差异，如大部分都在清明扫墓，福州、光泽、邵武在清明到谷雨之间，泉州、漳州、厦门在清明前后10天，而莆田、仙游地区还有在重阳节或冬至扫墓的。这种不同地区民俗的微小差异，是地理环境的阻隔造成的。

　　第三，移民途中的变异。中原汉族移民带来了中原的民俗传统，但由于移民途中的历尽艰辛，以及进入闽台后的特殊生存环境，常使传统的中原民俗发生变化。最典型的如拾骨葬,儒家传统以入土为安,历来反对移动先人的尸骨。然而由于中原移民入闽和后来福建移民入台,途中转徙频繁,气候变幻无常,瘴疠疾病频生,且时遇猛兽伤身,所以途中病亡者多,于是只有取骨骸而珍藏之以便于携带,或暂时埋葬、俟安定后重新厚葬或携回原乡改葬,由此形成了闽台普遍的"拾骨葬",而大异于中原。又如闽台都重视中元祭鬼,也与艰辛的移民历史相关。移民途中死者众多,且多为单身寡汉,无子无女沦为孤魂。民间流传散瘟播疹系魂无所寄的孤死者、凶死者所为,为了安抚这些无主孤魂,使中元普度成为岁时年节中稍次于春节的一个盛大节日。再如闽台盛行的"养子"之风,也系早期移民多为独身男子,为承祀香火,不使绝嗣,而逐渐盛行。台湾还流行"养女"习俗,也因早期移民入台,禁带家眷,形成台湾男多女少,内地常有的溺女婴的现象在台湾少有发生,反以收养女孩为盛。

第四,近代社会的发展。闽台地处沿海,近代以来首当其冲受到帝国列强的侵扰;西方资本主义的文化也率先进入闽台,使闽台民俗在近代以来发生一些重要变化。在以传统民俗为主导的基础上,新俗旧俗并存,在不同的社会阶层上发生作用。新俗的出现主要在城市接受西方影响较多的上层人士和知识阶层中,如饮食方面出现的西餐、咖啡,服饰方面的西装革履,女子放足、剪发、穿裙子;居住方面有洋楼、沙发、弹簧床、抽水马桶;行的方面有自行车、汽车、火车、飞机等;岁时年节方面以公元为纪元,过元旦、庆圣诞;人生礼仪上的新式婚礼和葬礼等等。这些虽来自西方,却符合社会发展趋向,被纳入民俗范畴,成为一种新的生活方式。民俗生活的新旧并存,成为闽台社会生活的一种重要景观。

最能体现闽台同源共流的文化景观当数民间信仰。闽台的民间俗神之多,可能居全国之首。仅据《八闽通志》"祠庙"条所列举的民间俗神就多达119个,《福建民间信仰》的作者认为:"实际神灵的数字要多于此数倍甚至数十倍。"[①] 而台湾的民间俗神,大多由福建传入,再加上由广东传入的俗神,数量更为可观,号称"神明三百,庙宇逾千",其确切数字恐倍于此。

闽台崇奉的民间俗神,数量如此之多,当与以下几个方面的原因密切相关:

---

① 林国平:《福建民间信仰》,福建人民出版社1993年版,第32~33页。

　　一是闽台的先住民都有"好巫尚鬼"、"重淫祀"的传统。在生产力十分低下的百越族时代，人们无力战胜自然，便寄望于超自然的力量，原始宗教和巫神十分盛行。及至汉武帝灭闽越国，如《史记》所载，连汉武帝也十分推崇越巫，相信越人之勇，乃是"越人俗鬼，而其祠皆见鬼，数有效"。于是"乃令越巫立越祝祠，安台无坛，亦祠天神上帝百鬼，而以鸡卜"①。闽越融入汉族之后，其"尚巫重祀"传统并未消退，而是与中原传入的巫术和民间俗神相结合，更深远地影响于后世。逮至宋元，福建涌现的民间俗神已经逾百，且大多都是本土生长的。明清时期，福建移民台湾，这些民间俗神随之带入，在本来就具有越族血统的台湾社会，很容易就立足生根。闽台的"尚巫重祀"传统，为民间信仰的滋生提供了丰沃的土壤。

　　二是闽台都属亚热带海洋性季风气候区，地理环境复杂，一年四季，雷暴、冰雹、暴雨、台风不断，加之早期未经开发，瘴疠流行，猛兽当道，给生命财产造成极大损害。无力抗御自然灾害的闽台人民，只好把希望寄托于超自然力的神灵。凡有能够战胜自然的各种征兆和力量，无论是人是物，都可被奉为神明。在闽台的民间俗神中以祈雨、祈阳、祈风和驱除疫疠的神明最多。仅就《八闽通志》"祠庙"条载的119个民间俗神，就有69个具有上述驱邪避灾职能，占所列举俗神的60%左右。自然灾害是生产力低下的人民走向俗神信仰的动力。

　　三是闽台先后都曾是移民社会，移民途中的千辛万苦，突来厄难，都使移民把未来寄托在神明的保佑上。它强化了移民的俗神信仰，加速了民间俗神的传播。无论北方避难的中原移民辗转进入福建，还是福建拓垦的移民渡海来到台湾，常把家乡俗神带在身上祈求保佑，有幸安抵目的地，便设祠立庙奉祀，或回乡还愿分香，闽台民间俗神的共祖同源大多由此而来。

　　闽台民间信仰中的俗神，少数由中原南传而来，如天地崇拜、泰山崇拜、关帝崇拜、城隍崇拜等，是全国性的神明；大部分是在历史发展中由闽台人民自己创造出来的，具有本土化的趋向。民间的造神过程，是人们在现实中遇到不可逆转的厄难，而在想象中赋予神明以某种战胜厄难的超自然力功能，民间俗神的功能性特征和区域性特征便由此而来。全能性的神明，在闽台的民

---

① 《史记》卷二八《封禅书第六》。

间俗神中只占少数,多数是功能性神明,或抗灾御患,或施医送药,或御寇弭盗,或祈子求财……不同俗神各有不同的职能分工。即如妈祖,最初也只为海神,执掌航路平安;保生大帝最初也只为医神,主管治病送药;而村村户户都供的土地、灶公最初也只为土神、宅神,保一境平安,五谷丰登。但由于闽台地区,旱涝无常,瘟疫横行,盗贼丛生,这三种主要祸害与民生关系特别密切,许多影响较大的俗神,如妈祖、保生大帝等便都兼有祈雨求阳、除灾却病、御寇弭盗的普泛性职能。俗神的区域性是俗神功能性的另一种体现,不仅各个行业都有自己的行业神明,如戏神雷海青,相传为唐明皇时的著名乐工,安史之乱中因不服安禄山淫威,掷琴罢奏,而被肢解示众,唐明皇感其忠烈封为"天下梨园都总管"。又如铁匠信奉八仙传说中的铁拐李,木匠、泥瓦匠都信奉民间传说中的巧匠鲁班等。不同州、府、县甚至不同宗族也都有自己的保护神,如泉州地区的永春、安溪和德化信奉清水祖师,南安信奉广泽尊王,惠安信奉青山祖师,漳州信奉开漳圣王、三平祖师,福州信奉临水夫人,闽西和粤东客家多信奉定光古佛等。福建移民入台以后,这些家乡保护神随之带入台湾,民间俗神的区域性特征,便不以地分而以不同祖籍的人分。唯有莆仙信奉的妈祖,不仅发展成全能性的神明,也发展为全民性的神明,不仅闽台人民供奉,在全国各地,凡有出海之人,都信奉妈祖,信众据称达两亿之多。

与闽台俗神的职能分工不同,闽台信众则是多神信仰。信众的功利性、实用性,是民间信仰与传统宗教理念的重大差别之一。闽台民间信仰的动力是却灾御难的要求,于是遇什么难求什么神,便很自然。这种功利性、实用性的动力使闽台信众相信多一个神灵就多一层保护,神灵越多就保护越多。它也推动了闽台俗神的互相融合,不仅功能趋于一致,同一个寺庙中,也常常祀奉多个神明,以满足信众的不同需要,共享信众的香火。

五、民间歌舞和戏剧

闽台两地先民都有悠久的歌舞传统。《汉书》称闽人"信鬼神,重淫祀",以歌舞媚神、酬神,便是闽台先人祭祀的仪式之一,也是原始巫术的一种形式。福建华安仙字潭留下的摩崖壁画,学界虽有种种解释,比较共同的一种说法认为是描绘古闽越族祭祀仪式中的歌舞场面。随着社会的进步,古代闽越族的祭祀歌舞也已基本消失,但还部分地残留在傩戏、傩舞和个别民间舞蹈之中。如古代越人以鸟为图腾,每有祭祀,则必模仿鸟的动作而翩翩起舞。今天福建建阳崇雒一带流传着的鸟步求雨舞,便保留着越人祭祀图腾的舞蹈痕迹。它有"高雀跳跃"和"矮雀跳跃"两种跳法,舞者十多人到数十人不等,围着熊熊的火焰手拉手有节奏地跺脚、跳跃、摇身、摆手,模仿祈雨过程中鸟类的动作。由于祈雨与农业生产的密切关系,越人在融入汉族之后,使这一图腾仪式的舞蹈被汉族保留了下来。又如闽南流行的拍胸舞,其动作粗犷豪放,袒胸赤足,拍胸跺脚,节奏强烈,模仿动物的各种动作,许多舞姿与仙字潭的岩画图像相似,有学者认为这也是原始宗教祭祀舞蹈的遗存。今天主要用在迎神赛会或节庆踩街之时的表演,亦曾一度沦为乞丐乞食的舞蹈。

台湾先住民的歌舞传统,历代文献多有记载。三国沈莹《临海水土志》,称其"歌似犬嗥,以相娱乐",甚至在父母死后也聚众"饮酒歌舞"。《隋书·东夷传》描绘歌舞时的盛况:"一人唱,众皆和,音颇哀怨。扶女子上膊,摇手而舞。"明代陈弟《东番记》记当时情况:"时燕会,则置大罍团坐,各酌以竹筒,不设肴。乐起跳舞,口亦乌乌若歌曲。"乾隆《重修台湾府志》所载更为具体:"饮酒不醉,兴酣则起,而歌而舞。舞无锦绣披体,或着短衣,或袒胸背,跳跃盘旋如儿戏状。"这种悠久的歌舞传统,常在收成、猎归,或者出征前、祭神中举行,也在日常的婚丧喜庆中表演,既作为一种仪式,也是一种自娱的活动。这些带有原始形式的歌舞,常常是围着熊熊的篝火,群体性地且吟且唱,载歌载舞,或者模仿狩猎时的动作,或者表现战斗中的姿态,或者表现围困野兽,或者象征驱赶恶鬼,带有极其浓厚的原始宗教色彩。

台湾先民的这些原始舞蹈,许多还流传至今,或在先住民的日常生活中自娱,或经过艺术加工搬上舞台表演。较流行的如拉手舞,是一种群众性自娱的集体舞蹈,参加者可多至数十人乃至数百人。由一善歌舞者领头,一边高歌领唱,一边示范舞姿,众皆随着拉成圆圈起舞,气氛热烈活泼。又如杵舞,与杵歌配合,是古代人们用杵臼春米留下的劳动舞蹈。三四人一组,持杵环臼而立,模仿春米动作,在队形变换中且歌且舞,是适宜舞台表演的一种民间舞蹈。另外还如兰屿雅美族妇女的甩发舞,泰雅族喜爱的口弦舞等,都从古代流传到今天,以其强烈的生活气息而富有顽强的艺术生命力。

闽台悠久的歌舞传统,也为民间戏剧的发育,提供了良好的艺术土壤。

早在唐代,福建就有关于排百戏以迎神的记载①,至宋,戏剧活动更趋活跃。时人刘克庄有诗描绘"大半人多在戏场"的观剧盛况:"儿女相携看市优,纵谈楚汉隔鸿沟,山河不暇为渠惜,听得虞姬直是愁。"此时的戏剧活动多与岁时年节、迎神赛会的民间节日相结合。乾隆《晋江县志》云:"泉州上元后数日,大赛神像,装扮故事,盛饰宝钟,钟鼓震鍧,一国若狂。"晋江一到迎神赛会,则"装饰抬阁,穷极珍贝,夸耀街衢,普度拈香,结拼幛棚,连宵达旦,弹吹歌唱,醵钱华费,付之一空"。康熙《台湾府志》也载汉族移民"信鬼神,惑浮屠,好戏剧,竞赌博",每逢神诞,或家有喜,乡有会,公有禁,"无不兴于戏者"。这样的戏剧环境,对闽台民间戏剧的发展,起了极大的推动作用。

明清以后,福建移民台湾,也形成了台湾逢年过节、迎神赛会必演戏助兴的繁盛戏剧环境。随同移民带入台湾的,既有地方剧种(俗称南管戏),如梨园、高甲、车鼓、傀儡等,也有外来剧种(俗称北管戏),如乱弹、四平戏等。梨园戏是中国最古老的剧种之一,素有"活化石"之誉。唐代记事中提及的"百戏"即为梨园。它沿袭宋元南戏生、旦、净、末、丑、外、贴7个行当,故又称"七子班",唱腔以保留中原古乐风韵的南音为主,适当吸收闽南音乐和佛教音乐,在载歌载舞中敷演杂剧故事。梨园在闽南一带流传极广,光绪年间仅晋江一地就有大梨园(成人班)100,小梨园(童子班)40。康熙三十六年(1697)郁永河奉命台湾采硫,就看到梨园在台湾演出的盛况,其《台湾竹枝词》云:"户披鬒发耳垂珰,粉面朱唇似女郎(原注:梨园子弟垂髫耳,傅粉施朱,俨然女子),妈祖宫前锣鼓闹,侏僧唱出下南腔(原注:闽以漳泉二郡为下南,下南腔亦闽中声律之一种也)。"乾隆年间吴国翰的《东宁竹枝词》亦记:"伶女青娥耸翠环,场连午夜昌婚蛮,人争眼采摩肩望,第一时行七子班。"可见梨园在当时台湾的影响。又如高甲戏,据称系由南音系统的梨园加入北管系统的武戏"交加"而成,"交加"音谐变称"高甲"或"九甲"。也有认为是在宋江戏基础上结合梨园表演程式而成的合兴戏,在流传中再吸收北管的徽班、京班等表演程式和剧目,以脱离宋江戏的窠臼,其唱腔道白均用泉音,故又称白话戏。传入台湾后,仍以武戏擅长,日据后才专演文戏。再如车鼓

①　详见《景德传灯录》卷一八,记有唐咸通年间,福州玄妙宗大师备南游莆田,信众排百戏迎接。

戏,最初是迎神赛会上的社火表演,因围观者众,便搬上牛车,以简单动作演唱闽南小调,称车鼓阵;后受南管戏影响,也在牛车上演出一些以闽南的传说故事为题材的小戏,称车鼓弄;最后脱离牛车在地上搭台演出,即为车鼓戏。因其形式简易,在台湾流传甚广,经本地艺人改良,有所突破,一般以一丑一旦,且歌且舞,互相对答,形成活泼、开朗、幽默、细腻的表演风格,很受群众欢迎。台湾府学训导有《车鼓》一诗记其盛况:"岁稔时平乐事多,迎神赛社且高歌;晓晓锣鼓无音节,举国如狂看火婆。"北管戏中以乱弹为著名,《扬州画舫录》云:"两淮盐务蓄花、雅两部以备大戏,雅部即昆山腔,花部为京腔、秦腔、弋阳腔、梆子腔、罗罗腔、二黄调,统谓之乱弹。"清代中叶,乱弹兴于安徽、湖北、江西,分两路传入闽台,一经闽西宁化、连城、龙岩传入漳州一带,一经闽西的上杭传入粤东的梅县、潮汕一带,由福建再随移民带入台湾。台湾乱弹分西皮和福禄两大系统,西皮唱腔属皮簧系统,用京胡伴奏,福禄唱腔近秦腔系统,用椰胡伴奏,在日据之前颇为流行,歌仔戏兴起后,才逐渐衰弱。四平戏为弋阳腔流入徽州吸收青阳腔而成,其传入福建亦分两路,一路由江西经浦城传入闽北一带,称闽北四平戏;一路经赣南传入粤东和闽南一带,称闽南四平戏。台湾的四平戏,主要传自闽南,俗称大班,其唱腔受潮音戏、乱弹和正字戏影响,吸收不少皮簧、梆子的曲调。台南黄茂生《迎神竹枝词》中说:"神舆绕境闹纷纷,锣鼓咚咚彻夜喧,第一扰人清梦处,大吹大擂四平昆。"

在台湾的诸多剧种中,唯有歌仔戏是台湾的本土剧种。它的产生,是闽台民间艺术共同的结晶。最初随同漳州移民带入台湾的锦歌,受到民众的喜爱,成为逢年过节、迎神赛会的演唱形式。在19世纪30~40年代移民宜兰的"猫仔源"、"歌仔助"、"流氓帅"第一批歌手的传授、推广下,吸收其他闽南歌谣,发展成为可以叙说戏文的"本地歌仔"。在迎神赛会的表演中,吸收车鼓戏的一些简单身段和表演程式,在游行队伍中载歌载舞,成为歌仔阵;遇到观众多时便停下围成场子表演,即为"落地扫"。后来不满足于"落地扫"的简陋场地而在广场搭台表演,即成歌仔戏。其发展历程与车鼓戏相仿。歌仔戏诞生后经历两个重大变化,一是观众成分的变化,"歌仔戏由迎神赛会的民间宗教性活动,到观众购票入场的娱乐性、观赏性演出";二是"歌仔戏班从业余的子弟班向职业戏班发展"①。专业化以后的歌仔戏,由小戏向大戏发展,程式身段、音乐曲牌、化装布景、演出剧目也都更多吸收其他剧种的精华成分,并走出台湾,返回祖国大陆和赴东南亚演出,在闽南漳州、厦门一带传播。抗日战争期间,福建地方当局以歌仔戏为"亡国之音"而予禁演。闽南歌仔戏艺人邵江海被迫放弃作为歌仔戏主要唱腔的"七字调",糅合闽南民歌独创"杂碎仔"代替"七字调",以其唱腔的改良把歌仔戏易名为"改良戏"继续去闽南演出。抗战胜利后,南靖都马乡的艺人把改良戏带到台湾演出,引起很大反响,改良调因而也被称为"都马调"。歌仔戏就这样在两岸艺人的共同努力下日趋成熟并定型了。

随着社会的发展,当代闽台的传统戏剧活动,已经大量被新的戏剧和歌舞形式,如话剧、舞剧、民族歌舞、芭蕾舞、现代舞等所代替。在福建,近半个世纪来,其他各省的剧种,如京剧、豫剧、评剧、越剧、黄梅戏等也都纷纷涌入,有的已在福建扎下根来,如京剧和越剧。各个地方剧种也都不断发掘出新的剧目,并进行整理、新编,在全国汇演屡屡获奖,使福建获得"戏剧省"的称誉。20世纪80年代以来,两岸开放促进了文化交流,大陆剧团不断赴台演出,展现出新的风貌。台湾的传统戏剧活动虽受到电影、电视和新的文艺形式的冲击,但地方剧种仍在民间和民俗活动中拥有它相对固定的观众。90年代以后,曾经互相隔绝数十年的台湾歌仔戏和在福建易名的芗剧,出现了在台湾和在福建的同台演出的盛况,并举行了多次学术会议,探讨歌仔戏的源流、变迁和改革,呈现出一派欣欣向荣的百花齐放局面。

---

① 吕良弼等:《台湾文化概观》,福建教育出版社1993年版,第108~109页。

第六章　闽台文化的地域特征 ①

　　闽台文化是中华文化的一种地域形态。中华文化是几千年来汉族与各兄弟民族共同创造的文化。因此,广义地说,闽台文化也应当包括闽台地区各兄弟民族的文化。不过,由于闽台社会是以汉族为主体形成的社会,我们通常只是狭义地使用闽台文化这一概念。它一般是指来自汉族核心地区的中原文化,在播迁闽台的过程中,因地理环境的不同、历史发展的差异和与土著文化融合所产生的变异等诸种因素,而形成的一种地方性的亚文化。它具有汉族文化普遍的本质特性,又拥有闽台地区自己的特点。这些由地理环境、历史进程、经济与文化发展所形成的特殊的地域特征及其所产生的社会影响,应当引起我们特别的关注。

第一节　从大陆文化向海洋文化的过渡:
元交汇的"海口型"文化

　　闽台文化是一种什么性质和类型的文化,史学界和文化界并无深入的讨论,只在各自的研究中有过一些不尽相同的论述。或者认为闽台基本上是一

---

　　①　闽台地理环境和闽台社会发展的某些共同性与相承关系,使闽台的区域文化和社会文化心态与性格具有某些共同的特征。但闽台毕竟是两个不同的社会,无论自然环境还是社会发展,都还存在许多差异。本章和下一章对闽台文化特征的分析,只是就其基本的倾向而言,有些特点在福建表现得突出一些,有些特点在台湾表现得突出一些,这里只能就其同一性综合地进行讨论。这种总体性的归纳与概括,难免会忽略对其具体性差异的分析,这是本章和下一章的论述所难以周全的。这里特地说明,并向读者表示歉意。

种大陆型文化；或者认为闽台的海洋环境造就了闽台的海洋文化；或者干脆认为闽台不属于同一种性质的文化，福建是大陆文化，而台湾是海洋文化，等等。至于研究者是在何种意义上来使用大陆文化和海洋文化这两个概念，也各有自己的解释。这就使得我们在讨论这一问题之前，必须对大陆文化和海洋文化在内涵上有一个基本的界定。

所谓大陆文化和海洋文化，其提出源自于黑格尔的《历史哲学》对世界文化类型的划分。黑格尔在该书"历史的地理基础"一节中，把体现出"思想本质上的差别"的"地理上的差别"划分为三种类型：①干燥的高地、草原和平原；②巨川大江灌溉的平原流域；③与海相连的海岸地区。第一种类型以游牧民族为代表。他们漂泊地放牧，不以土地为财富，每年越冬宰杀半数牲畜也使他们无法积累财富，除了"显示出好客与劫掠的两个极端"外，"在这些高地上的居民中，没有法律关系存在"，因此他们常如洪水一般，泛滥到文明国土上，表现出一种野蛮的原始本性。第二种类型以农耕民族为代表。巨川大江的灌溉造成肥沃的土地，使"这里的居民生活有所依靠的农业，获得了四季有序的收获……土地所有权和各种法律关系便跟着发生——换句话说，国家的根据和基础，从这些法律关系开始有了成立的可能"；但他们以海作为陆地的天限，闭关自守使他们无法分享海洋所赋予的文明。第三种类型以海洋民族为代表。当他们"从大海的无限里感到自己底无限的时候"，他们便以智慧和勇敢，超越"把人类束缚在土壤上"而"卷入无穷的依赖性里边"的平凡的土地，走向大海，进行征服、掠夺和追逐利润的商业。毫无疑问，黑格尔是以海洋文明作为人类文明的最高发展，来否定游牧文明和农耕文明的。当他进一步以这三种地理类分，来"观察和世界历史有关的三大洲"时，这一观点更暴露无遗。他认为："阿非利加洲是以高地做它的主要的、古典的特色，亚细亚洲是和高地相对的大江流域，欧罗巴洲则是这几种区别的综合。"然而，非洲"还笼罩在夜的黑幕里，看不到自觉的历史的光明"，因此"它不属于世界历史的部分，它没有动作和发现可以表现"；而亚洲虽然是世界历史的起点，"'精神文明'，从亚细亚升起"，但世界历史是从"东方"走向"西方"，亚洲是绝对的"东方"，而欧洲是绝对的"西方"；"他们和世界历史其他部分的关系，完全只由于其他民族把它们寻找和研究出来"。唯有欧洲,才是"世界的中央和终极","绝对地是历史的终点"。[①]

　　黑格尔的世界体系明显带有欧洲中心主义的历史偏见。因此,建立在黑格尔历史哲学基础之上的以大陆文化（黄色文明）和海洋文化（蓝色文明）来区分东方和西方文化,便也无法走出黑格尔偏见的阴影。其所谓孕育自内陆地区的大陆文化是保守的、苟安的、封闭的、忍耐的,孕育自海岸地区的海洋文化是冒险的、扩张的、开放的、竞争的等等,便是基于这种偏见的言说。尽管黑格尔的世界文化理论,在解释人类文明起源和揭示不同文明性质上,有着合理的内核,但其片面性和内在的悖论却常为学界所质疑。为了说明海洋对人类（无论是东方还是西方）文化发展的意义,许多学者倾向于从海洋与人类的关系,在本体论的意义上重新定义海洋文化。本文所讨论的闽台文化性质,也在这个意义上把大陆文化和海洋文化作为一种文化形态,而不作为价值判断来论析。

　　关于中华文化的性质,近年主持"海洋与中国"多种研究的杨国桢教授指出:"中华民族的形成,经历过农业部族和海洋部族争胜融合的过程,中华古文明中包含了向海洋发展的传统。在以传统农业文明为基础的王朝体系形成以后,沿海地区仍然继承了海洋发展的地方特色。在汉族中原移民开发南方的过程中,强盛的农业文明,吸收涵化了当地海洋发展的传统,创造了与北方传统社会有所差异的文化形式。南中国的沿海地区,长期处于中央王朝权力控制的边缘区,民间社会以海为田、经商异域的小传统,孕育了海洋经济和海洋社会的基因。世界历史发展进程证明,古代西方和东方的海洋国家,都有依据自己的航海与贸易传统,发展海洋经济和海洋社会的可能。"[②] 这也就是说,从地理环境上看,横跨欧亚大陆板块和太平洋板块的中国,既有着江河横贯的辽阔的大陆疆土,也有着曲折漫长的海岸线和星罗棋布的海岛,不仅是一个大陆国家,还是一个海岸国家。而从历史上看,中华民族五千年的文明发展,自史前迄秦汉,经历了东—西向的海洋民族和大陆民族（夷—夏）与南北向的海洋民族和大陆民族（越—汉）的两次抗争和融合,都以大陆民族获得最终胜利。在这一背景上形成的中华民族的发展核心和历史传统,既

---

　　① 本段的论述和引文,皆见黑格尔:《历史哲学》,王造时译,读书·生活·新知三联书店 1956 年版,第 132～147 页。

　　② 杨国桢:《明清中国沿海社会与海外移民》,高等教育出版社 1997 年版,第 1 页。

建立在高度发达的农业文明基础上,也涵化着沿海地区向海洋发展的传统,正是这两者的融合涵化,才构成了中华文化博大丰富的内涵。对中华文化这一既以大陆文化为主体,又涵纳海洋文化基因的性质界定,给了我们一个分析闽台文化的认识框架。

毫无疑问,闽台文化是中华文化的一个部分,它包含了中华文化的大陆文化传统和海洋文化基因。但必须指出,闽台的地理环境,恰是中国大陆的濒海部分:福建是一个海岸地区,而台湾是与福建隔一道窄窄海峡相望的海中大岛。从历史上看,福建和台湾都是中华民族争胜融合之前的海洋部族活动的地方。在新石器时期的考古发掘中,闽台多处出土的贝丘文化(如福建的平潭壳丘头文化、闽侯的昙石山文化,台湾的大坌坑文化、凤鼻头文化等等),都证明闽台早期人类与海洋关系密切的生活方式。进入文明史以后,闽台先民的水行山处、善于舟楫,也为古文献所广泛记载。近年海外学者从 DNA 的研究中推认,远在 6000 年前至 1000 年前的古越族及其后裔,就曾经从福建或台湾出发,逐岛迁移,横越整个太平洋,先后南抵新西兰,西到马达加斯加,东达夏威夷和伊斯特岛。[①] 在中国古代"车辚辚、马萧萧"的陆上征战同时,也充满了蹈风踏浪的海上用兵的传奇。自公元 3 世纪的三国东吴开始,无论南下浮海求夷州和亶州,还是北上通辽金,其"弘舸连舳,巨舰接舻",所用篙工楫师,皆自闽隅。逮至宋元,以福建泉州为起点的"海上丝绸之路","每岁造船通异域"的国际贸易与海上往来,已颇具规模。明代中叶,郑和七下西洋,多由福建祈风出航,所造舰船和所用水手,也多自闽出,甚至连其实际负责航行的副史王景弘(二下西洋时与郑和同为正史),也为福建人。明清之季,虽行海禁,但台湾海峡作为北上日本、南经东南亚诸国而通欧洲的黄金航道,从未沉寂,以闽人为主的大规模海上商业武装集团,多以台湾为据点,将西挽福建、东携台湾的海峡,打造成一个闽台共同的海上贸易区。这一切对于博大悠长的中华文化来说,可能只是一种向海洋发展的文化基因,但对于闽台文化而言,已不仅仅只是基因,而是占有重要地位的一种海洋文化的存在了。

那么,闽台文化是否就是海洋文化了呢?

对这一结论,仍然必须慎重。诚然,海洋文化在闽台文化中占有重要地

---

① 参阅史式等:《闽台先住民史》,九州图书出版社 1999 年版,第 44～59 页。

位,并成为闽台文化的一个特殊传统,但海洋文化并未因此就等于闽台文化的全部,甚或也不能以此就认为海洋文化是闽台社会的主体文化和主导文化。这是因为:

第一,闽台只是中国的一个部分,长期纳入在中华民族的统一国家之中。在漫长的封建社会中,中央对于地方的统辖,既是政治的、经济的,还是文化的。几千年来,推动中国社会发展的,是建立在农耕文明基础之上的大陆文化;在长期的封建社会中,形成了以儒家学说为代表的思想文化传统和价值体系。这一思想传统和价值体系不仅主导了中国封建社会的历史进程,也成为以中原移民为主体建构起来的闽台社会的文化基础和发展主导。闽台所以成为文治社会,并与中原地区取得同步发展,从根本上说,恰是大陆文化推动的结果。代表着农耕文明的儒家思想,是闽台文化的核心和支柱。尽管海洋文化深刻地影响了闽台人民的生活方式和闽台社会的存在形态,但它并没有成为闽台社会构成的基础和发展的主导。如果说传统的话,对闽台而言,海洋文化依然是中华文化大传统下的地方性文化发展的小传统。

第二,闽台虽都为中华民族版图中的一个省,但福建面积 12 万多平方公里,台湾面积 3.6 万平方公里,都不亚于欧洲的一个中等国家。其境内江河流贯,山岳纵横,陆海交错。地理环境的多样化,使闽台境内的原生型文化,不仅只有海岸地区一种类型,也存在着内地山区的其他文化形态,以福建为例,沿海的闽南地区、闽东地区和内地的闽北地区、闽西地区、闽中地区,其文化差异就十分悬殊。即使同为闽南地区,其内陆县与沿海县差异也很大。同样在台湾,生活于沿海平原的平埔族和生活于高山的部分高山族的文化形态,差别也极大。复杂的地理环境所造成的社会发展的不平衡性和文化形态的多元性,是闽台文化的另一个特色。不能把闽台文化仅仅看做只是一种海洋文化,这是由闽台自身多样的地理环境和多元的文化存在所决定的。

第三,对文化形态进行分类,更多地是从发生学的意义上来说明文化的起源和历史的进程。随着社会的发展和科技的进步,今天,日益频密和便捷的国际间政治、经济、文化交往,已经超越地理阻遏的囿限。海洋作为地理要素在促进交通和贸易上所呈现的意义,已经大大缩小;昔日因海洋环境所带来的政治和经济辉煌的绝对性因素,也已经不再。一个地区的发展,取决于包括海洋在内的更多方面的因素。在闽台,我们看到,一方面是海洋文化的日益发展,另一方面却是海洋的文化意义在日渐削弱。这一悖论式的历史发展提示我们,在今天经济全球化背景下的文化多元化,用单一的文化形态来界定复杂的文化存在,已经越来越显出它的尴尬和不宜了。

客观地来考察闽台文化发生和发展所形成的特殊形态,我以为或许可以用多元交汇的"海口型"文化来给予概括。海口,是一个地理学的概念,它通常是用来说明内陆河流与大海交汇的地方。在海口周围,从内陆所带来的泥沙冲积而成的三角洲,往往是土地最为肥沃、物种最为繁富、人口最为稠密和经济最为发达的地方。用"海口"来阐明闽台的文化类型,是对闽台的地域形态所进行的概括。福建从地理上说,当然是个陆海交汇的海口地区,而台湾虽为海岛,但如果把它放在太平洋板块的大陆架上来考察,仍然是个海口地区。台湾的东部,亦即亚洲大陆板块的东缘,是深达 2000 米以上的太平洋;而其西部,隔一道百余千米宽的大陆架浅海——台湾海峡,与福建为邻,其深度一般不超过百米(南部较深,也不过 400 米),最浅处仅 40 米左右。台湾虽然四面环海,却很少从东部与世界发生联系,主要从西部接受自福建而来的文化影响。因此,文化意义上台湾也是一个"海口"。如果说,福建的海口以陆地为主,接受海浪的冲击,而台湾的海口,却是以岛的形态站在海中,接受来自大陆的河流的淘洗和积淀。闽台地域形态的这种特点,导致了闽台文化形态的"海口型"。说闽台是"海口型"文化,有两重涵义。其一,闽台是大陆文化向海洋文化的过渡。随同中原移民携带而来的大陆文化,在建构了闽台社会之后,又一直纳入在中华民族的统一国家之中,使大陆文化成为闽台社会的主导文化;同时也使大陆文化,在与闽台的海洋环境中生长并逐渐发展起来的海洋文化的交汇、融合和涵化中,呈现出新的特色。海洋文化是浸透在闽台民众日常的生活方式与生产方式之中的一种本土性的文化。大陆文化在进入闽台之后所出现的本土化改造,其十分重要的方面便是对于海洋文化的吸收,表现为大陆文化的一种特殊的"海洋性格"。其二,闽台临海的地理位置,在宋元以后的中国历史发展上,使它也成为一个广泛接受各种外来文化的"海口"。无论是阿拉伯文化、东南亚文化、西方文化、东洋文化,也无论是以和平的贸易的方式,还是以战争的殖民的方式,或者两者兼具,通过坚船利炮的威逼,实现殖民化的贸易,都是从闽台(还有广东)最先跨进,然后北上,进入中国政治、经济、文化的核心地带。闽台作为异质文化进入中国的海口,同时也造就了闽台文化多元交汇的存在形态。它正负值俱存地赋予了闽台文化的开放性和兼容性特征。特别在近代的发展中,闽台得风气之先地出现了一批"开眼看世界"的先进知识分子,在引进西方先进文化,推动中国社会鼎革中发挥了重要作用。但往往由于历史的特殊遭遇和迫于外来殖民力量所造成的毫无设防的开放性,也使闽台文化沾染了某种盲目的崇外色彩和不加分析地全盘吸收。"海口型"文化的多元化与丰富性,有时也难免显出芜杂与混乱,犹如泥沙俱下、龙虫并存的海口一样,本身就是一种特殊的文化现象。

第二节 从蛮荒之地到理学之乡的建构: "远儒"与"崇儒"的文化辩证

相对于中原,闽台都是开发较晚的地区。在古代中原汉族的眼里,福建为蛮荒之地。它包含两方面意思:一曰"蛮",即福建系南方少数民族的地域。所谓"蛮",是对南方民族的总称,以居于中原的华夏系为中心,有所谓东夷、西戎、南蛮、北狄之称,依林惠祥《中国民族史》的分类,南蛮包括了古代活动于长江流域中游的荆楚系(亦称荆蛮)和活动于长江以南各省的百越系。闽越为百越系的一个支裔,故称闽为南蛮之地,并无不对。二曰"荒",指福建开化较晚,是谓"蛮荒",这也是事实。汉代中原地区已进入高度发展的封建社会,而地僻东南的福建,还停留在比较原始的部族社会,或以武夷山汉城遗址出土的大量铁器,而认为进入了由奴隶社会向封建社会过渡的时期,在社会发展阶段上迟缓于中原一大截。福建开发,主要在西晋以后,为南迁而来的中原汉族移民所带动。逮至隋唐,依然人口稀少,山野荒芜。隋代对闽中的人口统计,仅 12420 户,即使有所误差,估计也不满 10 万人。《三山志》描述唐初的福建,称其"户籍衰少,耘锄所至,甫迩城邑,穷林巨洞,茂林深翳,少离人迹,皆虎豹猿猱之墟"。这是城邑附近的情况,偏远一些地方,更是灵禽巨兽,所常盘踞。清《渊鉴类涵》引《汀州志》云:"大历中,有猴数百,集古田杉林中,里人欲伐木杀之,中一老猴,忽跃去近邻一家,纵火焚屋,里人惧,亟去救火,于是群猴脱去。"清杨澜《临汀汇考》说:"猱狙如是,几疑非人所居。"又《闽书》亦曾引《尔雅》所载,称漳浦县南15千米有梁山,"自宋以来,象常患稼";而同书亦记武平县南50千米,有一象洞,环抱迂回,称99洞。昔未开拓时,群象止其中。由此可见,唐以前的福建,大片土地尚未开辟,人迹罕至,而兽迹出没,称之为"荒芜",实不为过。

台湾情况,尤为甚之。历史文献中,对台湾情况描述较详者,以公元3世纪三国沈莹的《临海水土志》、7世纪唐代的《隋书·东夷传》和12世纪元代汪大渊《岛夷志略》中的"瑠球"条为著名。3篇文献时间相距千年,但所记述的台湾社会情况大同小异,可见历时千载而社会并无太大变化,直至元代,基本上还是由母系向父系过渡的氏族社会;虽已出现农耕,但还保留着狩猎与刀耕火种的原始经济状态。

闽台的"荒芜"或未臻开化,是在与同一时期中原的发展相比较显出差距的。汉唐以来,中原地区已进入封建社会的鼎盛时期,强大的政治、经济,不仅使其在不断开边拓土中,疆域扩大,版图稳固,而且在文化上,形成了以儒家学说为核心的一统封建社会2000年的主导地位。相形之下,地处边陲的福建和台湾,在地理上远离中原的同时,也远离了儒家的政治和文化中心。其未经深度开发的"蛮荒"状态,赋予了它文化上的"远儒性"特征。这种"远儒性"——远离儒家中心的边缘性,使闽台较少或较晚受到儒家正统文化的教化规范和制约,从而表现出更多的非正统、非规范的文化特征和叛逆性格,也更易接受外来文化影响。

由"蛮荒"走向"开化",是文明发展的必然。福建的发展,主要在中唐以后,历经五代闽国,而至两宋,有一个飞跃的变化。台湾的开发,则更晚至明末,才出现大规模的移垦,几经周折,至清代中叶才完成了台湾与内地一致的社会建构。同样迟缓于中原的闽台社会的发展,有三个共同的特点:第一,社会发展的动力,主要依靠北方来的中原移民。在福建,自西晋末年到南宋初立,历时800年的几度中原移民入闽,形成了推动福建社会发展的人口主体;而在台湾,自明末至清代中叶,持续二百余年的闽粤移民入台,也成为推动台湾社会发展的人口主体。无论出于经济原因还是政治目的,由北而南或越海东来的规模性的移民,同时带动了文化的全面进入,即移出地的文化,随同成为移入地人口主体的移民的携带,也成为移入地的文化主体。因此闽台共同源于中原的汉族文化,便也成为闽台社会的文化主体与基础。第二,由移民开发带动的社会建构,并不止于经济活动,最终必将落实在文化上面。只有进入文治社会,移民不稳定的迁徙状态才能进入稳定的、持续发展的定居状态,这是移民社会普遍的规律。我们所以将福建进入移民定居社会的时限划在宋代,将台湾进入移民定居社会的时限划在清嘉庆,有诸多方面的原因,但其中一个重要的因素即这时已经完成了社会的文化建构。第三,闽台社会的文化建构,其突出的特征和目标是与内地的一体化、同步化,在福建是与中原汉族一体和同步,在台湾是与福建,因此也就与整个大陆社会的一体和同步。这个一体和同步,在文化上即意味着认同和接受儒家文化对社会的教化、规范和制约。这就把尊孔崇儒的思想,摆在了闽台社会文化建构的首位。

事实上,儒家文化南播东延,几乎与移民同步。在福建,西晋末年第一个移民浪潮出现,同时也意味着儒家文化南播的开始。南来者除豪门大族外,亦不乏文人秀士。史载晋末危京入闽,官建州16年,即辟庠讲经,以儒学为教化。所谓"建人尚知文字,有京洛遗风,实自京始"(民国《建瓯县志》),即记此之盛。此后南陈顾野王、南齐范缜、刘宋江淹、南梁刘溉等都入闽居住,以儒家为经典,讲学著述,儒教风范便于此时开始确立。至唐,高祖诏令各州县置学,又重视儒者治政,闽地虽辟,亦不能免。初虽简陋,但至大历年间李椅和建中初年常衮相继任福建观察使后,便大力整顿,使之重兴。其时已有福建学子,能够进京与天下举子一较高低。神龙元年(705)福建第一个进士长溪(今福安)薛令之,官至太子侍讲,建中初年晋江欧阳詹与韩愈同榜,都可说明其儒学水平。经过五代王审知的倡扬,及至两宋,福建儒学之风,已经遍及八闽。在师承有序的代代相沿中,不仅福建学子在科考中位列全国第一,而且出现了以朱熹为代表的集诸儒之大成,将儒学建成广大精微思想体系的闽中理学,使福建成为影响深远的理学之乡。在台湾,儒学的传播,也从明末郑氏经营台湾时开始。永历十九年(1665),时局稍定后,郑氏部将陈永华即提出"建圣庙,立学校",引入学院、府学、州学的大陆儒学教育体系,并实施"两年三试"的科考制度,用以选取人才。清统一台湾之后,将台湾视同与大陆一样的地方政权,推行大陆的儒学教育,便成为政府要务之一,也由主管台湾政务的台厦道兼理学政;在设置府学、县学同时,还倡导私学,使社学、义学、私塾和更高层次的书院如雨后春笋;在科举考试中,也给予额准优惠。

凡此种种,都使儒教之风,广入民间。有清一代,台湾虽无著名儒者出现,但儒家思想为社会所普遍尊崇,成为规约台湾社会的主导思想,则与大陆无异。

从蛮荒之地到理学之乡的建构,使"远儒"与"崇儒"成为闽台文化构成的一种悖论式的辩证。一方面,吸收了先民某些文化要素和向海发展的文化基因,闽台文化的原生性成分,迥异于奠立在农耕文明基础上以儒家为代表的中原文化。这种"远儒"的边缘性,非正统、非规范的异质性和叛逆性,形成了闽台文化性格自由、开放的一面;但同时,随同移民携带并成为闽台社会发展主导的儒家文化的正统性和规约性,也使闽台文化在接受儒家正统文化的规约中,具有了"崇儒"与守成的另外一面。二者的互相对立、包容、融摄和涵化,构成矛盾统一的辩证关系。居于正统地位的儒家文化,对"远儒"的文化性格起着限制、规约和引导的作用,它使闽台文化在内涵上以儒家文化为主要成分,循着与内地社会一致的文治方向,日益同步地发展;而同时,闽台文化中原生性成分的"远儒"性,也以其异质性的文化内涵,包容或涵化在儒家文化之中,使播入闽台的中原文化呈现出某些本土化的殊异色彩。"远儒"与"崇儒"的文化辩证,成为闽台文化在内涵和性格上的一个重要特征。

从本质上说,"崇儒"是一种意识形态,是属于上层的文化,它更多地是以雅文化的形式出现,有着比较完整的系统和严密的逻辑,以理性的形态为统治阶级支配和服务,成为一种官方文化,自上而下地获得行政力量的支持和推广。"崇儒"包含着儒家思想本身和对儒家思想的推崇两个层面,以本体论和功能论衍化为封建时代的思想体系和制度体系,包括政治制度、教育制度、科考制度、宗族制度等,成为覆盖整个社会的一股巨大力量,维护社会的既定秩序和推导社会的定向发展。而"远儒"则属于下层文化,更多地以俗文化的形式存在,渗透在民众的日常生活实践之中,成为一种直接的、自发的和由继承而来的经验传统、生活传统和信仰传统,在广大的民间生活中,也成为一股庞大的潜性力量。"崇儒"与"远儒"的制约和反制约,构成了闽台文化发展的一种张力。这种制约,不一定都以暴力的手段出现,更多地是以教化的方式予以劝谕和诱导,如《礼记·王制》所主张的"修其教,不易其俗;齐其政,不易其宜",但也并不完全排除带有暴力性质的强制取缔和禁止。比如儒佛的矛盾,常以灭佛的行为出现,是一种十分激烈的暴力手段;但如果不直接和严重危及统治阶级的政权和思想,则虽行取禁,也要相对缓和一些。比如儒家文化从来主张"未知生,焉知死","未能事人,焉能事鬼",因而提倡"敬鬼神而远之"。但在闽台却一直存在着"信巫尚鬼、重淫祀"的先民遗风,不仅神明繁多、庙宇林立,且各种祭拜佛事连年不断。此一民风与儒家思想显然格格不入。因此闽台历代地方政府和儒学人士,在劝导之余更立法禁止。民国《同安县志》的《礼俗》卷中就载《福建省例》关于"禁示迎神赛会"的有关规定云:"不准聚众迎神,并捏造请出海名目,或棹龙舟,从中渔利","不准迎神像赴家,藉词医病,骇人听闻","不准道旁添搭矮屋,供奉土神","不准非僧非尼,混号降童","不准青年妇女入庙烧香,如请花、求子等类,情尤可鄙"……不过此类禁例,往往流于形式,民间并不遵从。又如闽台民间都流行的"拾骨葬",源于移民迁徙途中,常有灾病不测,为便于携带还葬祖籍而盛行,后衍化为另觅风水宝地拾骨迁葬。此习俗也遭到封建士大夫的反对,视其为"开掘之罪"而予严禁。道光《重纂福建通志》的《风俗》卷中,就载《福建省例》的"刑政例",规约"切勿焚化亲枢,开墓洗筋。自干斩绞重罪,并累地师亦干大辟","倘敢听藐不遵,一经查访,即以不孝论,立置之法"。再如闽台重丧葬,违背儒家丧祭之礼甚多,一为大宴宾客,二为丧事喜办,三延僧道做法事,常遭儒学人士谴责,列为政府禁例。北宋蔡襄以"生则尽养,死不妄费"为"孝之本也",指责丧事靡费,"不在于亲",乃为"夸胜于世",斥之为"不孝"、"无礼"和"无耻"。清唐赞衮在台任地方官时,曾针对丧事喜办,歌舞怡乐,而出示严禁,"如有妓女胆敢装扮游街者,或经访闻,或各段签首指名禀送,立准将该妓女拿办;其妓馆查封,招妓之家并分别提究"[①]。"崇儒"的文化制约,虽不能完全改变"远儒"的文化存在,但在一定程度上抑制了异质于儒家的文化过度膨胀,把闽台社会和文化基本规范在儒家文化的发展轨迹之上。

闽台文化边缘化的"远儒"性,其最重要的意义在于它造成了闽台文化的开放性格。较为松弛的儒家规范,使闽台文化在和外来异质文化的交往中,表现出更大的融摄力和兼容性。这一特质在近代闽台社会的发展中,表现得尤为突出,使近代以来的福建和台湾,一改过去步中原之后的旧貌,在推

①　唐赞衮:《台阳见闻》卷下《风俗》,《台湾文献丛刊》本,第145页。

动社会的现代化鼎革中,起了领风气之先的带头作用,闽台知识分子的在近代社会变革中的先锋作用,正是闽台文化这一开放性格所哺育的。

第三节　从边陲海禁到门户开放的反复:
商贸文化对农耕文明的冲击

　　边陲海禁和门户开放,是中国漫长封建社会海洋政策的两面,也是以农立国的大陆性农耕文明涵化海洋性商贸文明一个争执的焦点。在禁海和开海的历史争论与实践背后,交错着尖锐、复杂的文化冲突。无论开海或禁海,濒海地区的闽台都关涉其中,既受开海之利,也受禁海之累,使闽台在开海与禁海的反复中,突现出商业意识的最初觉醒和商贸文化的异常活跃。

　　中国的海洋文明肇始于距今 7000 年前的贝丘文化。在长江以北,以辽东半岛和山东半岛的大汶口——龙山文化为代表;在长江以南,则以浙江余姚发现的河姆渡文化为代表,在广泛分布于江苏、浙江、福建、台湾、广东、广西和海南的数十处贝丘文化遗存中,典型地表现了南方海洋部族——百越族的文化形态。7000 年前的河姆渡文化遗址,不仅出土了大量稻谷遗存和各种农业生产工具,还发现了大批海洋鱼类及软体动物的骨骸和渔猎工具,尤为引人注目的是 6 支由整块木料制成的柄叶连体木桨及 1 只夹炭黑陶独木舟模型。凡此都表明,距今 7000 年前的河姆渡人已有了代表南方"水的文化"的稻作经济和渔猎经济的发展,还有了与舟楫存在相应的航海活动。年代稍晚于河姆渡的福建平潭壳丘头文化遗存、闽侯县石山文化遗存、金门富国墩文化遗存等,以及台湾的长滨文化遗存、鹅銮鼻文化遗存、大坌坑文化遗存、圆山文化遗存等,在某种程度上都与河姆渡文化有一定的亲缘关系,表现了海洋文明在中华大地上初现的曙光。

　　福建先民作为南方海洋部族百越的一支:闽越,承袭越人"以船为车,以楫为马,往若飘风,去则难从"的文化传统,很早便活跃在海上。根据海外学者有关 DNA 的分析研究,推测大约在 6000 年到 1000 年前,就有越人及后裔从福建出发,进入台湾,成为台湾先住民的族源之一,然后再越过菲律宾向东、向南逐岛迁移,漂过浩瀚的太平洋,经夏威夷群岛、库克群岛、波里尼西亚群岛,向南漂抵新西兰,向东到达复活节岛。[①] 闽台濒海先民从"兴渔盐之利"的近海渔捕,到"行舟楫之便"的逐岛播迁,典型地表现了早期海洋文明的特征,为闽台后来拓展海洋事业奠定了悠久的传统。

　　然而中国毕竟是一个以大陆文明为主导的农业国家。中国封建社会的上层建筑,从政权结构到思想规范,都建立在农耕文明的经济基础之上。因此农耕文明对于海洋文明的涵化,是以其不从根本上动摇和改变这种"国以民为本,民以衣食为本,衣食以农桑为本"的农业社会结构的基础为限度的。正如黄顺力在其《海洋迷思》的专著中讨论中国历代政权的海洋观时所指出的,中国古代封建统治者对于海洋的态度,一是有限开放性,二是边缘从属性(即"陆主海从"),三是守土防御性[②],一切以维护农业社会的稳定性为准绳。既可以开放海上门户,也可以随时从海上退却,闭关锁国,禁绝一切海上交往与贸易。其规律大致是在封建社会处于上升的强大时期,对海洋基本采取比较开放的态度,而当封建社会处于衰落时期,或一旦面临来自内外的严重危机,便立即实行门户关闭的严厉禁海政策。

　　自秦汉至宋元,封建统治者对濒海地区的海洋实践普遍持认可的开放态度。秦始皇一统六国之后 4 次东行巡海,登泰山、临碣石,野史以寻求长生不老仙药为解释,实际上潜隐着"威服海内"的政治目的和追求海洋之利的经济动机。汉代在开通陆上丝绸之路同时,又于汉武帝元鼎六年(前 111)设郡番禺(今广州),由日南和雷州半岛的徐闻、合浦出发,携"黄金杂缯(丝织品)",经今之越南、泰国、马来西亚、缅甸,远航印度洋东海岸,再从斯里兰卡经新加坡返航,以中国的丝织品换取异邦的珠宝异物,开辟了中国最早一条海上贸易航路。[③] 汉代以后,闽越虽已融入汉族,由中原南来的汉族移民,也逐渐成为福建的人口主体,但历代封建王朝对闽越先人的海洋精神及海上实践活动,仍持肯定和弘扬的态度。三国东吴,在福建设典船校尉和温麻船屯,闽越成为东吴在三国对峙中海上作战的后方基地;不仅北航辽东,还"遣卫温、诸葛直将甲士万人",越海东取台湾,为见于史载的中国经略台湾的开

---

　　①　参阅史式等:《闽台先住民史》,九州图书出版社 1999 年版,第 44～59 页。

　　②　参阅黄顺力:《海洋迷思》,江西高教出版社 1999 年版,第 51～57 页。

　　③　参见陈炎:《略论海上丝绸之路》,《历史研究》1982 年第 3 期。

始。三国后,隋统一了南北朝的混乱局面,又两度派羽骑尉朱宽和虎贲郎将陈稜等率兵抵达流求(台湾),虽均未有收获,但显示隋朝封建统治者虽坐镇中原,却十分重视经略海洋的雄心。有唐一代,在政治经济强大繁盛的基础上,对海上贸易更取积极开放的态度,特令岭南、福建、扬州等诸口,对于远来贸易的外舶番客,"不得加重税率"[1],在交付一定的货税和官市后,"任百姓贸易"。[2] 逮至两宋,由于北方游牧民族的南逼,战乱频仍,经济重心逐步南移,维持国家庞大的军事开支,越来越需要海上贸易的厚利支持,所谓"经济困乏,一切倚办海舶"[3]。其时福建的泉州,已成为集造船能力、航海技术和会聚番舶客商的东方第一大港。北宋诗人李邴诗云:"苍官影里三州路,涨海声中万国商",足见彼时泉州的海外贸易之盛。随着北宋元祐年间泉州市舶司的设立,表明了朝廷既招徕番舶来华贸易,也鼓励国人出海经商,且将海上贸易的税收、利润,纳入国家财政管理的日益鲜明的商业意识。据赵汝适《诸番志》所记,其时与泉州发生贸易关系的,已包括东亚、南亚、西亚和东非四十多个国家和地区。元代的统治者虽为驰骋马背的游牧民族,但其横跨欧亚大陆,分立三大藩的霸业雄心,使之对东南海事,招商引舶,秉持积极鼓励的开明态度。泉州仍保持宋代以来中国南方第一大商港的重要地位。在元世祖忽必烈"每岁招集舶商,于番邦博易珠、翠、香货等物。及次年回帆,依例抽解,然后听其货卖"的旨意下,来自波斯、印度、东南亚诸地的外舶麇集后渚港口,番商聚居泉州南城——俗称番坊,年长月久,许多还与当地女子通婚。而同时,中国商人出海经商,足迹遍及东南亚,也有少数定居于当地,成为最早一批海外移民。据《岛夷志略》所载,元时与泉州发生贸易关系的国家和地区,增至90多个,贸易量也大为增加。宋元两朝,在客观形势的推动下,是福建开海贸易最为兴盛的一个时期,

然而,明代开国甫乃,却一改前朝惯例,实行严厉的禁海政策。明太祖洪武四年岁末(1372年1月),首度诏示靖海侯吴祯,"仍禁濒海民不得私出海";稍后数日,又喻大都督,谓"朕以海道可以通外邦,故尝禁其往来。……再犯者论如律"。此后又于洪武十四年(1381)、二十三年(1390)、二十七年

---

①　王钦若:《册府元龟》卷一七〇。

②　《唐史拾遗》卷一。

③　顾炎武:《天下郡国利病书》第一二〇卷。

（1394），三令五申严饬"濒海民私通海外诸国"，"敢有私下诸番互市者，必置之重法"。洪武三十年（1397）更颁布了禁海律法和惩罚标准。遂此，有明一代都循"祖宗旧制"，将禁海作为基本国策。延续到清初，由于郑氏海上抗清力量的壮大，从顺治到康熙，都采取大规模的禁海迁界政策，企图通过断绝海上贸易往来，使郑氏集团失却"通洋之利"，而束手就范。郑氏政权被平灭以后，曾经繁盛一时的海上民间贸易也衰落下去。这些措施形成了清代统治者平定海疆不靖的一种"禁海"的思维定势。禁海与开海，成为明清两朝海洋政策的争执焦点，且以禁海成为统治者思想的主导，使自汉唐而至宋元逐渐打开局面的海洋事业，大大地退缩下去。

　　明代为什么开国禁海？从直接原因分析，出于两方面的考虑，一是防止私商的过度崛起，实现封建政权对获利最丰的海上贸易的控制和垄断；二是防止倭寇作乱，侵扰沿悔。这两点确实都威胁到明代封建政权的安危。首先，从私商方面看，开海贸易的繁盛，使海上私商集团成为一股不可忽视的势力。原来自唐开始的海上贸易，有"朝贡贸易"和"市舶贸易"两种方式。所谓"朝贡贸易"是外商以进贡的方式，由朝廷赏赐超过物值的礼品作为回报，在造成"四方来朝"的政治效应下实现外商与官方的直接交易。而"市舶贸易"则以民间的方式由外舶与私商进行交易，它培植了一批财大势雄的海上私商。以福建为例，五代离乱后，江北士大夫和豪富巨贾多逃难南来，使福建出现最早一批海上私商。至宋，政治、经济中心南移，使泉州雄起东南，市舶司的设立，既吸引海外番商前来，更鼓励福建海商外出。民间海商的崛起，刺激了商品经济的活跃，使丝、瓷、茶、糖等以供应海外需要为目的的商品生产有很大发展，在一定程度上动摇了封建社会的经济基础和传统观念。特别是福建、广东、浙江的沿海官僚权贵，在利益驱动下，抛弃重农轻商的思想，违禁以各种方式参与海上贸易，甚至与市舶司勾结进行走私。民间海商集团在与权力的结合中，日益坐大。宋元时期，政府已感到问题的严重，而对民间海商在出海时间、贸易地区、经营范围给予一定限制；无奈其势力已成，难以抑制，只能以"归征其税"来调节政府与私商之间的矛盾。明朝开国伊始，问题日益尖锐，便采取断然措施，罢却"市舶贸易"，独擅"朝贡贸易"，企望以严禁私商下海，达到削弱民间海商力量，实现对海上贸易的控制和垄断。从倭乱方面看，明代的倭乱主要是日本九州、濑户等富于冒险的武士、浪人和商人，邀集同伙,转徙中国沿海,以贸易为名,伺机为寇,劫掠沿岸居民。如《明史》载洪武二年(1369),倭寇"复寇山东,转掠温、台、明州旁海民,遂寇福建沿海郡";洪武三年(1370)倭寇掠温州;洪武五年(1372)"寇海盐、澉浦,又寇福建海上诸郡"。造成沿海不靖者,还有明朝建立初期的一部分沿海的异党势力如张士诚、方国珍等,在与明王朝抗争失利后,下海流窜,为患一方,构成对明王朝统治的威胁。从封建王朝海洋政策的"有限开放"、"陆主海从"和"守土防御"原则出发,明朝开国甫乃,为维护封建体制和国家安全,而采取严厉禁海政策,便在情理之中。其背后,潜隐的是大陆性的农业文明与海洋性的商业文明的冲突。

然而,明朝禁海政策的实施,对于民间私商的海上贸易,虽一度起了抑制作用,但最终并无成效,反倒激发了海上私商武装集团的出现。这是因为:其一,自15世纪末开始的西方地理大发现,打通了东西方之间的海上通道,冒险东来的西方殖民者,开始构筑全球性的贸易环境;它也改变了自唐宋以来中国海上丝绸之路的传统贸易结构。过去中国的海上贸易,无论官商还是私商,主要的对象是东南亚、印度和波斯。西方社会所需的丝、瓷、茶、糖、大黄等中国商品,主要由中东商人转手,给中东商人带来优厚的中间利润。欧洲商人的东来,既可为他们从美洲殖民地所获得的大量白银在东方找到出路,也能使他们从与东方的直接贸易中赚取巨大利润。然而明朝的海禁政策,让他们的贸易理想落空,西方的冒险者便露出海盗的面目,转向与民间海商的走私相勾结,企图利用武力进一步打开中国国门。其二,从中国社会经济的角度分析,宋元以来,南方的商品经济已有较大的发展,丝、瓷、茶、糖等经济作物的生产,突破了传统自然经济自给自足的制约,形成了外销的传统。禁海政策使商品生产,因失去销售渠道而受到压抑,引起社会的不满;而同时,由于禁海政策而倍增的海上商业利润的刺激,使受到抑制的海上私商重新活跃起来。他们因违禁下海,私通番市,而被官府视同"负海奸民"、"赤子无赖",甚至称为"中国叛逆"、"通番巨寇",屡遭官府的征剿追杀。为与官府对抗周旋,便发展武装,形成集团;在危机加剧时,更啸聚亡命,入海为盗,甚至勾引东倭西寇,转徙劫掠,成为沿海一害。有明一代亦商亦寇的海上私人商业武装集团,成分和作用都极复杂。他们既代表了应时而来的商业经济发展的要求和力量,同时又是对商贸发展和社会安定的一种破坏。他们在明代的日益做大,体现的正是商贸经济发展的要求,并非一个禁海政策所能抑制和剿灭的。

这类海上走私武装集团,明初以徽州海商为著名,如王直、徐海等集团;明朝中叶以后,转以闽粤海商集团为代表,如漳州的洪迪珍、广东的何亚八等;到了明末崛起了福建的颜思齐、郑芝龙等海商集团,达到高潮。他们以台湾为据点,专门进行明代严禁的对日贸易,并与先期而来的葡萄牙、西班牙、荷兰等殖民者相勾结,经营经东南亚到欧洲的远程贸易。他们经过数度火拼融合,最后郑芝龙集团一枝独秀,控制了北通渤海而达日本,南下东南亚而远航欧洲这一黄金海道的制海权,所谓"船舶未得郑氏令旗,不得往来"。郑氏集团发展到至盛时,有船二千余艘,人员数万。在其家乡晋江安平镇,筑城开港,设官治兵,其港内船舶,可通大海,俨然一独立王朝。明清之际,扶明抗清的郑成功正是依靠这支海上武装力量为核心,以高额的海上贸易利润为财政支持,从金厦挥师东渡,驱荷复台,在台湾建立了抗清复明的海上军事政权,使台湾不仅成为 17 世纪海上贸易的中转基地,也成为这一时期政治和军事斗争的中心。从明代开始禁绝私商下海的统治集团与民间争利的经济矛盾与文化冲突,遂转化为交错复杂的民族关系和政治矛盾。

清朝统一台湾以后,海商势力受到了严重的打击和削弱,但禁海政策并不能阻挡已成潮流的海上贸易。清初,意识到大势难违的封建统治者,自北至南开放了云台山、宁波、厦门、广州 4 口岸。最初以厦门口岸为最繁荣,清代中叶转向广州,但这一"有限开放"的对外贸易政策,难以满足西方殖民者的胃口。1840 年鸦片战争一役,帝国主义的坚船利炮,轰开了古老中国紧闭的国门。一纸《南京条约》强开五口通商。以此发端,丧权辱国的不平等条约相继而来。第二次鸦片战争,又迫使清政府开放台湾的淡水、安平、鸡笼、打狗 4 口岸,至此闽台便开放在殖民者的弱肉强食之中。明清两代封建统治者禁海的结果,不仅延缓了中国社会的进程,而且把中国的航海权和海上贸易权,拱手让给西方殖民者。直到侵略者强开国门的炮声,震醒了天朝迷梦,惨痛的教训才使一代有识之士提出"师夷长技"、"借法自强"的口号,开始了重返海洋的努力。

自明朝开国禁海到清末重返海洋的意识重现,历时五百多年。几经反复的禁海与开海的曲折历程,都交错在闽台社会的发展之中,使闽台较之其他地区更敏锐也更深刻地受其影响。一方面,禁海和开海的斗争,体现着中央封建王朝以农立国、重本轻末的大陆文明对海洋文明的区限化和边缘化,使闽台的海洋传统受到极大打击;但同时,禁海所激起的海上私商的反弹,强化了闽台地区的商业意识和商品经济的生产,较早地催生了闽台的资本主义经济萌芽,动摇了传统自然经济基础,使商业文化成为闽台文化的重要内容之一。另一方面,明清以来东西方殖民者对中国从经济到政治的骚扰、掠夺和强占,使本属于中国内部统治集团与民间集团利益冲突的开海与禁海的争执,转化为国家与民族的矛盾和民族文化与异质文化之间的冲突。首当其冲的闽台社会在这一矛盾和冲突中,既深受其害,又从这一矛盾冲突中,较多地吸取了异质文化,推动了闽台社会的现代化进程。开海与禁海的历史文化积淀,赋予了闽台社会开放的商业文化意识和坚韧的海上移民与贸易的传统,也形成了闽台文化的开放性和多元化特征。

第四节　从殖民屈辱到民族精神的高扬:
历史印记的双重可能

近代以来,在中华民族屡受东西方帝国主义弱肉强食的历史屈辱中,福建和台湾首当其冲。福建和台湾所受的殖民压迫和表现出来的不屈抗争的民族精神,也就特别突出。

早在西方大航海时代到来的初期,最早一轮来自大西洋沿岸伊比利亚半岛的葡萄牙和西班牙的殖民者,就把他们海外扩张的目标遥遥指向富饶和神秘的中国。1505 年,企图把整个东方都置于自己殖民统治之下的葡萄牙国王,委派了第一任 "东方总督",以到东方寻找黄金和传播基督福音为借口,开始实施殖民计划。1508 年,葡萄牙国王责成葡国东方舰队司令探明中国情况,在占领果阿和马六甲之后,即于 1513 年开始进入闽粤海域,以要求贸易为名,"劫夺财货,掠买子女";继而又于 1522 年骚掠福建的浯屿、月港和浙江的双屿,"所到之处,硝磺刃铁,子女玉帛,公然搬运"。① 稍后于 1553 年以

---

① 史澄:《广东府志》卷一二二。

晾晒贡物为借口强据澳门,非法取得西方列强进入中国的第一个立足点。在葡、西殖民者之后,荷、英、法、德、俄、美等接踵而来,以鸦片战争一役,打开中国国门,实现西方列强瓜分中国的狼子野心。

在鸦片战争失败后签订的《南京条约》中,清政府被迫开放五口通商,福建以厦门、福州居其二,闽省广受西方殖民政治、经济、文化影响,由此而日益加剧。开口岸,辟租界,推洋教,办学校,不一而足,形成了福建的一个官僚买办阶层。较之福建,台湾受到的殖民屈辱,尤为深重。著名清史学家戴逸曾指出:"自16世纪直到抗战胜利前的400多年间,据专家研究,台湾岛共遭受外国势力16次之多的侵袭与占领。犯境者包括日、美、英、法、荷、西等国家。"[①] 尤其是荷兰和日本的两次对台湾的直接殖民占领,前者为时38载,后者长达半个世纪。如果说荷兰的占领,尚在台湾汉人社会的形成之前,其殖民目的重在经济掠夺,所具影响很快就为后来的明郑政权和清政府所逐渐扫除;那么日本从1895年到1945年对台湾的殖民统治,却正值台湾从传统社会向现代转型的重要时期。日本的殖民目的也不仅止于经济掠夺一端,而在于将整个台湾变成它永久的国土,其所推行的便是一整套从军事镇压到政治控制、从经济掠夺到文化改造的全盘同化政策。首先,在政治上实行"天皇至上"的殖民政治制度,以代表"天皇"的台湾总督府为最高的独裁权力机关,构筑严密的警察系统和保甲制度,以保证对台湾民众从思想到行为的完全控制。其次,在经济上将台湾作为日本本土的农业基地和扩大战争的后方补给地。以发展满足日本本土所需的米、糖为主,在农林、工矿、铁路、港湾、电力、水利、邮电等方面,适度予以现代化的改造和建设,在实现其疯狂的经济掠夺的目标下,使台湾初具工业化和现代化的规模。第三,在文化上推行殖民同化政策。1939年,《台湾总督府警察沿革志》(第2编)的总序坦白承认:"台湾人的民族意识之根本起源乃系于他们原是属于汉民族的系统"。因此他们特别注重从根本上灭绝汉民族文化传统,消灭台湾人民的民族意识,代之以日本的文化传统和归顺"天皇"的臣民意识。一方面,在结束了武装镇压之后,转向文化怀柔,以所谓"飨老典"(慰劳有社会影响的80岁以上的老人,号曰"敬老")、"扬文会"(邀请前清取得进士、举人、秀才、贡生名分的社会名

---

① 戴逸:《一段不能忘却的历史》,载《台湾同胞抗日五十年纪实》,中国妇女出版社1995年版。

流,吟诗作对,以示"扬文")、"绅章制度"(给中上层的知识分子颁佩绅章,奉为"士绅")等来笼络社会上层人士,瓦解民心;另一方面则随着日本对华战争的步步深入,强制推行一整套"皇民化"制度,包括取消中文教育,取缔汉文报刊,禁绝传统的宗教信仰和民俗活动,强制普及日语和日文教育,推广更服改姓,以日本开国之君的"天照大神"取代中国神祇,把台湾民众编入各种"皇民奉公团体",等等。长达半个世纪的各种政治化和制度化的强制改造和灌输,从物质到精神的不同层面,不仅在台湾由传统社会向现代社会的转型中,烙下深深的日本殖民印痕,也在台湾民众的意识形态和精神心态上,留下难以消除的殖民伤痛。

　　但是另一方面,异族殖民统治的严酷所激起的民众的强烈反弹,使异族统治时期,同时也成为民族精神高扬的时期。自 16 世纪东西方殖民者接踵进入中国以来,闽台人民反抗异族侵扰的斗争,从未停歇。其中尤以反抗荷兰殖民统治和反对乙未割台的一系列斗争,最能体现闽台人民同心抗敌的斗争精神。荷兰据台,虽只 38 年,但其间发生的较大规模的激烈反抗,不下二三十起,以发生于 1652 年的郭怀一起义为最著名。郭氏起义,因缺乏经验,事发仓促,未及取得大陆郑成功军事力量的支援,为荷兰殖民者残酷镇压。据《荷据时代台湾史》称,在参加起义的四五千人中,"有大约 3000 人被杀害或饿死,约占当时在台汉人总数的 1/5"[①]。数年之后,郑成功率其闽南家乡子弟兵,从金门料罗湾挥师出发,就受到台湾人民的热烈欢迎,献图引路,里应外合,迫使荷兰殖民者签盟投降。驱荷复台一役,有其复杂的社会政治背景,但却是闽台人民共同抗击殖民者的伟大胜利。乙未割台,台湾与祖国大陆人民的共同抗争,最为悲壮惨烈。割台消息传开,台湾举省恸哭。时值京都会试,广东举人康有为、梁启超,会同福建、江苏等 18 省举人,召开 1200人大会,接着又联名台湾举子汪春源、罗秀莲、黄宗鼎等,及各地举子 604 人,"公车上书",痛斥投降派卖台自保的谬论,汪春源等在京的台湾举子和官员还上言都察院,慷慨陈词:"纵使倭人胁以兵力,而全台赤子誓不与倭人俱生,势必勉强支持,至矢亡援绝,数千百万生灵尽归糜烂而后已。"据 1947 年出版的《台湾年鉴》称,"1895 年刘永福离台后,至 1915 年的'西来庵'事件,

---

①　杨彦杰:《荷据时代台湾史》,江西人民出版社 1992 年版,第 247 页。

20 年间台湾军民同日军发生的血战计达百余次,主要抗日事件 99 件"①。著名的如简大狮起义、柯铁起义、林少猫起义、蔡清琳领导的北埔起义、刘乾领导的林圯埔起义、罗福星领导的苗栗起义、余清芳领导的噍吧哖起义以及高山族同胞发动的雾社起义等。在这些斗争中,获得了祖国大陆人民,尤其是福建人民的支持。陈孔立主编的《台湾历史纲要》称:"在各次起义中,均有为数不少来自大陆(福建)的志士参加义军,如台北大起义就有来自厦门的有生力量加盟其中。同时,福建也成为台湾抗日武装集团的武器弹药的主要来源地之一,如林李成在厦门期间即得到热烈支持和资助。台湾总督府民政局长水野遵也说:'土匪骚动时,常有中国船自厦门方向将火药等送来台湾。'此外,流亡福建的抗日武装集团首领与岛内义军保持着密切的联系,并伺机潜回台湾,继续指挥抗日斗争,其代表人物有简大狮、林少猫、林李成等。"②闽台人民以台湾回归祖国为目标,共同投入抗日斗争,表现了大无畏的英勇抗争精神。

在武装反抗的同时,台湾人民也掀起了广泛深入的文化抗争运动。针对日本殖民当局以灭绝汉民族文化为目的的殖民同化政策,从割台伊始,台湾的有识者便掀起了一个以"读汉书、写汉字、作汉诗"为中心的汉学运动,由素称文化先进的台南发轫,逐渐扩展到台中、嘉义、高雄和北部的台北、新竹,乃至偏僻的澎湖、台东、花莲等地。其以"希延汉学于一线","维系斯文于不坠"为宗旨,各地诗社、文社竞立,一时间台湾能诗者,依人口比例,可能居神州前茅。仅《瀛海诗集》所载,当时稍负盛名的诗人就达 469 人,而《台宁击钵吟》前后二集所收诗人达 1200 多人。汉学运动的另一收获是私学兴起,据 1897 年统计,台湾共有书房和义塾 1127 所,就学儿童 17066 人,到了第二年,激增至 1707 所,就学儿童 29941 人,远远超过进入日本人设立的国语(日语)讲习所和公学校的生数。③ 书房和义塾修习时限三四年或七八年,以读汉书、识汉字为主,传播中华传统文化,对汉民族文化在台湾沦为异族殖民地后的保存和沿袭,起了重要作用。

---

① 转引自姜殿铭:《试释台湾社会中的悲情意识》,载全国台联研究室编《第 8 届台湾民情调研会论文集》,1999 年。

② 陈孔立:《台湾历史纲要》,九州图书出版社 1996 年版,第 349 页。

③ 以上数字,均据陈碧笙《台湾地方史》,中国社会科学出版社 1982 年版,第 289～290 页。

　　闽台两地在近代历史上共同遭受的殖民屈辱和在殖民屈辱中高扬的民族精神，是闽台社会发展的一段难忘的特殊遭遇，也是闽台人民不屈斗争的一个感人至深的精神写照。它必将深刻地烙印在闽台的社会生活和民众心理之中，甚而深远地影响了闽台社会后来的发展。这种历史印记，主要表现为正负两个方面。就台湾而言，长达半个世纪日本殖民统治从政治到经济的强制体系和文化灌输，又在回归之后疏隔于祖国大陆半个世纪，在国民党政权的阴影之下，从某种方面说，使一部分从殖民背景下成长的台湾民众，在历史体验上与祖国人民存在差异，祖国意识和民族意识也由此有所淡漠；由于日语教育的强制灌输，在文化认同上也产生某些隔阂。殖民地印记的伤痛，是今天"台独"思潮的历史原因。许多"台独"论者正是在日本殖民政治的哺育下成长起来。老死在日本的早期"台独"分子王育德，就在《苦闷的台湾》一书中公开声称："台湾人由于日语和日本文化而从封建社会蜕变到现代社会，因此日语似乎可以说给台湾人带来了相当大的质变。"语言引起的质变，"规定思考方式和世界观"，其"背后的文化体系的优劣对这一点发挥极大的作用"。曾为国民党政权的"总统"，却抛出"两国论"和"七块论"以支持"台独"分裂祖国的李登辉，也是在日本的体制和教育下长大并为此念念不忘的。他在《台湾的主张》中自称为自己的成长经历庆幸，出生在一个父亲毕业于日本警察学校的属于台湾"精英阶层"的刑警家庭，"自幼接受日本教育，受过日本文化的熏陶"，从小学到大学"都读的是日本书"，还当过"日本少校军官"。为此他宁肯说自己是日本人，而不承认是中国人。这种数典忘宗的"日本情结"，正是日本殖民统治和教育所结的恶果。正如一位富于良知的日本学者所指出的：日本殖民当局在台湾所推行的是"企图使台湾人忘掉民族性的同化教育"，这是"比任何血腥的镇压，还要来得野蛮的"、"巨大的恶"。所有这一切，正是负面的历史印记，留给台湾社会发展的深重灾难。

　　然而，历史的另一面是，在殖民者的残酷统治下，台湾人民为回归祖国进行了不屈不挠的斗争。它表现了中华民族最可贵的祖国意识、民族意识和抗争精神。正是依靠这点，台湾人民和祖国大陆人民的共同努力，台湾才在抗战胜利之后回归祖国怀抱。历史的这份积极的精神财富，直到今天仍深刻地影响着台湾社会的走向。尽管半个世纪来，台湾与祖国大陆处于不同政权的对峙状态，国民党政权统治时期的反共宣传和民进党执政时期实质性的"台独"倾向,等等,都未能将台湾从祖国大陆分离出去,其主要原因既来自祖国人民强大的力量,也来自大多数台湾人民反对"台独"、主张统一的斗争,其背后是中华民族五千年共同文化的维系和几个世纪来反对殖民者分裂中国的历史斗争精神的昭示。凝聚在海峡两岸人民历史生活中的这份殖民屈辱和反抗殖民斗争的历史印记,正负两面地以其遗留的影响交错在今天的现实斗争,并将以维护国家、民族统一的胜利,写入明天的历史之中。

第七章 闽台特殊的社会心理与文化心态

社会心理是人们在社会生活中发生、并能互相影响的一种普遍的精神现象。人在本质上是一种社会动物；人的生活的社会性，使社会生活环境成为人们社会心理的物质基础。然而社会的形成是历史长期发展的结果，因此，社会环境既是一种现实的关系，同时又潜在着丰富的历史、文化信息。一般的社会心理，是现实社会环境对生活主体（人）的刺激所产生的反映；而某些具有地域特征的特殊社会心理和文化心态，则更多地受到社会进程中历史文化因素的影响。本章所要讨论的主要是由历史文化积淀而来的具有地域特征的特殊社会心理和文化心态。由于社会心理具有外现性的特点与功能，居于社会控制和社会行为的中介地位，是社会行为的心理基础。因此，研究和剖析社会心理和文化心态，不仅是深入研究社会的一个重要视角，而且具有现实意义。

福建和台湾都是中原汉族南徙先后构建起来的社会。移民和移民社会是闽台特殊社会心理和文化心态形成的重要历史背景。尽管闽台移民社会建成的时间不同，后来的社会发展也存在差异，使闽台渊源于共同历史文化背景的特殊社会心理和文化心态，有些在福建保留得更多，有些在台湾表现得更突出，有些甚至在此岸或在彼岸已逐渐消失，但其基本形态及存在的承递关系，并未根本改变，仍是我们追溯闽台文化亲缘关系，分析当前社会心理和文化心态的一个学术价值与现实意义并重的视角。

第一节　祖根意识与本土认同：
移民文化的心理投射

——兼论"中国意识"与"台湾意识"的形成和变化

　　福建与台湾，都是以中原汉族移民为人口主体而建构起来的社会。只不过福建移民社会的形成，为时更早。大约从公元 4 世纪的西晋末年，经唐到五代，即从公元 7 世纪到 10 世纪初，出现几次移民高潮，至靖康之难以后，政治、经济重心南移，福建人口剧增，才基本结束北方汉族移民不断徙入的历史，发展成为经济繁荣、文化先进的稳定的社会。而台湾是以来自中原而定居闽粤的移民为主，自明末即 17 世纪中叶开始，出现规模性的垦殖移民和战争移民，经康熙、雍正、乾隆三朝，在二百余年持续不断的时禁时放，却从未间断的移民中，至 19 世纪初叶（嘉庆中）才基本稳定下来，发展成为移民的定居社会。闽台社会共同的移民经历，使闽台文化具有鲜明的移民文化特征。反射在民众的文化心理上，其重要的一个方面，就表现为既不断追问"我从哪里来"，又十分关切"我是在哪里"。这种对于"前在"的追本溯源的祖根意识和对于"此在"的本土认同，构成了移民文化心态的一体两面。

　　尊祖敬宗，重视血脉传承，是中国传统文化的核心观念之一。这是因为中国是一个以中原汉族为核心、以农耕文明为基础建构起来的国家。农业生产对于土地的依赖性和土地开发需要较长时间的累积性，以及从播种到收获相对稳定的周期性，都要求把人固定在土地上，形成一种稳定的人地关系。它不同于北方游牧民族逐水草而居的流动性，也不同于南方海洋部族"水行山处"的漂移性，无论在生产方式或生活方式上都有很大的区别。土地的开发需要逐代延续进行（如中国古代寓言《愚公移山》所描写的那样），因此土地的继承是农耕民族最重要的财产继承。这种继承，既是收获权的继承，也是经营权和开发权的继承。因为土地是祖业，祖业是不能轻易丢弃的，"安土重迁"便成为以农为本的中国人最重要的行为规范之一。中国的宗族制度，便是建立在这种牢固的人地关系基础之上，并以血缘进一步巩固这种人地关系。在宗族关系的金字塔式的结构之中，居于塔尖的祖宗，既是血缘延续的源头,也是宗族基业的开创者,所谓"开基祖"是也。它形成了一种以血缘关系把人与土地联结在一起的网络结构,成为中国社会构成的一个基本的单元。家国同构,家是国的基础,国是家的扩大,家族是宗族的基础,宗族是民族构成的基础因素。不过,在历史的发展中,相对说来,土地是一个常数,而人口却是一个不断繁衍的变数。当相对固定的土地不再能够满足人口发展的需要时,必然引发人口向土地更为富裕的地区迁徙(当然人口迁徙还有其他方面的原因,这里姑且不论),这种迁徙必然引起宗族的分化。为了维系宗族关系的存在,人们便以族谱或其他如姓氏、郡望、堂号、字辈等形式,来表明宗族血缘的承袭。于是千百年来,谱牒作为中国社会史的一个侧面——宗族史,便成为防止宗族失忆的一种有效的手段而繁荣和流行起来。然而,并非所有的宗族都能修谱,尤其是一些小姓弱族。而人口外徙往往是这些小姓弱族,或大宗族中的弱房为首。于是,原乡记忆便作为宗族记忆的补充和扩大,成为聚合散入异乡的"原乡人"的一种更为宽泛的联结方式。原乡的外延可大可小,同一村庄、同一个区县,甚至包含几个区县的同一个方言区,都可以是原乡。它从另一个侧面表明了移民追问"我从哪里来"的强烈的祖根意识,这是中华民族从自己生存方式的本根上形成的一种区别于西方民族的传统文化观念。

　　闽台社会的移民经历使闽台民众的文化心理中都有强烈的祖根意识。北方南下入闽的中原移民,虽然早者已历千载以上,近者也七八百年,人口繁衍和变化太大,具体的宗祠族源已无从追溯,但福建人自称来自中原河南,在姓氏郡望上标明中原 ×× 衍派,比比皆是,表明对自己根系的追索不敢忘却。台湾的移民大都发生在近二三百年,在时间上距今较近,宗族的记忆、原乡的记忆不易丧失。早期的移民禁带妻眷,往往单身而往,春去冬返,宗族的分支形成略晚。后来的移民又大多在各种禁令下以私渡的方式渗透入台,靠乡亲族人牵引,形成同乡同族聚合而居的村社群落,这使他们把宗族观念扩大为原乡观念,与原乡原族保持紧密的联系,一有可能便组织回乡祭祖认宗。而且在清代频频发生的因利益冲突而酿成的分类械斗,也从另一个侧面强化了移民的原乡组织和原乡意识。乙未以后日本殖民者强制进行的以灭绝汉民族文化为目的的殖民同化政策,激起民众的反抗,更是将原乡意识发展成为包容更加广泛的民族意识、祖国意识,祖根已不仅是宗族的、原乡的祖根,而且是民族的、祖国的祖根。这一切都表明了清代以来形成的台湾移民社会，祖根意识并由此进一步衍化的民族意识、祖国意识，是民众心理最重要的文化意识之一。

在移民社会向移民定居社会发展的进程中，有两个关键的因素，一是移民后裔人口的自然增长超过了新移民人口的机械增长；二是移民所携带的原乡文化，受到移居地自然环境、生活方式和当地土著文化的影响，产生某种适应新的生存环境的"本土化"发展。文化的这种"本土化"进程，是移民社会普遍存在的一种文化现象；而所谓移民后裔，指的就是在父祖辈所开创的新的移民环境中出生和成长起来的那一代代人。他们与移居地同步成长的历程，使他们在承袭父祖辈的祖根意识的同时，对移居地又有强烈的本土认同。祖根意识是来自父祖辈的一份历史记忆，虽然日渐久远，却是中华民族传统中根深蒂固的一份不可违逆的精神归依；而本土认同却是生存的现实，是每天必须面对的日益强化的一种生活环境。二者共同构成了移民社会精神生活和文化心态的两面。它们成为闽台社会共同的最为鲜明的心理特征。

祖根意识和本土认同并不互相矛盾。祖根意识是对遥远的原乡血亲和民族文化的追认和怀念；而本土认同则是对遥远的血亲在本土延续和原乡（民族）文化在本土延伸中出现的某些本土化特征的承认。二者是一致的，在某种意义上甚至可以说本土认同是以祖根意识为内涵，而祖根意识也包容了本土认同。对本土认同的承认也意味着对祖根意识的追溯。因为这个本土，无论在族源上还是文化上，都是祖根延伸而形成的，切断了祖根，何来本土？没有祖根的本土，只是无源之水、无本之木。

然而在今日台湾社会的现实发展中，反映移民社会文化心态的这两面，却人为地被作为不可调和的对立的矛盾，成为某些政客煽动民众、进行政治斗争的工具。本节以近年来为"台独"论者鼓吹最烈的"台湾意识"及与其相对应的"中国意识"为例，做一些深入的分析。

所谓"台湾意识"，有时也称为台湾情怀或台湾情结、台湾结，同样，"中国意识"有时也称为中国情怀或中国情结、中国结，它们都是在不同层面上，反映着对同一问题体验和思考的深度不同。从心理学上说，情怀是对历史与现实的体验而形成的一种社会心绪；情结则是这种社会心绪在历史积累和现实压抑中造成的一种定向的、执著的（有时甚至是偏执的）社会心态；而意识，是指这种心绪或心态由感性的体验经过反省升华为理性思考。因此,反映着认识阶段发展不同的中国情怀、情结和意识,以及台湾情怀、情结和意识,都不是偶然发生的,它们有着各自产生的历史背景和发展过程。

首先,它们是以移民社会普遍的祖根意识和本土认同的社会心态为基础而衍化出来的。在移民社会初期,祖根意识的文化内涵,主要是一种祖籍认同、宗族认同和对于祖根文化的认同,它当然也潜在地包含着国家认同和民族认同的内容。闽台移民的特点是在同一个国家由经济发达、人口密集地区向经济迟缓发展、人口较为稀少地区的移民,而且移民之后,成为移居地社会人口和民族构成的主体,不像西方某些移民是由一个国家向另一个国家的移民,夹杂在其他民族和不同文化之中,因此其国家认同和民族认同有着不同的背景。而本土认同,其实质是一种乡土情怀,是对于包括自己在内的几辈人共同开发,而且还将子子孙孙生死于斯的这块土地的感情和肯认。这种乡土情怀实际上和中国社会普遍存在的各个地区人民对自己故乡土地的感情,并无根本区别;它是祖根文化的一种乡土体现,是和祖根意识并行不悖、互相包容的一种历史与现实的同构。

其次,"台湾意识"和"中国意识"问题最初提出,是在日本据台时期。日本殖民者在台湾推行的是旨在将台湾永远纳入它的国土之中的强制同化政策,这一企图从根本上灭绝中华文化的殖民同化政策,既指向中华民族文化,也指向台湾本土文化,唯此才能代之以日本的大和文化。它必然激起台湾人民普遍的反抗。从日据时期台湾人民持续不断的武装斗争到文化抗争,都十分明确所有的抗争都是以对祖国的国家认同、民族认同和文化认同为前提和归指的,只不过限于这一时期的政治压力,不能讲民族,只好讲乡土,而这个乡土是台湾,其背后的实质是中国。这也就是说,日本的殖民统治造就了与日本殖民者所鼓吹的"皇民意识"相抗衡的"台湾意识"的勃兴,而这时所谓的"台湾意识",是以民族文化为内涵,民族认同为指向,回归祖国为目标的与"皇民意识"相对立的"中国意识"的同义语。所以,在日本割据背景下,"中国意识"和"台湾意识"表现出很高的同质性。当时社会流传的一首殡歌:"我头不载你天,脚不踩你地,三魂回唐山,七魄归故里",就表现出日据时期台湾人民与殖民者不共戴天的回归情绪。日据时期乡土文学口号的提出,以及一大批具有强烈民族意识的乡土作家和作品的出现,都表现出这一时期"台湾意识"与"中国意识"同质的特点。反映移民社会民众心态的祖根意识和本土认同,具有了一致的国家认同和民族认同的内涵。

第三,第二次世界大战胜利以后,台湾回归祖国。随着国共内战爆发,迁台的国民党政权为了维持在台湾统治的合法性和实现"反攻大陆"的梦想,强调拥有整个中国主权的"法统"地位。因此,迁台的国民党政权坚持"一个中国"的理念,强调台湾同胞是中国人,海峡两岸有着共同的血缘和文化;台湾是中国的一部分,不容独立于中国之外。为此它运用政权掌握的各种资源和手段,推广中华文化,使"中国意识"成为主导台湾社会民众心理的重要因素。然而,国民党政权自身存在的重重矛盾,难以掩饰它在台湾统治的危机。首先,"反攻大陆"梦幻的破灭和国际地位的衰落,导致了它维持"法统"地位的严重宪政危机;其次,在其独裁腐败的专权中,加剧了早期台湾移民与随国民党政权进入台湾的后期移民之间的省籍矛盾;再次,在强调一个中国的文化认同时,不恰当地忽视和歧视了其实应包括在中华文化认同之中的台湾本土文化,甚至错误地把某些台湾本土文化也当作日本文化的残余进行清除,严重伤害了台湾民众的感情;最后,长期的两岸对峙和疏隔,以及不完整的教育所造成的历史断裂,使年轻一代缺乏对于国家、民族的完整理念。这是一个既强调"中国意识",却又潜伏着国家认同、民族认同和文化认同种种危机的特殊时期。

第四,随着甚嚣尘上的"台独"思潮逐步从理论宣传走向政策实施,"台湾意识"的重新提出,成为"台独"论者煽动民众情绪,鼓吹"独立建国"的一个理论支撑点。只不过"台独"论者的"台湾意识"论和日据时期不同,不是针对日本殖民者的"皇民意识",而是针对认同一个中国的"中国意识"提出的。日据时期台湾民众提出的"台湾意识"具有反抗殖民性质,在国家认同与民族认同上与"中国意识"同质,是以"中国意识"为内涵的。而今日"台独"论者所谓的"台湾意识"则是作为"中国意识"的对立面,是拒绝一个中国的国家认同和民族认同,而主张把台湾作为一个"独立国家"来进行国家认同和文化认同。"台湾意识"从日据时期的提出到当前的提出,有着不同的历史背景和政治内涵。"台独"论者"台湾意识"的重新提出,违背了这一概念提出的初衷,正在走向它的历史反面。

"中国意识"与"台湾意识"这一对范畴,来源于移民社会的祖根意识和本土认同,在历史的发展中扩大了它的外延,丰富了它的内涵,是我们认识和分析移民社会普遍性和特殊性的一个关键。过分强调普遍性而忽略特殊性,可能造成对移民群体的情感伤害;而过分强调特殊性,甚至以特殊性来否定普遍性的存在,则又可能走向事物的反面。当前"台独"论者鼓吹的"台湾意识",就走在这样危险的边缘。普遍性与特殊性互为表里的并存与同构,是事物健康发展的正常规律。在祖根意识与本土认同,以及其所衍化的"中国意识"与"台湾意识"问题,我们都应作如是观。

第二节　拼搏开拓与冒险犯难:
移民拓殖性格的两面

拼搏开拓与冒险犯难,是闽台移民拓殖性格形成互相联系的一体两面。拼搏开拓表现了移民拓展进取的积极创造精神,而冒险犯难则是移民在为实现自己目标时,有时不惜采取非理性的过激手段。二者都来自于闽台移民自身的人生经历和生存经验。闽台移民在其迁徙和创业过程中所遭遇的特殊困难和曲折,为这一复杂性格的形成提供了客观的土壤。

第一,闽台的移民是充满艰辛的长距离的迁徙。福建的移民,主要来自中原。在古代社会,从中原到福建,是一条艰难的路程。虽然其间曾经有过从江北先移入江南,再转徙南下;但几千里路的山重水复,无论是举族南移,还是单家独户的长途跋涉,都极为不易,瘴疠疾病,猛兽盗贼,随时都可能让许多移民瘐死途中。而台湾的移民,主要来自闽粤。从闽粤到台湾,虽只隔海相望,但水路不同于陆途,风波险恶,危象丛生。特别清代移民,长时间处于限制入台的政策之中,正常的移渡无法进行,大多以私渡的方式渗透。清吴士功《请准台民搬眷并严禁偷渡疏》述及当时的情况云:"内地穷民在台营生者数十万,其父母、妻子附仰之资,急欲赴台就养,格于禁例,群贿船承顶冒水手姓名,用小渔船夜载出口,私上大船;抵台复有渔船乘夜接载,名曰'灌水'。经汛口觉察,奸艄照例问遣,固刑当其罪;而杖逐回籍之民,室庐抛弃,器物一空矣。更有客头串通习水积匪,用湿漏之船载数百人,挤入舱中,将舱钉封,不使上下。乘黑夜出洋,偶值风涛,尽入鱼腹,比到岸,恐人知觉,遇有沙汕，辄赶骗离船，名曰'放生'。沙汕断头，距岸尚远；行止深处，全身陷入泥淖中，名曰'种芋'。或潮流适涨，随流漂溺，名曰'饵鱼'。穷民迫于饥寒，罔顾行险，相率陷阱，言之痛心。"[1]吴士功以乾隆二十三年（1758）十二月至二十四年（1759）为例，"一载之中，共盘获偷渡民二十五起，老幼男妇九百九十九名，内溺毙者男妇三十四名口"。这是有据可查的，未入载者尚不知多少。这样的冒死偷渡，较之长途跋涉，若非出于万不得已，当不采此下策，其所需的克难精神与坚忍意志，当也倍于陆途移民。闽台移民所历经的艰辛和付出的代价，恐非其他移民所能比拟。这对于闽台移民坚忍意志的砥砺，有着特别的意义。

第二，闽台移民的性质，主要是从经济开发较早地区向经济开发迟缓地区迁徙的垦殖性移民。这就意味着，无论唐宋时期从中原来到福建，还是明清时期由福建徙入台湾，他们所面对的，基本上是生存环境更为恶劣的蛮荒土地。他们无可选择，所能进行的只能是筚路蓝缕以启山林的农业垦殖工作。这种主要依靠体力劳作的对土地带有原始性质的开发，需要付出更多的艰辛。他们不像现代化进程中由农村向城市的移民，也不同于今日由国内向海外先进国家的移民，出于无奈的长途迁徙，不是去享受社会发展的现成，而是手足胼胝从头开始的生活创造。闽台移民的这种原始状态的农业垦殖，对于闽台移民特殊性格的形成，有着重要的影响。

第三，闽台移民是交错在战争移民与经济移民的复杂转换之中进行的。战争是闽台移民的主要动力之一。一方面是战争引起的动乱，造成北方移民的南徙，如西晋末年的衣冠南渡和中唐安史之乱与北宋末年的靖康之难所引起的北人南下。另一方面是直接的战争行动，如唐初陈元光父子率军入闽平定"獠蛮啸乱"；唐末五代王审知兄弟率中州士民入闽征战；明末郑成功率军入台驱荷，建立抗清复明的政治、军事基地，也属于这种情况。他们往往出于军事给养的需要，寓兵于农，从事屯垦，同时也在征战初定以后，落籍当地，由政治性的军事移民转变为经济性的开发移民。这种转换，使闽台移民的成分，杂有许多以单身青壮年为主的战争移民。他们的尚武精神和行伍习气，养成了好勇斗狠之风，既敢于舍身克难，又不惜冒死逞强。这种习气对闽台

---

[1]　《清奏疏选集》，《台湾文献丛刊》第 256 种，1958 年。

移民这一冒险性格的形成,不能不有着正面与负面兼具的影响。

第四,闽台地区的海洋文化传统,使闽台移民在以土地垦殖为主的农业活动同时,其一部分人也利用海洋优势进行商业活动。朝向大洋的辽阔海上航行,与面对土地的朝夕刻苦经营,赋予了二者不同的思维和视野。前者更富于浪漫想象力的开拓意识,后者更着重于脚踏实地的务实精神。它们都作为闽台移民的不同成分,整合在闽台社会之中。而明清时期闽台海域的商业活动,既在闽台之间互通有无,更与番舶外商进行带有国际性质的贸易。这种与官商的朝贡贸易同时崛起的民间私商的市舶贸易,在明代以来屡遭禁止,但禁而不绝,反倒促使正常的民间贸易发展为私人武装商业集团的走私活动,以福建沿海岛屿和台湾西岸港口为据点,成为控制台湾海峡这一海上贸易黄金通道的巨大力量。海上贸易的厚利和违禁贸易的风险,形成了一个怪圈,推动闽台私商不惜冒险犯难去追逐最大利润。民间私商的兴起和繁荣,是闽台社会发展的重要经济力量,也是影响闽台社会文化心态的一个重要因素。

上述诸方面因素,从闽台移民的性质、类型、成分、习气,以及追逐商业利润的冒险性等,构成闽台移民的特殊经历,赋予了闽台社会人文心态与文化性格的重要特征。

一个方面是拼搏开拓的创业精神。移民事业是一种开拓性的事业,是移民在相对恶劣的生存环境中寻找和创造发展的机遇。因此,对于移民来说,无论是农业垦殖,还是其他生产活动,都是一个从无到有、从初级到高级的创造过程。在这个过程中,移民所面对的,不仅是迁徙途中遭遇的千辛万苦,还有创业过程必须应对的各种预想不到的困难,这就特别需要移民在吃苦求实的精神基础上,还拥有勇于开拓的远见和智慧。拼搏与开拓,既是对移民精神品质的要求,也是移民从自己人生经历和生存经验中形成的性格特征。

另一方面是移民的冒险犯难精神。移民本身就是一件冒险的事情,移民途中罕见的险阻,移垦过程所需的克难精神,以及移民组合之间复杂的矛盾与冲突,再加上移民构成的复杂成分,这一切都使他们养成了好勇斗狠、冒死逞强,为达目的不惜冒险犯难的精神和习气。这样,闽台移民在形成拼搏开拓的精神品格同时,也很容易使这一品格染有某种失去理性、好勇斗狠、冒险犯难的负面因素。这种带有某种流氓无产者习气的冒险精神,带有两重性,既可能推进移民事业的拓展,也可能造成对社会的破坏。闽台海上商业的武装走私活动,以及有清一代移民长时间存在的分类械斗,从某种程度上就反映着这种逞勇好斗、冒险犯难的盲目性。

拼搏开拓与冒险犯难,是闽台移民从自身经历中形成的拓殖性格的两面。它一直作为闽台移民主要的性格特征,影响着闽台社会的发展。从移民社会的初建,直到今天闽台都经历了近代化和现代化的社会转型,仍然潜在着这一拼搏开拓性格与精神对历史进程的深刻影响。在福建,尤其是与台湾关系密切的闽南地区,民风的豪爽、尚义、重友、经武以及敢为人先的开创精神,葆有着先辈移民拼搏开拓的精神传统。19世纪以来迫于战乱和灾祸而远走海外谋生创业的福建华侨,实际上也是这一先辈移民精神的海外发扬。他们经历着与开发台湾同样艰辛的创业历程,也收获着海外创业的丰硕成果。20世纪80年代以来,改革开放的政策带来福建经济的腾飞,其最早体现这一业绩的,也是来自沿海具有移民传统的地区,特别是民营企业的迅速发展,与历史形成的这一地区移民创业的拼搏开拓精神不无关系。

在台湾,这一精神既体现在最初的土地拓垦上,也表现在今日的经济发展中。由于国民党政权迁台初期对本省人士的政治歧视,把本省人排斥在政治系统之外,促使从"土地改革"中把农业资本转换成为工业资本的一批本省人士投资企业。而在20世纪60年代台湾的经济起飞中,正是这批中小企业者(所谓"山寨企业")拎着一只皮包,走遍世界去开发市场,从而带来台湾经济的繁荣。这种精神无疑是移民拓展性格与传统的发扬。两岸流行的一首闽南方言歌曲《爱拼才会赢》,准确地抓住了移民开拓精神的这个"拼"的典型性格特征,因此作为民众心声的概括与传递,这首歌曲长久流行不衰。但是必须注意,拼只是一种精神的抽象概括,而所有拼的精神背后,都有具体的行为内容。抽象地肯定拼的精神,也潜隐着移民拓展性格的另一面:冒险犯难。不问为什么而不惜冒险犯难地盲目去拼,实际上正是这一移民性格的负面影响,它的盲目性和盲动性,使夹带着许多情绪化成分的这一移民性格的负面,很容易为某些别有用心的人士所利用。历史上的分类械斗存在这种情况,今天台湾政坛的某些斗争,也不乏这种利用和煽动,这都是应当为我们所十分警惕的。

第三节　族群观念与帮派意识：
　　　　移民社会组合方式的心理影响
——兼论清代台湾的分类械斗及其影响

中国的传统社会，是以家庭作为社会基本单元的。宗族的形成和发展，是中国传统社会形成和发展的基础。因此，以宗族为中心的社会组合方式，构成了中国村社聚落的基本形态。它的重要特征是围绕着血缘的传承与地缘互相涵化。由同姓同宗的宗族血缘关系发展起来的村社聚落，极为普遍，查之各省各地的地名辞典，以姓氏冠名的村庄，如张家村、李家庄等等，比比皆是。它反映了这种宗族血缘组合，在中国社会聚落构成中据有重要地位。

然而，这种情况对于闽台移民社会（其实也包括其他移民社会），稍有不同。一般说来，闽台的移民，除个别特殊时期——如西晋末年豪门巨姓的举族南迁，大多是单门独户，甚而是单身独人，或者三五结伴的辗转流徙。宗族血缘聚落的形成，并非一开始就可能出现。这种个别的持续不断的移民，往往需要同乡、同族之间的互相牵引和投靠，这就造成了初期移民的组合方式是以地缘性的原乡组合——即聚乡而居为主，比之血缘性的宗族组合——即聚族而居，要更为普遍。尽管在地缘性的移民组合中，包括一定的宗族关系，但地缘在这一聚落的形成中，起着主导的作用。这个地缘性的原乡，可能是祖籍地的同一个村庄，也可能是同一县府，甚而是同一个方言区。只有到了移民社会后期，随着移民数量的增加和移民后裔的繁衍，新的宗族发育起来，血缘性的宗族组合才从地缘性的原乡组合中脱颖而出，逐渐起着主导的作用，成为移民社会向定居社会转化的标志之一。

这种移民组合方式的变化，在福建，由于移民社会出现较早，大抵到了宋代，宗族发育已经成熟，社会的组合方式已和中原传统社会没有太大区别，其变化的脉迹已较难追辨。历史上地缘性的社会组合方式留给民众的心理影响，虽渐削弱，但仍可寻。福建方志族谱中屡有族姓械斗的记载，此风一直延至民国初年，尚未遏止。在外人眼里，闽人——尤其是闽南人的民性慓勇刚烈，尚武重义，其关爱乡土，重视亲谊，无论走到哪里，海内或是海外，各种形式的乡谊组织,蜂拥而出,把闽人分类地聚集在一起,一致对外,对内则时有矛盾冲突发生。凡此种种,都是这一社会组合方式遗存至今的心理影响。

在台湾,由于移民社会出现较晚,一般认为到清代中叶,移民宗族新的血缘关系,才逐渐发育成熟,距今不过一二百年。其由地缘性的原乡组合向血缘性的宗族组合的发展线索,尚清晰可见。这一社会组合方式所造成的特殊社会心理影响,也愈加鲜明、强烈。我们可从下述三个方面来考察台湾移民社会组合方式的形成、变化及所产生的特殊社会心理与影响。

第一,明末由郑氏父子所带动的第一个移民浪潮,并没有造成移民长久的居住。崇祯年间,郑芝龙降明后组织福建灾民渡台垦殖救饥,是一次救急性的移民活动。从当时的人口资料看,据荷兰东印度公司总督的报告:由于大陆战乱和饥馑,台湾的汉人增至 2 万人,但饥馑过后,约有 8000 人返回大陆。可见灾后返乡的移民所占比例很大,久居在台湾的移民数量不会太多。郑成功治台时期,台湾汉族人口(包括军队和招抚沿海因"迁界"而流离失所的乡民)发展到最多时在 10 万以上(葛剑雄等主编的《中国移民史》则称"可能达到 15 万人左右")。但清政府统一台湾后,强制郑氏官员、兵丁及沿海流民,迁回原籍,台湾汉族人口一下子骤减过半。这一时期的移民,以战争移民和招抚流民为主,多为青壮男丁,少有宗族关系;即使郑氏政权治台期间所形成官僚家族:如郑氏家族、陈永华家族等,也在平台以后弭散消失。台湾血缘宗族关系的形成,主要在清代持续不断的移民浪潮中出现。由于初期禁止携带家眷渡台,移民多为单身青壮男性,春去冬返。雍正十年(1732)开始诏许搬眷入台,此后又屡经反复,至光绪初年,才完全开禁。其间民间虽有私渡载眷入台者,但数量不会很多;因此,台湾血缘宗族的形成,当在乾隆以后。以现今台湾所谓的"五大宗族"看,雾峰林家的第一代传人林石是在乾隆十六年(1750)从大陆迁台;基隆颜家的第一代传人颜浩妥是乾隆四十年(1775)由闽入台;板桥林家的第一代传人林应寅于乾隆四十三年(1778)由漳州迁台;而高雄陈家的发迹者陈中和于咸丰三年(1853)才出生;鹿港辜显荣则更晚在日据时期才发迹的。宗族社会的晚成,使移民地缘性原乡组合,在台湾延续了很长一段时间。这就对移民在原乡组合原则下形成的族群观念产生重要影响。

第二,闽粤移民迁入台湾的时间有所前后,其在台湾享有的垦殖开发的权益,并不均等。就闽粤两省而言,明代的台湾移民,主要来自福建,不仅早期对澎湖的开发,主要是泉州府人,明末郑氏父子引领的移民,也主要来自泉漳。清政府统一台湾以后,将台湾作为一个府置于福建治下,其反复"禁"、"放"的渡台政策,也只开放福建一省,而以粤东之地"素为盗贼渊薮,而积习未忘"为由,"严禁粤中惠、潮之民,不许渡台"。为此广东客家移民入台,不仅人数少、时间也晚。台湾学者林再复在《闽南人》一书中亦称:"清代台湾民间的三大势力是:漳州人、泉州人和客家人(或称粤民)。其中随郑成功来台者大多是泉州人;随施琅征台者大多为漳州人。客家人在台初入清朝版图时,曾被禁止入台,至康熙三十五年,施琅殁后,禁令渐弛,渡台者才渐增多。"[①] 文中涉及泉州人与漳州人来台的先后,亦可从泉州人与漳州人移民台湾后居住与垦殖地区的分布得到旁证。泉漳移民虽都比晚来的粤东移民占据条件较好的海滨和平原,但泉州人多在海口,而漳州人多靠近内山。正是这种环境差异所带来的权益不均,造成了各籍移民之间的矛盾。

第三,台湾的垦殖开发是随着移民的增加,逐步由中部向南北两端发展,由沿海向内山发展,它同时也形成了移民沿垦殖路线分布的分类居住。台湾的垦殖,从明郑时代开始,首先在台南地区,一路由台南地区向北发展,另一路则从中部鹿港登陆,开发彰化平原。康熙以后,才由彰化渡过大肚溪进入台中;雍正初年,以漳州移民为主,由漳化沿八卦台地南拓至南投、草屯、雾峰一带。乾隆年间解除携眷渡台之禁以后,大批移民涌入,则由台中盆地向四方拓展,并有进入丘陵山地的趋势。在台湾北部地区,以清初同安人王世杰请垦竹堑埔(今新竹地区)开始,返乡邀集乡亲百余入台开发;与此同时,泉州移民也进入竹堑,至雍正初年,加入粤东移民。乾隆一朝,竹堑开发,包罗了闽之同安、泉州、惠安、晋江、南安和粤之陆丰、海丰、饶平、惠州诸地移民,达到全盛阶段。桃园的开发,也延及康雍乾三世,以闽之漳邑的诏安、漳捕、龙溪、南靖等各县和粤之饶平、五华、陆丰、梅县等各县移民为主,至嘉庆,才越过东北角山地,进入东部宜兰平原。由于台湾西部平原,多为福建移民所据,晚来的粤东移民,便更多南下进入屏东平原。台湾由南向北、由西向东、由沿海向内山的开发路线,是和移民的迁徙路线,以及先后入台的移民分布

---

① 林再复:《闽南人》,三民书局1984年版,第211页。

地区相叠合的。^① 由此亦可察见,台湾移民以原乡为聚合原则的地缘组合状况,大抵而言,"以南北论,则北淡水,南凤山多广民,诸彰二邑多闽户;以内外论,则近海属漳泉之土著,近山多广东客庄"^②。

台湾移民初期地缘性的原乡社会组合,主要是出于垦殖的需要。它具有三个方面的作用:一是作为移民入台的招引,是渡台初期移民的生活组合方式。二是作为移民拓垦的一种生产组合方式。台湾未经开发的恶劣自然环境,往往非移民个人力量所能战胜,因此需要大家共同协力,原乡组合便起了这样一种生产组织的作用。三是一种移民自卫的组合。移民社会是一个竞争激烈的社会,为土地、为水源、为各种利益冲突,常引起火拼,同样需要集合移民力量,才能保障共同利益不受侵犯。这种自卫性的力量组合,在激烈的矛盾冲突中,往往也可能转化为侵犯他人(他个移民组合)利益的恶性力量。

移民社会的这种地缘性的组合方式,是移民强烈的族群观念形成的社会基础。它基于移民初期个体生命对于群体依赖的生存原则。以原籍乡缘和共同利益为前提建立起来的族群观念,对移民社会的形成和发展,具有积极的意义。但另一方面,狭隘的地域观念和利害关系,也可能使族群意识异化为一种小团体主义的帮派意识,从而走向社会良性发展的反面。清代台湾频频发生的分类械斗,便是这种狭隘的族群——帮派意识的反映。

关于台湾的分类械斗,学术界一般有宽、严两种界定。比较宽泛的界定是把民间械斗,如一般的族姓械斗、职业团体械斗等,以其在台湾亦含有一定的地域背景,都包括在内;比较严格的界定是专指移民以不同祖籍或方言区所形成的地缘性组合之间,因利益冲突而引发的不带政治色彩的民间私斗。这一界定,把分类械斗和一般械斗,以及带有政治色彩的被剥削者反抗统治者的起义,被剥削者反抗剥削者的阶级斗争区分开来。^③ 严格的界定,对于阐明分类械斗的特殊性质,以及凸现台湾移民社会的特征当更为有利。不过不可否认,作为分类械斗社会基础的台湾移民原乡性的分类组合方式,本身也交杂着一定的族姓关系,其所形成的"族群—帮派"的分类意识,也很容易渗透

---

① 以上有关台湾垦殖的发展路线,可详细参阅林仁川《大陆与台湾的历史渊源》第三章"清代汉族人民的东移与开发",文汇出版社1991年版,第69～75页。

② 《上福节相论台事书》,载《皇朝经世文编》卷八四。

③ 参阅陈孔立:《清代台湾移民社会研究》,厦门大学出版社1990年版,第251～252页。

在一般的族姓械斗或带有一定政治色彩的抗争之中,或因分类械斗升级,而扩大为抗官事件,或因官军介人,而转变为反清事件,二者常常互相纠缠和互相转化。而清政府对于移民的抗清斗争,也常常利用畛域矛盾进行分化,闽人倡乱,则以粤人制之,漳人倡乱,则以泉人制之,反之亦然。如康熙六十年(1721)闽人朱一贵起义,清政府就利用凤山县下淡水流域的客家各庄,以拥清为名,组织粤庄"义民"抗衡;又如乾隆五十一年(1786)林爽文起义,多以原乡的漳州府移民为部众,清政府又利用漳泉矛盾,组织泉籍"义民"参与镇压,以平定乱局,由此更进一步加深了漳泉两籍的矛盾。在台湾分类械斗中,这种带有"族群—帮派"分类意识的泛政治化现象,屡有发生,应当引起我们特别的注意。

有清一代,台湾的各类械斗,频频不断。据陈孔立统计,自乾隆二十三年(1768)至光绪十三年(1887)的120年间,台湾共发生械斗事件57起,平均2年1次;其中,属于分类械斗35起,一般械斗22起。分类械斗中,闽粤16起,漳泉18起,顶下郊1起;一般械斗中,异姓12起,同姓6起,同业2起,兵丁1起,不明对象者1起。其发生时间基本都在咸丰十年(1860)以前,闽粤械斗多在前期,至道光后期逐渐减少,而漳泉械斗则在嘉庆、道光、咸丰年间达到高潮。其地点,闽粤械斗多发生在台湾北部或南部凤山一带,漳泉械斗多发生在中部的彰化、嘉义地区。①

台湾分类械斗的原因相当复杂,可从三个方面分析:

一是政治原因:清政府平治台湾后,初期所采取的消极治台政策,导致台湾的吏治败坏,官府无能,班兵制度日见腐化,其对台湾社会的控制力,也更趋薄弱。民间一有纷争,官府无法秉公处断,在诉讼不清、走告无门的情况下,移民便只有率众合族,私相逞斗,以解决争端。而当事关重大,官府则又利用双方矛盾,刻意分化,以致互相焚杀,形成血仇,使本就尖锐的畛域歧见,更趋激烈。政治上的因素,虽不是分类械斗的直接原因,却是产生的背景和酿造的温床。

二是经济原因:分类械斗的发生往往由于利益的直接冲突所引起,主要涉及土地和水利的争端为多。移民抵台,分类聚居,以农业垦殖为主业。清

---

① 参阅陈孔立:《清代台湾移民社会研究》,厦门大学出版社1990年版,第261~262页。

代初期,可垦之地尚多,因争地所诱发的械斗较少。乾隆中叶以后,彰化、南投、竹堑、淡水已先后开发,在可垦之地日益紧缺的情况下,为争夺土地的垦殖权,各籍移民便形若水火,互不相让。先是闽粤争斗,继有漳泉分类,或则漳人联粤攻泉,或则泉人联粤抗漳。嘉庆四年(1799)噶玛兰地区由漳、泉、粤移民先后共同参与开发,因分地不均而引起械斗,即为典型的例子。其次为争水。台湾地势,中部隆起,两岸临海,山海之间,缺少大片平原过渡,以致河流短促,一雨成灾。粤人靠山,闽人近海,形成利害两端。山洪来时,靠山的粤庄急盼速泄,减轻水患,却造成近海的闽村洪水侵入,而深苦其患;闽人为阻遏洪水,则必使之假道粤庄,亦为粤人所难接受。而当少雨枯水时节,上游粤庄阻水灌溉,却使下游闽村缺水无法耕作。《凤山县采访册》曾记:"凤山下淡水各溪,发源于傀儡山。瀑,万顷汪洋,倾泻而下,分为数十重,虽地势使然,亦粤民筑坝截围所致也。闻前辈不许截围,欲使山泉顺流而放诸海,不为害于闽庄。惜粤民不肯,几成械斗。因弗果行,遂至溪流浩大,泛滥无常。"[1] 经济上的利益冲突是分类械斗产生的直接原因。

三是社会原因:首先,台湾移民初期以地缘为分类原则的社会组合方式,强化了移民心理上的分类意识,成为台湾分类械斗的社会基础和思想基础。其次,台湾移民社会初成,文教未兴,整个社会的文治程度不高。移民中的豪强之士,以其逞勇好斗成为移民领袖而进入社会领导阶层;而移民所来自的原乡,皆是民间械斗多发的地区,如《清宣宗实录》中所指出的:"械斗之案,起于闽省漳泉二属,而粤东潮惠尤甚。"风气沿袭,使台湾移民每遇利益冲突时,动辄聚众,以图解决。其民风强悍,诚如刘铭传所云:"一言不合,拔刀相仇。"再次,早期台湾移民由于禁止携眷渡台,多为单身青壮男性,入无天伦之乐,出无家室之累,心理生理的失衡,使之心浮气躁,常以嗜酒赌斗为乐。而移民之中,杂有许多无业游民(俗称"罗汉脚"),本就好事生非,竖旗结党,每有冲突,则充当亡命,铤而走险。又次,受上述风气所染,台湾移民中拜盟结会之风十分兴盛。各种名目的同乡会、宗亲会、神明会、祖公会、父母会、兄弟会等,以共同利害关系为纽带,结成地域性、血缘性、行业性的各种帮派团体,其数量之多,统治者常为之惊心和警惕。据1919年日本人的调查,仅清

---

① 《凤山县采访册》,《台湾文献丛刊》第73种,1960年10月。

代成立的带有宗亲性质的神明会和祖公会,就有5159个,占台湾总户数的一半。为此清政府曾以"仁德衰而盟誓生,道德薄而诅咒兴"谴责"动辄焚香祭酒,称哥呼弟"的拜誓之风为社会恶俗,严令取缔,并律例"为首者绞,为从者杖一百,流千里"。① 其律不可谓不严,但禁者自禁,行者自行,拜盟结会之风未减,且常因利益争端"一言不合,拔刀相仇",而酿成械斗。

清代台湾移民社会的分类械斗,不仅影响于当时,而且流弊于今天。就当时的社会发展而言,频繁的流血械斗,造成民间巨大的损失,其焚烧街屋,杀掠破坏,致使田园荒芜,人口流徙,社会处于极度动荡之中,对经济发展所造成的滞碍和文治社会的建设所带来的祸害,迟缓了台湾社会的发展步伐。对后世而言,分类械斗所形成的帮派意识,渗透在民众的心理之中,成为台湾社会潜在的一个顽症。今日台湾政坛的政党纷争,其性质和方式,都从某些方面让我们联想起昔日的分类械斗,可视作是昔日分类械斗的流弊遗风在今天社会的一种反映。其突出地表现在三个方面:

一是树帮立派的分类意识广泛地渗透在台湾政坛的斗争之中。台湾社会由历史上移民矛盾而遗留下来的族群对立本就十分尖锐,这种以移民原乡为分类的族群观念被泛政治化以后,使新老族群的矛盾都带上政治色彩。首先是所谓"本省人"和"外省人"的省籍矛盾,已不再是先后入台的时间差异和地域差异,而是潜在着外来的国民党政权和本土化政权之间的利益冲突;在所谓"本省人"之中,又存在着汉族移民和先住民的矛盾,以及汉族移民中的福佬与客家的矛盾,还有福佬和客家内部不同派系的矛盾。这一在今天仍不断细化的多重分类,都寻求在政治上表达自己的诉求,使今天台湾政坛上的各种人物都代表着某一部分人的利益和声音。即使在同一政党内,也是党内有派,派中有帮。政党意识中夹杂着小团体的,甚而是个人的利害关系,形成各种利益联盟,一会儿联甲伐乙、一会儿联乙伐丙……不一而足,造成了台湾政坛的各种乱象。被戴上政治光环的帮派意识,实际上常常变成政坛人物以政治为幌子谋取私利的一种手段。台湾政坛政治斗争的质量不高,与这一流弊不能没有关系。

二是台湾政坛上过多的肢体冲突,可以看成是昔日分类械斗的现代版。

---

① 参见陈文达:《台湾县志》卷一〇,《台湾文献丛刊》第103种第234~235页,1961年10月。

政治斗争本来是一种高级的意识形态的斗争,把政治斗争肢体化、低级化,变成政坛上口水和拳头纷飞的相骂和打架,是台湾政坛传扬于世的丑闻。这种不诉诸政治而诉之拳头的肢体冲突,在本质上和先辈移民以武力解决问题的分类械斗并无不同,是昔日遗风的再现。

三是"黑金"或"白金"政治。以金钱驾驭政治和以金钱收买打手,然后通过政治或打手(械斗)来实现对利益的最大控制,这种由幕后财团操控的金钱政治和由豪绅大户公开支持的民间私斗,在本质上并无两样。国民党执政时期屡屡爆出的"黑金"丑闻和民进党执政以来并不乏见的买票贿选,以及利用政权资源公开进行营私操控,一"黑"一"白",都是昔日分类械斗幕后手段的政治再现。

当前台湾政坛的政治乱局,有着复杂的现实背景,也有着深刻的历史根源。分类械斗的现代流弊是其历史根源的一部分,认识分类械斗,对我们辨析台湾的政治乱象,或许有所助益。

第四节　边缘心态与"孤儿"意识:
自卑与自尊的心理敏感

闽台在中国的地理版图上,都处于中原大陆的边缘:福建在东南濒海的一隅,北隔武夷山脉与中原断开。在交通不便的古代,素有"闽道更比蜀道难"之称,流配福建,一向视为畏途;而台湾则在大陆东南的海中,以岛屿的形态依附在大陆边缘,比福建距中原更隔一道海峡,虽称一衣带水,却风波险恶。这种地理环境的边缘位置,也造成了闽台在中国政治版图和文化版图上的边缘状态。在政治版图上,闽台都远离政治中心的北方,是较晚才纳入以中原为政治中枢的实际行政管辖之中,福建大致在汉代封闽越王之后,而台湾则在明末郑氏经营台湾时期。在文化版图上,在汉唐中原已进入儒教鼎盛时期,远离儒教中心的闽台,还以蛮夷的形象接受来自中原的儒家文化的教化。地理的、政治的、文化的这种边缘状态,使闽台社会无论在政治、经济,还是文化上,都以中原为中心,形成中心与边缘的一对范畴。中原是天子脚下的中原,是文化先进、经济发达,可以号令天下的中原;而闽台只是天子在"普天之下，莫非王土"的大一统观念下，偶尔抬眼一望的遥远国土的一角，是听命中原和等待中原来开化的附臣之地。这种边缘心态形成了闽台长期来对中原的一种仰望的姿势，一种既是先天而来，也是后天所成的自卑心理。

所谓先天而来，主要指的是地理环境因素对人的心理影响。中原的山川形势，其平原辽阔，江河浩荡，四季分明，充满了帝王景象和英雄气概，常使居于丘陵山地，时感平原狭小、河流短促的闽台人民叹为观止；虽然有海，在弄潮儿看来，是通往世界的坦途，但在惧海者面前，却是更为森严的一道壁障。其心胸视野，自然也因两地山川气候的不同而有所差别。这种因客观自然环境因素的影响所成的性格差异，潜在着闽台对于中原的某种景仰的心理因素。

而后天所成，指的是闽台在中原政治版图和文化版图上的边缘位置，使闽台长期处于一种从属性的依附地位，由此而产生对于中原的自卑心理。这是影响闽台文化心态更为重要的因素。一方面是闽台的开发和社会的文治化进程，不仅迟缓于中原地区，而且主要是依靠中原移民和由中原移民所携带来的中原文化来实现的，它自然形成了闽台自卑于中原的文化心理；另一方面，边缘的从属性和依附性，对于中心而言，其重要性不可同日而语。有时候为了保住中心，边缘是可以牺牲的，从而给边缘带来深重的心灵伤害。乙未割台就是如此。当日军攻陷威海卫，消灭整个北洋舰队，迫使清政府割地议和时，君臣朝议，提出以"宗社为重，边徼为轻"的和谈原则，为保住中心而不惜牺牲边陲。在这里，边缘作为中心权衡利弊的一个筹码，在轻重取舍之间，常常是牺牲的对象。中英鸦片战争失败之后，清政府接受英国侵略者提出的开放五口通商的停战条件。这五口，包括福建的厦门和福州，都是远离中心的南方沿海城市。闽台作为中原的边陲省份，近代以来面临蹈海而来的帝国主义列强的侵略和腐败的中央政府"丢卒保帅"的心灵伤害，是共同的。只不过相比起来，台湾尤甚。台湾历史的挫折，首先来自日本帝国主义蓄谋已久的侵略，其次是无能的清政府"宗社为重，边徼为轻"的投降政策。对于台湾民众而言，这种无法主宰自己命运的边缘位置和被出卖的心灵伤害，在日本帝国主义的殖民统治下，形成了"孤儿"兼"弃儿"的悲情意识。台湾诗人巫永福在一首题为《祖国》的诗中，不无怨艾地表达了在这一历史悲剧中台湾人民对祖国既爱且怨的复杂感情。他写道：

> 战败了就送我们去寄养
>
> 要我们负起这一罪恶
>
> 有祖国不能唤祖国的罪恶
>
> 祖国不觉得羞耻吗
>
> 祖国在海那边
>
> 祖国在眼眸里

台湾著名小说家吴浊流在长篇小说《亚细亚的孤儿》中,通过主人公胡太明的人生经历,也很典型地表现了台湾人民这种"弃儿"兼"孤儿"的尴尬遭遇与复杂心态。从家学渊源中接受了浓厚的中华文化和民族意识的胡太明,无法忍受在殖民地台湾的"二等国民"屈辱,毅然返回大陆;却又因为他的台湾身份,无端为大陆情报当局疑为日本间谍而陷身囹圄。这种两面受困而无所归依的生命历程,是台湾人民普遍的一种生存尴尬。"孤儿"意识的一面是无可归依的漂泊感、飘零感,其另一面是寻找归依而终结漂泊的寻根意识与回归行为。在这里,漂泊是不甘屈服于异族统治的不安心态,而寻根却是漂泊的必然发展和最后的归宿。吴浊流《亚细亚的孤儿》中胡太明这一形象的典型价值,就在于他从自己亲身经历中体验了台湾人民这一普遍的尴尬处境,表现出他最终返回祖国投身抗日斗争的人生抉择,这也是台湾人民最后的抉择。

台湾被殖民的特殊历史遭遇,把本来就处于边缘状态的自卑心理,演化成为日本殖民统治下被遗弃的"孤儿"意识;这种"孤儿"意识在台湾光复以后,本应消失,但国民党政权自身存在的独裁和贪腐以及对待台湾民众和本土文化上的不当政策,使台湾人民普遍存在一种"狗去肥猪来"的对于自己命运的悲情感慨,而期待有一日能够真正当家做主的"出头天"的到来。这一针对日本殖民统治和国民党专制政权而来的"出头天"思想和悲情心态,本来是在台湾特定历史背景上发生的一种正常的情绪和心态。但它常常为某些别有用心的政客所利用,把台湾民众的悲情心态和"出头天"期待,从针对日本殖民统治和国民党迁台政权,转向针对整个中国,鼓噪只有从中国分离出去,才有台湾人的"出头天"。这种"台独"挑唆的阴谋极其危险。事实上所有"台独"势力背后,都有帝国主义力量的支持,从中国分离出去的"出头天",将可能使台湾重新陷入新的殖民控制之中,这是不能不充分警惕的。

自卑和自尊（自大）是一种心理的两面。由特定的地理环境和特殊的历史遭遇所造成的闽台——特别是台湾民众充满悲情的自卑心理，十分敏感而脆弱，很容易在某种刺激下走向反面，成为自大与自尊。闽台山川地理，缺乏中原的辽阔大气，使闽台民众感到自卑；但闽台山水虽大气不足，却秀丽繁富，在闽台人民的精心治理下，发扬其亚热带气候的山海优势，变得精致繁丽。这种精致繁丽的文化品位，从环境的改造开始向文化的诸多领域扩展，形成了闽台共同的一种文化品格。无论在饮食、信仰、工艺、表演的民俗文化层面，还是近代以来领风气之先地接受西方文化影响，率先走向现代化的进程，都渗透着这种融汇中西的精致的文化品格，常常是闽台夸耀于中原的一种自尊和自大的心理资本。特别是台湾，在隔绝于祖国大陆半个世纪，而缺乏对祖国大陆政治、经济、文化的充分了解背景下，以其 20 世纪 60 年代以来从出口加工业转向以发展资讯工业为中心的经济起飞所创造的经济奇迹，在让台湾民众拥有空前未有的自豪感同时，也带有某种自恋倾向的盲目自大。台湾社会由自卑到自尊的这种心理转换，在台湾还有着复杂的政治原因。太过长久的不被尊重的历史屈辱，使台湾人民特别需要尊严，也特别看重尊严。这种从自卑到自尊的心理敏感，有时甚至发展为一种偏执心态，为了尊严不惜冒险犯难和不分原则是非。尊严并不是抽象的"面子"，而有其社会内涵，为什么而尊严，怎样建立自己的尊严，这是必须深入追问的。因此这种对尊严带有偏执成分的心理敏感，有时也很容易为某些别有用心的政治人物所挑动，盲目性地走向自己的反面。

台湾一个世纪来备受屈辱的悲情历史，是近代以来中华民族从悲情屈辱走向扬眉吐气的历史一个有机组成部分。站起来的中国人民是有尊严的，中国的经济发展和香港与澳门的相继回归，洗雪了中国人民数百年来压抑心头的耻辱，为中国人民在世界上赢得了尊严，这是包括台湾人民在内的尊严。台湾人民只有站在祖国的立场上，便能获得屹立于世界各民族国家之林的扬眉吐气的尊严，这是一种大的民族的尊严，无论在政治上、经济上还是文化上，都能获得巨大的自尊的力量。

第五节　步中原之后与领风气之先：
近代社会的心态变化

　　中原是汉族的发祥之地，在中国历史的发展上，一直处于中心的、领先的地位。自古以来，最早生存在这一地区的华夏系，东扩西突，南征北战，融合了周边的东夷系、荆吴系、百越系，形成族源多出的汉民族，以黄河流域中下游为基地，发展了高度的农业文明，建构起一个庞大的帝国。中原汉族移民的南徙，带动了南方社会的发展。闽台社会就是在中原汉族移民南徙的背景下，以中原汉族移民为人口主体，按照中原社会的模式建构起来的。闽台社会所谓的传统化、内地化、文治化，实质上就是中原化，是以中原传统社会为模式，来推动闽台由移民社会向定居社会转型的。因此，步中原之后是历史形成的一个客观事实，也是闽台一种普遍而典型的社会心态。它并不意味着落后或自甘落后，相反地，在闽台特定的历史背景下，它还意味着从蛮荒向文治转化的一种社会进步，是由边缘向中心的看齐。对于后发展的闽台地区而言，这是一种自然正常，且带有几分自信自得的文化心态。

　　然而，近代以来，中国社会发生了极大的变化。一方面，清代中叶以后，持续发展了两千多年的封建社会，开始进入它的末期；强盛一时的清王朝，也由盛入衰。在西方崛起的工业文明面前，封建王朝赖以鼎盛的以中原为发展基础的农耕文明，无论在经济实力、政治体制，还是文化意识上，都显出它难以应付世局骤变的软弱无能和陈腐，只能以闭关锁国来守住自己"天朝上国"的美梦。但西方的坚船利炮，强迫轰开了清朝的国门，一连串丧权辱国的不平等条约的签订，不仅暴露了清政府无能卖国的本质，也从根本上动摇了作为帝国象征的中原在民众心目中的地位。中原在现实发展中尊贵地位的丧失，是闽台社会心态发生变化的重要原因之一。另一方面，西方文明随着殖民者的炮火挤进中国，为中国社会的现代化发展提供了一个契机。由于西方殖民者最先是从中国南方打开缺口，西方文明也较早从这里登陆，"识夷"、"师夷"以"制夷"的观念，便最先从南方提出。中国社会的现代化进程，也首先从南方起步。南方历来只是边缘，只有中原才是中心，步中原之后、向中原看齐一直被视为天经地义的事。但历史的变化却使中心和边缘的关系发生了颠覆性的置换,南方边陲诸省得风气之先,成为中国社会现代化变革的中心。南方的崛起,是闽台社会心态变化的另一个重要原因。

闽台在这一波社会变革中,领风气之先,对中国社会的现代化进程作出了特殊的贡献。

首先,在西方势力不断东来,民族危机日益加深的情况下,福建涌现一批忧时爱国、主张变革的优秀知识分子,推动了中国社会的现代化转折。其最突出的代表,当首推林则徐。作为"亦官亦儒"的封疆大吏,林则徐是在鸦片战争前夕受命两广总督的。在查禁鸦片的斗争中,他清醒意识到,保守的中国所面临的,不仅是西方"船坚炮利"的先进科技的威胁,还有西方文化的严峻挑战。因此他主张必先"识夷"才能"制夷",即通过对"夷情"的了解,来改变满朝文武"只知侈张中华,未睹寰瀛之大"的守旧思想。在他任上,延聘能晓外文的译员,编译汇纳世界各国基本情况的《四洲志》,主持译介西方政治、经济、军事情报的《澳门新闻纸》,出版各国对华评论的《华事夷言》等,以求真务实的精神,成为近代以来"睁眼看世界的第一人"。林则徐的思想深刻影响了与他同时代的魏源、徐继畬、姚莹等。魏源将林则徐的"师夷"和"制夷"思想进一步归纳发展为"师夷之长技以制夷",主张"尽转外国之长技为中国之长技""以富国强兵",并且断言"善师四夷者,能制四夷,不善师外夷者,外夷治之"。他继《四洲志》之后所著的《海国图志》,风行一时,甚至远对日本的明治维新发生了重要影响。《海国图志》与曾任福建巡抚的徐继畬所撰的《瀛寰纪略》和特擢台湾道的姚莹所撰的《康輶记行》等,都为中国认识世界做了重要贡献,成为中西文化交流的第一批成果。继林则徐之后,福建近代史上的另一个重要人物是严复。14岁就考入福建船政局附设的海军学堂,而后被派往英国学习海军的严复,意识到西方的强大,与他们的经济、政治、法律制度和人文思想密切相关,便悉心于西方社会科学著作的翻译。其著名译作包括宣传进化与竞存思想的赫胥黎的《天演论》,宣扬自由经济理论的亚当斯密的《原富》(即《国富论》),宣传平等观念的孟德斯鸠的《法意》,宣传自由思想的穆勒的《群己权界论》,介绍西方社会学理论的斯宾塞的《群学肆言》,以及宣传形式逻辑与科学方法的穆勒的《名学》、耶芳斯的《名学浅说》等,涉及政治学、法学、经济学、社会学、逻辑学等各个领域。

严复是第一个把林则徐所倡言的"师夷之技"从物质层面推进到精神层面，为中国近代社会的历史转折提供了西方的理论和文化资源。与严复殊途，虽不懂外文却拥有"译界之王"桂冠的林纾，其一生共翻译西方小说183种，计1200万字，形象地向国人介绍了西方的生活，改变了国人对西方妖魔化的想象，并以西方的小说观念推动了中国传统小说模式的革新。

近代以来，福建涌现的影响于世的文化人之多，可能唯有广东可以比拟。其重要者还有：曾在林则徐家中教读，在鸦片战争爆发后写了《平夷十六策》、《破逆志》的爱国诗人林昌彝，继左宗棠之后担任船政大臣达8年之久，并曾两度抵台指挥抗御日军侵扰并处理善后，对福建和台湾的洋务建设多有贡献的沈葆桢，以及在福建船政学堂期间，辅佐沈葆桢使之计划得以实现的梁鸣谦、吴仲翔、王元稚、黄维煊、王葆辰、叶文澜、张斯桂等，曾任宣统帝师，以侍讲身份在维护儒学伦理的同时，又以了解西方人文历史、风土政情作为皇上必学内容，从而将"师夷制夷"的思想从一般士大夫的层面推向决策最高层的陈宝琛，在英、德获得多个学位，精通六国语言，曾任上海南洋公学校长、担任洋务派张之洞幕僚二十多年的辜鸿铭，其最重要的贡献之一是将中国儒家经典《论语》、《大学》、《中庸》译成英文，并用英文写了《春秋大义》、《尊王篇》等，向西方介绍中国文化；创办商务印书馆，为推行新学作出重大贡献的高梦旦，毕生从事新闻工作，以犀利文笔介绍西方文化、评说时事、鼓吹革命的著名报人林白水，等等。福建在中国历史上唯有两个时期对中国社会的发展产生过全局性的影响，一在宋代，以朱熹为代表的闽中理学的创建，集儒学之大成，成为南宋以后封建社会发展的思想基础；一在近代，即鸦片战争以来福建文化人在引进西学、推广洋务，促进中国社会的现代化进程，走在了时代前面。如果说，以朱熹为代表的闽中理学的影响，主要是维护封建社会后期发展的延续，那么近世以来以林则徐、严复等为代表的一批人物的影响，则在于促进封建社会的解体，推动中国历史现代化的转折。时代赋予了地僻东南的闽台这一契机，使闽台在中国历史的大转折中扮演了重要角色。

其次，在"师夷之技以制夷"的民族感情与正义理性的认识基础上，闽台成为引进西方科技文明的洋务运动实践最力也收获最大的重要省份。在福建，1865年创办的福建船政局，是当时国内规模最大的一个官办的洋务企业。依时任闽浙总督左宗棠的计划,福建船政局将从国外购买机器、聘请技师,"立限五年,成船一十六号",以改变国家防务长期落后的局面。此一计划在其后继者沈葆桢兢兢业业的 8 年努力中,得到了落实。马尾造船厂成为当时远东第一流的造船工业,借鉴当时水平最高的法国的造船技术和英国的驾驶技术,成船 40 艘;并于船政局内设船政学堂,实行生产与教学相结合,为近代中国培养了一大批人才,如著名的工程师魏瀚、林庆升、池贞铨、林日章、郑清濂、詹天佑等,著名的海军将领邓世昌、刘步蟾等,著名的外交家罗丰禄、陈季同、吴德章等。在洋务运动的同时,福建还吸收西方经验,发展新式教育。福建的近代教育起步于教会学校的创办,如 1850 年英国伦敦教士施亚力在厦门创办的英华中学,1853 年美国公理会在福州创办的格致中学,圣公会创办的三一书院等,都在全国开风气之先;尤其是 1918 年由教会创办的协和学院,更是福建最早的大学之一。在新学风气的带动下,私人创办的新式学校也纷纷涌现,以 1896 年创办的福州苍霞精舍为最早,继而有 1898 年的厦门同文书院,1902 年的全闽大学堂等。1905 年科举废除之后,退隐在福州的陈宝琛等成立"闽省学会",后改名"福建教育总会",为促进新式学校创办和旧式书院的改造,起了重要作用。在中西文化交流的推动下,新闻事业也异军崛起。最初是教会创办的英文报如 1858 年创刊的《福州府差报》、《厦门钞报》等,以及中文的《郇山使者报》和后来易名的《闽省会报》等,虽多以宗教宣传为主,但兼及时事评议。甲午以后,闽人自办的报纸十分活跃,最早是黄乃裳于 1896 年 4 月 28 日创刊的《闽报》,其后相继出现了《福建白话报》、《福建新闻报》以及后来易名为《福建日报》的厦门《鹭江报》等。数十种报纸的出版,给民众带来了新鲜空气,宣传了维新思想和革命思想,使福建无论在洋务实业,还是文化教育方面,都走在了全国的前列。

在台湾,现代化建设作为全国洋务运动的一个组成部分,肇始于台湾建省前后。早在 1874 年,福建船政大臣沈葆桢抵台处理日本侵华事件的善后时,就奏准在闽台之间架设水陆电线,在安平、旗后建设新式炮台,并引进国外机器开采基隆煤矿,这是对台湾现代化建设的奠基。1876 年新任台湾巡抚丁日昌全面提出了包括购战舰、建炮台、开铁路、架电线、买机器、办公司、开矿、招垦等发展计划,并积极予以实施,为台湾的现代化建设奠定了良好基础。1884 年刘铭传以福建巡抚督办台湾防务,并于 1885 年任建省后第一任台湾巡抚,立即整军经武,大兴洋务,把台湾现代化建设全面推开。在军务方面增设炮台,设立军械所与火药局,整军练兵,改用洋枪洋炮;在交通方面,修建铁路,设电报总局,发行邮票,自办邮局业务;在工业方面,置煤务局,办硫黄厂、锯木厂,引进制糖设备,发展樟脑生产,出现了民族资本的近代工业;在商务方面设招商局,实行樟脑专卖,购轮船,发展对大陆和海外贸易;在市政方面,开街筑路修桥,装设电灯,引自来水,把人口日渐繁密的台北建成为政治、经济、文化中心的现代化城市;而在教育方面,创立学堂,聘任中外教习,培养通晓近代科学的人才。凡此等等,都使台湾在陷日之前,就已后来居上发展成为中国的先进省份之一。

历史转折所提供给予闽台的这份机遇,改变了闽台在中国历史发展上的边缘性和从属性地位,使闽台在此后百余年中国社会的现代化进程中,一直作为敏感地感应时代风潮,吸收西方先进科技与文化而影响于全局的先发地区。历史地位的这种转变,自然带来闽台社会文化心态的不同。

首先,历史上一直以步中原之后为自我规约的追随心理,一跃而成为领风气之先的开创心理,它增强了闽台文化心态上的自信,激发了创造性的心理机制。如果说,以往闽台社会的主导意识集中在如何赶上中原步伐,使闽台社会内地化、传统化、文治化,知识分子的走向是朝着传统政治、文化中心的北方,以求取功名来福祉乡里;那么近世以来,闽台社会的主导意识更多地转向对于外来文化的吸收,以促进社会的现代化转变,知识分子中,相当一部分走向海外,以学习西方科技和文化来改变中国社会的落后面貌。这种文化心态和文化意识的变化,打上了鲜明的时代烙印。

其次,闽台社会文化心态的变化,重新激活了本来就植根于闽台社会生活之中的海洋文化基因。闽台在更多地走向海洋,无论是向海外移民拓展,还是进行海上的商业贸易,都在广泛地接触与吸纳异质文化中,使闽台文化具有了更多的开放性和兼容性的品格。它以灵动机变、善于吸收的文化性格特征,区别于中原建立在悠久博大文化传统基础上的沉稳厚重、执著坚守的文化性格。南北社会的这种文化性格差异,既有着深远的历史因素,也蕴涵着丰富的现实机缘。

再次,闽台文化性格的开放性与兼容性,在近代社会中西文化的交融与冲突中,既可能推动中华文化在吸取异质文化的积极成分中走向更新,也可能产生否定民族传统的消极媚外心态,这一文化性格的两重性,在闽台社会屡受外来侵侮的特殊历史遭遇中,表现得十分复杂,应当引起我们深入细致的分析。

当然,无论历史怎样发展,中原地区一直是中国政治、经济、文化的中心和社会发展的重心。近世以来社会的变革,虽然由南方得风气之先,但要影响于全局,还必须进入中原这个中心和重心。这就是为什么从福建的林则徐、严复、林纾、辜鸿铭到广东的梁启超、康有为等灿耀一时的文化名人和革新派人物,都必须从南方走向中原,走向权力核心的北京的原因。但中原文化的博大与厚重,往往销蚀和化解了来自南方的这些更多受到西方文化影响的知识人的革新意志,使他们消融在广大无边的文化传统之中。这也就是为什么一部分革新派人物,从严复、辜鸿铭到康有为、梁启超等,最后都投入保守阵营的深刻的文化原因。领风气之先并不能根本改变中原的传统核心地位,文化转化的复杂性和反复性也深深镌刻在闽台社会的心理感受之中。

第八章　闽台社会同步发展的中断与台湾文化同质殊相的发展

第一节　日本据台和闽台社会同步发展的中断

甲午战败,1895 年,清政府派出李鸿章赴日议和;4 月 17 日,于日本马关春帆楼签署《讲和条约》(即《马关条约》),被迫以割地、赔款、增开通商口岸、承认朝鲜独立等条件换取停战。台湾、澎湖及周围所属岛屿,自此落入日本帝国主义手中,成为异族统治下的殖民地。这是中国近代史上最为惨痛的丧权辱国条约之一,台湾社会进程也由此出现了重大的曲折。

台湾自明末开始出现较大规模的移民以来,经过清代持续不断的发展,至台湾陷日之前,历经两百余年,都以祖国大陆的传统社会为发展模式,完成了从移民社会到定居社会的建构。由于台湾移民大多来自福建,两地自然环境和语言文化有许多相似和相承的关系,在行政建置上,台湾在 1885 年建省之前,一直置于福建治下。因此闽台常被视为一体,台湾社会也以和福建的同步发展,作为它实现内地化的一个标志。但是,甲午战争的失败,一纸《马关条约》,使台湾陷入殖民者的虎口之中,其与福建同步发展的这一内地化的历史进程,也由此中断。

日本统治台湾半个世纪,全面实行严酷的殖民计划,其根本目的,就在于把台湾变成日本永久的国土。这是日本早在甲午之前就潜心已久的梦想,一旦实现,便变本加厉从政治、经济、文化诸方面予以实施。这是导致闽台社会同步一体发展关系中断的根本原因。

第一,在政治上,台湾陷日以后,社会性质发生根本变化。在此之前,台湾与福建同为一个主权国家中相邻相携的两个兄弟省份；而在此之后，台湾已从祖国分离出去，变成日本帝国主义统治下的殖民地。闽台国家归属和社会性质的不同，使两地同步发展失去共同的政治前提。随此而来，社会的政治结构和功能，也发生根本改变。过去台湾巡抚衙门作为中央政府派出的地方行政建置，其目的是推动台湾在中华文化基础上的内地化、传统化和文治化进程。而现在台湾成为日本殖民地，由殖民宗主国日本派出的台湾总督及全由日本人所组成的官僚体系，其目的恰恰相反，是阻断台湾与祖国一体化的社会进程，变其为日本化的社会。为实现此一目的，日本殖民当局在台湾实行的是集行政、军事、立法三权于一身的专制、独裁的总督制军人统治，即使 1919 年以后改为文官总督，乃未改变其专制、独裁的"武治"性质，只不过在笼络上层人士和强制民众同化上，增加了"文治"的另外一手。在把台湾纳入密如蛛网的警察控制中，以普及日语和灌输大和精神的文化同化，作为与血腥镇压互相配合的殖民政策的补充。据 1902 年的统计，全台 10 个厅都设有警察课，97 个支厅设有派出所 992 个，警察与民众的比例在日本为 1∶1228 人，在朝鲜为 1∶919 人，在台湾则为 1∶547 人，再加上恢复传统的保甲制度，使台湾俨然如一个警察的世界。严密的警察控制，是对台湾民众进行思想控制和文化控制的保证。在全面侵华战争爆发以后，日本殖民当局更以"国家总动员法"为依据，在"内（日本）台一致"的口号下，严厉对"非国民言行"加以镇压，强制推行文化同化，极力把台湾人民改造成日本"皇民"，将 600 万台湾同胞编入各种奉公团体，不但迫使台湾人民捐钱献工，还强迫台湾青年到祖国大陆和南洋充当炮灰。据日本厚生省战后发表的数据：台湾在二战中被征调的军人、军伕等，总数达 207183 人。战时的台湾，从政治、经济和军事都被日本军国主义绑上了最终自取毁灭的侵略战车。

　　第二，在经济上，台湾的殖民地化，使其失去了经济上的自主性地位，变成殖民宗主国的经济附庸，闽台的经济性质与走向由此发生根本变化。台湾过去主要通过福建向大陆出口的"郊商"贸易，也已大大衰减，转向以满足日本需要为中心的生产和贸易。日本对台湾的经济控制，从其据台开始进行的土地调查、林野调查入手，通过币制改革，将台湾纳入日本的金融体制之中，大量增加赋课，以作为对台湾殖民统治的财政支持。日本嘱意于台湾的是将其作为农业和工业原料产地的传统的米糖生产，稻米可以满足日本国内需要，蔗糖在经过日本精制后出口,可以在国际市场获取高额利润。为此,殖民当局通过改良技术、增修水利,提高稻蔗产量,招引国内垄断财团投资,抑制本地民间资本的活动空间,使台湾稻米和蔗糖生产的绝大份额,都掌握在日本财团手中。尤其是糖业生产,因第一次世界大战后欧洲甜菜严重减产,带来国际市场糖价暴涨,使日本赢得巨大利润。由此进一步引发了为扩大甘蔗种植而产生的米糖争地的矛盾。由于糖业利润是建立在台湾稻米生产的低廉价格基础上,所谓"米糖相克"的矛盾,实质上反映的是台湾农民的利益与日本糖业资本的利润之间的冲突,以及日本国内投资稻米和投资蔗糖的不同财团之间的矛盾。第二次世界大战爆发以后,日本为实现侵略中国和东南亚的"南进"计划,将台湾纳入日本战时经济体制,调整了台湾的经济结构,把台湾以米糖为中心的农业经济,转向以军需生产为重点的工业经济,大力发展电力工业,开发煤炭资源,带动台湾的钢铁、轻金属、机器制造、船舶制造、水泥、化肥、纸浆、纺织等战争急需工业的发展。台湾经济对殖民宗主国的从属性、依附性,使其与福建经济的同步发展,已无从说起。殖民地经济的畸形发展,虽然一定程度上提高了台湾的工业化水平,但受惠者主要并非台湾民众,而是垄断财团及其殖民帝国。

第三,在文化上,日本殖民者十分清楚,要把台湾变成日本永久的国土,仅靠政治上的高压、军事上的屠杀和经济上的掠夺,还远不行;唯有从文化上进行同化,才能彻底改变台湾人民的祖国观念和民族意识,成为认同于日本天皇的忠诚臣民。因此,自日本据台以来,殖民当局便把文化同化作为其与军事镇压相互为用的一贯的政策,且随着时局的变化,日益变本加厉。文化同化政策的推行,主要从两个方面着手,一是通过社会教育和学校教育,普及日语,灌输日本民族的大和精神,推广日本的生活方式,以使台湾和台湾人民"都成为皇国真正的一环";二是割断台湾与祖国的文化联系,禁绝一切与中华文化相关的文化活动,以抑制和淡漠台湾民众的民族向心力和文化向心力。文化同化的实施,依仗政治高压的强制和经济利益的引诱,在日本全面侵华战争爆发以后,推到了极端。从 1937 年 9 月开始实施,而在 1941～1945 年推向高潮的皇民化运动,是日本对台湾强制文化同化的一次集中的表现。所谓皇民化运动,是根据日本战时"国民精神总动员"的实施纲领,以"强化国民意识"、培育"忠君爱国"思想,把台湾人民都变成日本皇民的民族改造运动。它包容广泛,仍然以上述的两个方面为核心。一方面禁绝和取缔汉语学校,禁止汉文报刊,烧毁台湾民众信仰的汉族神祇,取消传统岁时节庆的民俗活动,禁演内地传入的各种传统剧种,以及在闽南歌仔基础上发展起来的歌仔戏等地方戏曲,其严厉程度,前所未有。另一方面,从正面提倡更服(换穿日本和服)、易姓(改用日本姓名)、改变生活习惯、洗日本风吕(澡盆)、睡榻榻米,兴建日本神社,供奉日本神祇,在学校教育中宣扬武士道精神,培养凶狠、好胜、服从的日本式国民性格等,以期"在不知不觉中感受皇民意识"。强制同化的皇民化运动,虽然受到台湾民众不同方式的抵制,如所谓的易姓,到 1940 年 2 月,才有 168 人去登记,且多为公务员之类,其不顾"不得使用今姓所源之的中国地名为姓"的禁令,将陈姓改为"颍川",吕姓改为"宫内"等等,仍潜寓着对祖国故地和祖先宗族的怀念。但由于战争时期特殊的政治环境,强制同化的皇民化运动,虽然并未能够从根本上改变台湾社会发展的中华民族文化基础,但仍使中华文化在台湾受到极大的破坏,给台湾民众带来深刻的心灵伤害。从日语的普及情况看,据台湾总督府统计,1937 年的日语普及率为 37.8%,1940 年为 51%,1944 年则达到 71%。语言是存在的"家",其所潜隐的文化意义,对台湾社会的影响之广泛和深远,绝不可低估。日据时期日本殖民当局的文化同化政策,使台湾与祖国的文化联系受到阻断、淡化和破坏,导致日本文化对台湾社会的渗透,与中华文化在台湾出现某些异变,其遗害所及,直到今天,仍还有待彻底清除。

从殖民地社会的文化结构分析,代表殖民者意志和愿望的文化是居于统治地位的主导性文化,而植根于广大民众之中、成为社会基础的民族文化,虽处于被统治地位,却是代表社会最多人口的主体性文化。殖民者的主导性文化秉持其政治、经济的力量,对广大民众主体性的民族文化的压迫、销蚀和替代,以及代表最广大民众利益和愿望的主体性文化,对异族统治的主导文化的反抗,构成了殖民地社会文化冲突的基本内容和形式,日据 50 年,台湾人民反对殖民化的斗争也坚持了 50 年。最初是以武装反抗为主要斗争方式,反对日本的殖民统治,在持续了 20 年的数十次起义遭到血腥镇压以后,转向文化抗争。日据初期与武装起义同时掀起的以"读汉书、写汉字、做汉诗"为主要内容的汉学运动,是维系民族文化传统以抵制日本同化的一次具有深远意义的文化抗争。此后虽屡受当局普及日语的禁止,但民众仍暗中坚持学习汉文汉学,不少汉学书房一直坚持到1943年才被强行关闭,就是一个典型的例子。在日本殖民当局从军事镇压转向文化怀柔后,一些具有民族意识的台湾士绅如林献堂等与岛内知识分子的代表如蒋渭水等,通过日本人组织的"同化会"和自己组织的以"助长台湾文化之发展"为宗旨的文化协会等,争取台湾人民的权利,启蒙广大民众的民族意识,以弘扬中华文化,对抗日本文化的同化。对于台湾人民坚持民族立场的文化抗争,《台湾总督府警察沿革志第二编》的总序也不得不承认:"台湾人的民族意识之根本起源,乃系于他们原是属于汉民族的系统,本来汉民族经常都在夸耀他们有五千年传统的民族文化,这种民族意识可以说是牢不可破的。"

殖民地社会的性质改变,政治上的异族统治,经济上的附庸地位和文化的被迫同化,日据50年,台湾被迫中断了它与福建——也即与祖国大陆同步发展的社会进程。但台湾并没有因为殖民者的阻遏而断绝它与祖国的精神联系,也无法完全改变中华文化作为台湾社会构成的文化基础。血浓于水,血缘的认同,使台湾人民无法忘怀自己的祖根之地。日据时期,返乡祭祖之事仍屡有发生。日本对于故国故地的残暴侵略,也激起台湾人民的巨大愤慨。日本侵华期间,许多台湾青年潜回祖国大陆参加抗日队伍;在大陆的台湾同胞组成的"台湾革命青年大同盟"、"台湾革命民族总同盟"、"台湾独立革命党"等,在1940年3月联合组成"台湾革命团体联合会",成员达千人以上,积极参与祖国的各种抗日活动。在东南沿海,李友邦组织领导的台湾义勇军和台湾少年团英勇善战,为打击日本侵略,实现抗日战争最后胜利作出了重要贡献。台湾民众在日本殖民者政治高压下,表现出来的强烈的对祖国和民族的向心力,是台湾最终回归祖国的深刻的思想动力和文化基础。

第二节　两岸对峙与台湾文化的同质殊相发展

20世纪40年代中期以来,台湾历史又经历了一次重大转折,闽台关系也随同历史的波折,进入了另一种境况。标志着这一重大转折的主要是两次影响深远的历史事件:

其一,1945年8月15日,日本宣布无条件投降,中国人民坚持八年的艰苦抗战,取得最后的胜利。根据二战结束之前中、美、英三国签署,后又有苏联加入的《开罗宣言》和《波茨坦公告》,日本必须将它"所窃取于中国之领土,例如满洲、台湾、澎湖列岛等,归还中国"。1945 年 8 月 29 日,由台湾省行政长官公署首任行政长官兼警备司令陈仪,代表中国政府在台北市公会堂(即今中山堂)接受了日本第 10 方面军司令长官安藤利吉的投降书。自此,日本在台湾的殖民统治宣告结束,被迫处于日本殖民统治之下长达 50 年的台湾,"所有一切土地、人民、政事"都重返祖国怀抱。这一历史事件改变了台湾受辱半个世纪的殖民地历史,掀开了回归祖国大家庭的历史新篇章。

其二,1949 年 10 月 1 日,中华人民共和国诞生。抗战胜利后不久发生的国共第二次国内战争,在持续三年之后,以国民党在大陆的全面失败告终。国民党政权撤迁台湾,并形成了此后半个多世纪来以台湾海峡为界的两岸对峙。新中国成立和国民党政权迁台这一互相关联的事件,是继台湾回归之后的又一次重大历史事变,它再度改变了台湾的历史进程,使台湾在近半个世纪来走上了无论是政治制度,还是经济体制都与祖国大陆不同的发展道路。两岸的概念,在这一历史背景下被凸现了出来。过去经常将闽台关系相连谈论,突出了它的两岸背景,此时所谓的闽台关系,实际上就是以闽台为代表的两岸关系。两岸关系这一概念的提出和强调,把闽台关系包含其中,是现实政治发展的结果。台湾在中国历史上的地位,得到了前所未有的强调。

战后半个世纪,重返祖国怀抱的台湾在文化上的发展和变化,与祖国大陆(福建包含其中)有本质上的同根和形态上的差异。这种文化发展上的同质殊相既表现在中华文化传统在台湾的重建,也表现在台湾文化的现代发展等方面。

第一个方面,中华文化传统在台湾的重新确认和建立。

文化重建是台湾光复以后历史提出的一个紧迫命题。它基于日据时期殖民者对中华文化传统在台湾的阻断和破坏这一特定背景。台湾的回归,在根本意义上也是对于中华文化传统的回归。只有在中华文化的基础上,台湾才能成为与祖国大陆同步发展的一个不可分割的部分。

文化重建在台湾实际上经历了恢复与发展两个阶段。光复初期,摆脱了殖民地命运的台湾人民,怀着重做国家主人的巨大热情,积极参与和支持当时国民党当局提出的各种文化重建政策。1946 年 1 月,台湾行政长官公署宣布进行教育改革,加强国文教育和国语教育,禁止在学校中用日语进行教学,并于同年4月在台湾成立"国语推行委员会",在各县设置国语推行所,编写加注汉语拼音的国语教材,举行国语示范广播,举办各类国语培训班等,很快就获得台湾民众的热烈响应,在台湾掀起了一个普及国语、学习中文的热潮。一批爱国的台湾知识分子,如游弥坚、许乃昌、杨云萍、陈绍馨等,还组织了"台湾文化协进会",以"铲除殖民地统治所遗留下来的遗毒,创建民主的台湾新文化"为宗旨,出版《台湾文化》杂志及其他书籍,举办各种文化活动,在认同台湾文化的特殊地方性格同时,强调台湾文化的中国属性和与中华文化的传承关系。当时《新生报》的文学副刊《桥》,还开展了广泛吸引两岸作家参与的"如何建设台湾文学"的讨论,以"台湾文学是中国文化的一环"为前提来探讨台湾文学的建设问题。为了参与战后台湾的文化重建,光复初期大陆一批著名的作家和文化人,如许寿裳、台静农、魏建功、黎烈文、李霁野、李何林、袁珂、雷石榆、何欣、覃子豪、纪弦等,都满怀热情纷纷渡台;战争期间留居大陆的台湾作家,如张我军、洪炎秋、林海音、钟理和等,也相继返台,参加各种文化重建工作。随同他们的到来,大陆各种文化出版物也纷纷涌进台湾,成为沟通两岸、重建传统的文化桥梁。这是两岸文化关系表现得最为融洽、热烙的一个时期,文化重建由此打下良好的基础。1947年"二·二八"事件以后,国民党当局的错误处理,极大地打击了台湾民众的政治热情和文化热情。希望的破灭使这一时期台湾人民自觉的文化重建运动陷入低潮。

文化重建的另一个重要发展阶段在1949年以后。1949年12月,国民党政府正式从大陆撤迁台湾,随其进入台湾的,不仅有来自全国各省籍的百万军队和各级军政人员,还有许多著名的文化人士及从大陆搬运抵台的大量文化资产。国民党政府为了维护其对台湾统治的合法性,必须依靠实际已经失去法律效力的《中华民国宪法》和《动员勘乱时期临时条款》来证明自己是"法统"的代表;同时还必须通过文教建设,使自己成为中华文化传统的继承者。这样,这一时期台湾的文化建设便进入了一个积极的发展阶段。随着教育的发展,台湾在20世纪60年代末期开始普及"九年制国民教育",为适应经济建设对人才的需求,在发展中等职业教育的同时,中学和大学的数量和入学人数也迅速增加,至80年代末,各类公私立大学已达109所。据

1988 年统计,包括小学生在内,台湾的在校学生数共 519.5 万人,占总人口的26%。教育的普及,也是中华文化的推广和社会文化水准的提升。20 世纪 60年代末期,鉴于大陆正在进行"文化大革命"和防止西方文化的过度冲击,台湾当局成立"中华文化复兴委员会",推动"中华文化复兴运动",希望以"固有文化"来充实"国民精神生活"。如果说,日据之前,中华文化在台湾的传播,主要是经由闽粤移民的携带,以闽粤文化的区域性形态进入台湾,带有着中原文化二度传播的间接性特征;那么这一时期中华文化在台湾的延播,已经越出了闽粤的地域区限和俗文化的感性色彩,带有着更多来自中原(中央)地区的直接性,涵纳了各个省籍的丰富性和提升为精英论述的学理性特征。这是中华文化传统在台湾由光复初期的恢复、重建,发展到一个新的丰富、扩大和强化的重要阶段。

当然,中华文化在台湾的恢复和发展,是交错在台湾社会复杂的政治、经济环境之中的。文化在台湾,从来就不是单纯的文化,而是为其背后潜隐的政治、经济所牵制和服务的。这就使战后台湾的文化重建和发展,呈现出一些异乎寻常的特征,产生了与祖国大陆文化某些不同的形态。主要是:

其一,中华文化在台湾的重建和弘扬,是作为一种政治举措,为巩固当局的政权统治服务的。光复初期,台湾的政权重建,是和台湾的文化重建一致并同步进行的。政治和文化所面临的都是日本殖民体制的政权建构和文化建构;因此,摧毁日本的殖民政权体系和扫除日本的殖民文化遗害,是同样重要而迫切、并互相影响的大事。以扫除殖民文化为前提的文化重建,受到政权当局的支持,并作为政权重建的一项重要措施予以推行。国民党政权迁台以后,弘扬中华文化也是作为其维系自己"法统"地位的一项象征性的政治措施,得到政权机构的支持。因此就整体而言,文化与政治在这一时期所表现出的功能上的一致性,使中华文化的弘扬,作为台湾当局政权建设的一个组成部分,一方面进一步扩大了台湾社会发展的中华文化基础,但另一方面,中华文化传统所包含的"仁"、"仁人"的人文精神,这一更多表现为民主、自由的思想传统,却是与政权当局的专制、独裁统治相抵触,而屡屡受到抑制。因此,被政治化了的中华文化传统在台湾的延播,并不彻底和全面,而是随政治所需而有所摘取。在这一点上,政界的选择性和学界与现实脱节的纯理性,都存在着难以将中华文化传统在台湾贯彻到底的局限。

其二,中华文化传统的重建与弘扬,是在外来异质文化的复杂纠葛中进行的。国民党政权在台湾的统治,很大程度上受到以美国为首的西方阵营在政治、军事、经济上的支持,它同时带来了西方文化的长驱直入。台湾当局对外来文化的毫不设防和台湾社会仰赖西方在文化上反映出来的全盘西化思潮,相互为用,都助长了西方文化对台湾的影响。它以中华文化为保守、陈旧,以西方文化为新潮、现代,客观上造成对中华文化的阻遏和冲击。20世纪70年代以后,随着本土化思潮的崛起,在一批"台独"政治人物的鼓吹下,殖民时代的日本文化死灰复燃,成为与日本渗透台湾的政治、经济势力互相配合的一股文化力量,活跃在岛内。外来文化的某些先进成分和其带有政治色彩的殖民性,既给中华文化的发展提供契机,也对中华文化的存在构成威胁和压迫:中华文化对外来异质文化既有条件地吸收摄取,也进行激烈的排斥抗争,构成了台湾社会发展的复杂文化环境。在几无设防的文化开放状态下,异质文化的大量涌入,便以中华文化为原型的台湾文化,不能不受其影响而呈现出某些异样形态。

其三,中华文化在台湾的进一步发展,是在台湾社会的现代化过程中进行的。文化与社会同步的现代化演进,是文化延播、发展的题中之义。它所诱发的种种矛盾与冲突,具有深刻的时代意义。关于这点我们下面将有专门论析,这里不作赘述。

其四,由文化精英为代表的中华文化的经典传统与广大民众兴起的中华文化的民俗传统,共同构成了中华文化在台湾的大观。台湾民俗文化衍生于早期移民携带而来的闽粤民俗文化。它在战后的再度兴起,有着复杂的背景。它一方面是被日据时代压抑过久的广大民众民族情感的爆发;另一方面又是台湾当局在涤除日本文化遗毒时不恰当地把某些本土文化也当作殖民地文化加以反对,从而给台湾民众带来情感伤害所引起的反抗;再一方面也不排除某些别有用心的政治人物选用本土民俗文化来抵制中华文化,以制造"台独"的借口。所谓本土民俗文化,是中华文化在台湾的地域形态,它与台湾先期移民的祖籍地闽粤有着十分密切的渊源关系。无论其民间信仰敬祀的主神、岁时年节的各种习俗、祭祖认宗的祭拜仪式,以及民间艺术的表演程式、日常生活的工艺制品,等等,无不源自大陆。民俗文化的广泛兴起,从其基本层面上看,应是中华文化民间传统的普及与精英传统的弘扬互相补充,是中华文化在台湾延播赋予地方特征的一种方式。但少数别有用心者把民俗文化与中华文化对立起来,企图使民俗文化异质化,以便利用民俗文化反对、抵制中华文化。

第二个方面,台湾文化的现代发展。

20世纪下半叶,是中国实现现代化的重要发展时期,文化的现代性转型,是社会发展必须面对的一个共同命题。半个世纪来两岸的对峙,在不同的政治制度和经济体制下,两岸社会走上不同的发展道路。它使在这一不同社会环境中成长发展的文化,也呈现出不同的形态和进程。台湾文化现代发展的异样形态受到三个方面因素的影响:

一是社会体制上政治、经济因素的影响。国民党政权在台湾为维系其统治及实现其"反攻大陆"梦想,政治对文化的干预表现得十分直接而强烈。一方面,它从正面提出反共的文化主张,倡导所谓"战斗文学"、"战斗戏剧"等等,企图以此来主导台湾的文化运动,表现出十分强烈的"文化政治化"的倾向;另一方面,它又对文化上可能危及其统治的反对派和自由主义倾向,以莫须有的"配合中共走统战阴谋"、"涉嫌叛乱"等政治罪名,予以压制。其典型的事件如自由派分子胡适、雷震所主持的《自由中国》,因发表一系列不满独裁统治、主张西方民主政治的文章,导致了刊物被取缔和主编坠狱的结果。民进党执政以后,在文化问题上的政治干预,同样十分严重。民进党利用其掌握的政权资源,将其在台下所鼓吹的"台独"文化主张,逐项变为上台执政的文化政策,使其执政下所推行的文化运动,弥漫着政治化的"台独"色彩。与政治相配合的,是经济的制约。一方面是政治利用经济为诱饵,把文化纳入政治轨道;另一方面又以经济为手段,限制不满其政权统治的其他文化的发展。国民党执政时期以高额稿酬奖励毫无艺术价值的"战斗文学",和民进党政权拨款支持有关"台独"的文化项目,其以经济制约达到政治目的的手段,如出一辙,都呈现出台湾文化发展上一种特殊的畸形状态。

二是都市化因素的影响。据有关资料显示,台湾社会的都市化程度,发展很快。大约到1960年,城市人口已超过台湾社会总人口的一半,到1985年,已达78.3%。其中占总人口1/3的人口集中在仅占台湾总面积2.9%的台北、高雄、台中、台南、新竹、嘉义等7大城市里。伴随着城市人口激增的,是一个教育程度较高、重视资讯与知识、政治参与活跃、社会联系广泛、具有多种社团资格的中产阶级的出现。据台湾《中央》杂志发表的署名文章估计,至20世纪80年代,中产阶级家庭已占台湾家庭总数的30%～40%。这个具有多重角色和复杂心态的都市人群的出现和社会越来越普遍的都市化趋向,是在台湾工业化和资讯化的经济起飞中发生的。它直接带来了台湾都市文化意识的活跃和都市文化消费性格的形成。现代都市中心的出现,打破了传统农业社会以宗族血缘为本位的社会结构模式,从而带来对建立在自然经济基础上的宗法社会的价值观、伦理观、思维方式和行为规范的巨大冲击。人从对于封建宗主关系的依附中解放出来,转向对于商品经济关系的依附。自由发展和激烈竞争的资本主义经济,肯定了人的自我价值和个性的张扬;但金钱依附又造成对人的自我价值的贬抑和个性发展的束缚,使为满足社会发展和个性解放出现的现代经济和现代都市,又反转过来成为压迫人全面实现自己需求的异化物。台湾文化就是在社会的这一复杂的现代化进程中,呈现出新的现代性的文化品格和文化形态的。

　　三是多元化的文化环境因素的影响。国民党政权迁台所造成的台湾社会的特殊发展,使它在文化环境上处于两种特殊状态:其一是对于中国传统文化的重视,而对于五四以来中国新文化的发展,以其大部分文化人与共产党的密切关系或生活在祖国大陆,而予以否定和封杀,造成中国文化从古代到现代传承上在台湾的"断层"。这一状况直到两岸开放交流以后,才有改变。其二种是由于政治和经济的原因,在相当长一段时期对以美国为代表的西方文化,采取不设防的全面开放,民进党执政以后,更在对殖民时代的怀旧中宣扬日本文化。而从20世纪60年代以来,在经济起飞和教育发展的基础上,大批留学美欧和日本的青年,更带来了他们在异邦求学中所养成的文化习惯,客观上形成了台湾文化环境的某种国际化的氛围。这一切带给了台湾文化融摄其他异质文化的现代化和国际化契机,也不时呈现出某些文化的崇外色彩。对异质文化的过度崇扬,在某种程度上也会引发与传统和本土文化的矛盾。20世纪五六十年代的台湾现代主义风潮在包括从文学到艺术的诸个文化领域上的兴盛,其所造成的背弃传统和脱离现实的弊端,就引发了一场规模浩大的乡土文学论争,即是这一复杂文化环境诱发的文化思潮更替的一个典型事件。台湾文化的现代化进程,便交错在这样复杂的多元文化氛围中完成。传统和现代、本土和外来、尚俗和媚外等多重矛盾所构成的文化张力,规约了台湾文化的走向,也呈现为台湾文化现代化转型的某些特殊形态和特征。

台湾文化的现代转型,是 20 世纪下半叶以后,台湾社会走上与祖国大陆不同发展道路的文化表征。它带有着台湾社会发展的某些特殊形态和经验,特别是从以农村自然经济和封建社会为基础的文化传统,转向以都市现代经济和社会结构为中心的现代文化建构,对中国社会的现代化进程,无论经验还是教训,都有启迪意义。这是台湾在战后以来最具历史价值的文化发展。

从传统社会到现代社会,文化的现代化转型,是历史的必然。无论台湾还是祖国大陆,都在 20 世纪下半叶历经这一过程。从文化的动力学分析,推动文化发生变革的原因,既来自文化内部突破已无法适应现实发展需要的传统束缚的要求,也来自文化外部异质文化的冲击所提供的契机。但外因只是条件,内因才是动力。台湾文化的现代转型所呈现出来的特殊的形态和进程,是由于台湾社会的特殊性质和历史环境所造成的,它并不意味着台湾文化的发展,脱离中华文化的传统。恰恰相反,无论是政权当局所推崇的精英文化的经典传统,还是广大民众所热心普及的民俗传统,都构成了台湾社会深厚的中华文化基础。台湾文化的现代转型,就是在这一基础上实现的。即使台湾特殊的文化环境,使其受到多元的异质文化的冲击,但无论对异质文化的抵御,还是对异质文化积极成分的吸收,都是将其纳入在民族文化传统之中,以现实的发展需要为动力,进行选择和扬弃,才能成为民族文化传统的新成分。因此,呈现出与祖国大陆不同的台湾文化的特殊形态与进程,并不意味台湾文化的发展脱离了中华文化的传统,而是在中华文化的逻辑轨道上的同质殊相发展。半个世纪来,台湾与祖国大陆处于疏隔和对峙的状态,但断线不断根,无论闽台还是两岸,都是以中华文化为基础发展的中国社会,其文化形态和进程的某些差异,只是一种同质殊相,这是无论谁都无法否认和改变的一个客观的基本事实。

结束语　以文化的整合促进
　　　民族和国家的统一

文化是民族形成的基本要素之一,是民族国家建立的一块重要基石。

民族是历史形成的概念,是在共同历史渊源、共同地域、共同语言、共同经济生活、共同文化风俗和共同文化心理基础之上形成的一个稳定的共同体。在这里,历史、语言、地域、经济、文化是民族构成主要要素;而广义地说,共同的历史渊源、共同语言、共同经济生活以及表现于共同文化的共同心理,都属于文化的范畴。可见,文化在民族和民族国家构成中所占的重要地位。英国人类学家巴克更直截了当地把民族当作是一种文化模式。他认为种族和民族的区别就在于:前者是一种血统的、体质上的现象,而后者是一种传袭的、文化上的模式。因此,种族是属于生物学和人类学的范畴,而民族则是属于社会学和文化学的范畴。正是在这个意义上,我们体认了文化在民族形成中的重要地位。

尽管民族、民族主义这一概念,是近代以后才形成的,但民族作为一个"自在"的实体,却是历史悠久的存在。这一情况,中外并无例外。著名的社会学家费孝通曾经指出:"中华民族作为一个自觉的民族实体,是近百年来中国与西方列强对抗中出现的,但作为一个自在的民族实体,则是几千年历史的过程所形成的。"[①] 这一精确的论述,全面而辩证地说明了中华民族从自在到自觉的过程。一方面是,中华民族在几千年的历史发展中,从中华先民的多元分布,到中原文化中心的形成,以汉民族及其文化为核心,融合了其他兄弟民族和文化,从而奠定了中华民族多元一体的民族格局和文化基础,形成

---

① 费孝通等:《中华民族的多元一体格局》,中央民族学院出版社 1989 年版,第 1 页。

了中华民族的实体存在。另一方面,欧洲从反抗中世纪君主专制的黑暗统治中脱颖而出,搭建起民族国家的舞台,发展了早期的资本主义,却又在十八九世纪的殖民主义世界扩张中,重新扮演中世纪专制君主的角色,随同殖民主义走向全球,也把民族主义的种子撒遍世界。中国正是在近百年来反抗殖民帝国的民族侵略中,唤醒民族意识,完成了中华民族从自在到自觉的发展的。

中华民族实体的形成,是漫长的历史演进的结果。文化在促进中华民族融合的进程中,发挥了重要的凝聚作用。中华民族形成的历史,也进一步赋予了中华文化巨大的亲和力和凝聚力。我们常说中华文化是一种群体性的文化、和合型的文化,便是在这个进程中形成的。多元一体的中华民族,孕育了多元一体的中华文化;多元一体的中华文化,进一步成为族出多源的中华民族形成的文化基础。二者的相辅相成,互为因果,既赋予中华文化的特殊品质,也展示了中华文化的重要功能。在中国数千年发展历史上,虽然由于内忧外患等诸种原因,也曾出现过南北对峙或东西分离的国家分裂和民族离散的悲剧。但历史上出现的每次分裂、离散,其最终都是以民族的重新整合和国家的重新统一,把中华民族推上一个新的发展阶段。究其原因,有政治的因素、经济的因素,但不可否认,文化是其中最重要的因素。正是文化聚合力,使得中华民族在数千年的发展中,始终完整如一,不可分割。历史证明,中华文化是维系中华民族团结的精神纽带,也是引导中华民族发展的逻辑基础。

近代以来中华民族遭受到严重的挫折。帝国主义的侵略造成中国南部疆土的澳门、香港、台湾地区先后为葡萄牙、英国、日本殖民者所占据。台湾与祖国的分离、疏隔,便是在这一背景下发生。先是日本借甲午战争而实现对台湾的殖民占领;接着是在第二次世界大战结束以后台湾回归,又因国共战争国民党政权从大陆撤迁台湾,而导致台湾处于和祖国大陆对峙和疏隔状态。两次分隔,无论是国外殖民势力的入侵,还是国内政治斗争的延续,都是来自政治性的分割,而不是社会发展所引起的必然的分化。台湾和祖国大陆一样依然都是以中华文化作为自己社会的根本。因此,从这个意义上看,台湾与祖国大陆在政治地域上虽然是分裂的,但在文化上却是一致的。无论在祖国大陆还是在台湾,中华文化都是两岸社会发展的基础和主导。即使在日据时期,日本殖民者那么横暴地动用一切政治、军事、经济力量来推行其文化同化政策,也未能根本改变中华文化在台湾民众心目中的主体性地位和台湾社会以中华文化作为基础的发展逻辑。更不论国民党在台湾的政权,为了维护它失去的"法统"地位,而必须以弘扬中华文化来实现它"法统"的承诺。它客观上深化了中华文化在台湾的基础。虽然两岸长时间的疏隔会带来文化发展上的某些差异,但长期的历史积淀所形成的共同文化和共同文化心理,使两岸的中国人都承认中华民族这一共同的文化根源。这一切正如著名文化学者方克立在《"文化中国"概念小议》中所指出的:"从文化的意义来说,中国不是分裂的,而是统一的,因为中华文化是统一的。从历史的眼光来看,中国在政治地域上的分割只是暂时的,而统一的中华文化是在历史上长久存在的。……历史事实也确是这样的。中国历史上有过多次政治地域上分裂的时期,但是中国在文化上始终是统一的。这种文化的统一是促成中国政治统一的一个重要因素。这种历史的经验对于中国今天的现实至少是有启迪和借鉴意义的。"①

　　当然还必须看到,我们强调两岸在文化上的统一,主要是就两岸社会发展的文化基础和主体,都共同根源于中华文化这一根本点而言。而实际上,台湾社会遭遇的历史特殊性和现实环境的政治差异性,都可能导致台湾在文化的走向与形态上与祖国大陆的差异,虽然这些差异并未改变台湾文化的中华本质和中华文化发展的逻辑基础,但仍不能不引起我们的重视。特别是源于历史和现实的复杂原因,在近年来喧嚣一时的带有崇洋媚外心态的西方化或日本化倾向与杂有分离主义情绪的"本土化"思潮,都潜在着逸出、叛离中华民族文化的危险。这是我们应当特别警惕的。它也给我们在弘扬中华文化和维护中华民族与国家的统一,提出了新的使命。

　　台湾问题从根本上说,是解放战争遗留下来的政治问题。政治问题的解决,最终还必须回到政治。但政治也是一种文化。特别是中央制定的"和平统一,一国两制"的解决台湾问题的方针和两岸和平发展的方向,更需要文化的力量。文化虽不是万能的,但文化可以推动政治,甚至走在政治的前面。民族和国家的整合,是以文化为基础的。在如今两岸社会处于政治地域的实

----

① 方克立:《"文化中国"概念小议》,载中华炎黄文化研究会主编《同祖同根,源远流长》,海峡文艺出版社 1993 年版,第 432 页。

际分裂状态时,通过文化的整合,促进民族和国家的整合,推动台湾问题的解决,以实现两岸和平发展和祖国的统一大业,有着重大的意义。这也是我们文化工作者,特别是台湾文化的研究者,义不容辞的责任。

参考文献

1. 许苏民：《文化哲学》，上海人民出版社 1990 年版。

2. 王会昌：《中国文化地理》，华中师范大学出版社 1992 年版。

3. 夏日云、张二勋等：《文化地理学》，北京出版社 1991 年版。

4. 王恩涌编著：《文化地理学导论》，高等教育出版社 1989 年版。

5. 何金铸编著：《人文地理学》，1986 年印行。

6. 德伯里：《人文地理：文化 社会与空间》，王民、王发曾、和玉申、李悦铮、祝炜平译，北京师范大学出版社 1988 年版。

7. 林惠祥：《中国民族史》，商务印书馆 1939 年 11 月第 1 版，1993 年影印版。

8. 葛剑雄、吴松弟、曹树基：《中国移民史》，福建人民出版社 1997 年版。

9. 肖君和：《中华学》，民族出版社 2000 年版。

10. 朱维幹：《福建史稿》，福建教育出版社 1985 年版。

11. 唐文基主编：《福建古代经济史》，福建教育出版社 1995 年版。

12. 王跃华：《福建文化概览》，福建教育出版社 1994 年版。

13. 连横：《台湾通史》，商务印书馆 1983 年修订第 1 版。

14. 邓孔昭：《台湾通史辨误》，江西人民出版社 1990 年版。

15. 陈碧笙：《台湾地方史》，中国社会科学出版社 1982 年版。

16. 陈孔立：《台湾历史纲要》，九州图书出版社 1986 年版。

17. 黄大受：《台湾史纲》，三民书局 1982 年版。

18. 林仁川：《大陆与台湾的历史渊源》，文汇出版社 1991 年版。

19. 林仁川、黄福才：《闽台文化交融史》，福建教育出版社 997 年版。

20. 陈国强、叶文程、吴绵吉编：《闽台考古》，厦门大学出版社 1993 年版。

21. 陈存洗主编：《闽越考古研究》，厦门大学出版社 1993 年版。

22. 史式、黄大受：《台湾先住民史》，九州图书出版社 1999 年版。

23. 陈国强、田富达、林瑶棋、周立方：《高山族史研究》，中国人类学会 1990 年编印。

24. 李福清：《神话与鬼话——台湾原住民神话故事比较研究》，社会科学文献出版社 2001 年版。

25. 杨彦杰：《荷据时代台湾史》，江西人民出版社 1992 年版。

26. 曹永和：《台湾早期历史研究》，台湾联经出版事业公司 1997 年版。

27. 施联朱、许国良编：《台湾民族历史与文化》，中央民族学院出版社 1987 年版。

28. 张宪炎主编：《历史文化与台湾》，台湾风物杂志社 1988 年版。

29. 陈奇禄主编：《中国的台湾》，台湾"中央文物供应社"1980 年印行。

30. 陈其南：《台湾的传统中国社会》，台湾允晨文化实业者限公司 1980 年版。

31. 邢义田主编：《永恒的巨流（根源篇）》，台湾联经出版事业公司 1981 年版。

32. ［日］安信明义：《台湾地名研究》，台湾武陵出版有限公司 1987 年版。

33. 徐晓望主编：《福建思想文化史纲》，福建教育出版社 1996 年版。

34. 杨琮：《闽越国文化》，福建人民出版社 1998 年版。

35. 中华炎黄文化研究会主编：《同祖同根 源远流长》，海峡文艺出版社 1993 年版。

36. 潘英：《台湾移植史及其族姓分布研究》，台湾自立晚报社文化出版部 1992 年版。

37. 厦门大学台湾研究所台湾史研究室编：《海峡两岸首次台湾史学术交流论文集》，厦门大学出版社 1990 年版。

38. 陈孔立：《清代台湾移民社会研究》，厦门大学出版社 1990 年版。

39. 陈孔立：《台湾历史与两岸关系》，台海出版社 1999 年版。

40. 张宪炎、陈美蓉编：《台湾史与台湾史料》，台湾自立晚报社文化出版部 1993 年版。

41. 吕良弼、汪毅夫：《台湾文化概观》，福建教育出版社 1993 年版。

42. 陈耕：《台湾文化概述》，海峡文艺出版社 1993 年版。

43. 胡友鸣、马欣来：《台湾文化》，辽宁教育出版社 1991 年版。

44. 林国平：《闽台区域文化研究》，中国社会科学出版社 2000 年版。

45. 何绵山主编：《闽台经济与文化》，厦门大学出版社 2001 年版。

46. 彭文宇：《闽台宗族社会》，台湾幼狮文化事业股份有限公司 1998 年版。

47. 林再复：《闽南人》，台湾三民书局 1984 年版。

48. 黄顺力：《海洋迷思》，江西高等教育出版社 1999 年版。

49. 徐晓望：《妈祖的子民》，学术出版社 1999 年版。

50. 林国平、彭文宇：《福建民间信仰》，福建人民出版社 1993 年版。

51. 徐晓望：《福建民间信仰源流》，福建教育出版社 1993 年版。

52. 周振鹤、游汝杰：《方言与中国文化》，上海人民出版社 1986 年版。

53. 李如龙：《福建方言》，福建人民出版社 1997 年版。

54. 汪毅夫：《台湾社会与文化》，海峡文艺出版社 1994 年版。

55. 汪毅夫：《中国文化与闽台社会》，海峡文艺出版社 1997 年版。

56. 汪毅夫：《闽台历史社会与民俗文化》，鹭江出版社 2000 年版。

57. 福建艺术研究所、厦门市台湾艺术研究室编：《闽台民间艺术散论》，鹭江出版社 1991 年版。

58. 陈孔立主编：《台湾研究十年》，厦门大学出版社 1990 年版。

59. 朱天顺主编：《当代台湾政治研究》，台湾人间出版社 1994 年版。

60. 许南村主编：《史明台湾史论的虚构》，台湾人间出版社 1994 年版。

61. 施敏祥编：《台湾意识论战选集》，台湾出版社 1988 年版。

62. 黄嘉树：《台湾能独立吗？》，南海出版公司 1994 年版。

63. 赵遐秋、曾庆瑞：《“文学台独”面面观》，九州图书出版社 2001 年版。

后　记

在出版印刷业高度发达的今天，出版一本书固然不那么困难了，但要出版一本有较高学术价值的著作就没有那么容易了，至于要出版一套有鲜明特色、被学界认可的丛书，难度就更大了。凡是当过丛书主编的人应该都有共同的体会，即著书立说是个人的行为，只要自己把自己搞定了就可以，而编纂丛书则是集体的行为，需要诸多作者的齐心协力，除了需要丛书的所有作者对某个学术问题有着共同的学术兴趣、相似的学术理念、深厚的学术积淀外，还需要作者们在某个时段内集中精力撰写书稿，并在规定的时间内提交，这一点往往很难做到步调一致。而本丛书从动议到出版，整个过程环环相扣，非常顺利，首先自然要归功于各位作者的齐心协力，他们在百忙中把丛书的撰稿放在首要位置，按时甚至提前提交了高质量的书稿，从而为丛书的顺利出版奠定了坚实基础。所以我们要特别感谢各位作者为本丛书的出版所付出的辛勤劳动和作出的重要贡献。其次，本丛书的出版得到未署名的诸多学者的帮助，他们或撰写某个重要章节，或提供某些珍贵资料，或审读了某些书稿并提出宝贵的修改意见，或参与修订、录入和校对工作，由于涉及的人很多，恕不一一列出尊姓大名，但我们感铭在心，并在此表示衷心的感谢！再次，要感谢福建师范大学海峡两岸文化发展协同创新中心对丛书的出版给予的大力支持，感谢人民出版社的领导和编辑们付出的辛勤工作。另外，本丛书吸收了学术界许多研究成果，虽然在书后的参考文献中已一一列出，但难免有遗珠之憾，在此请求各位方家谅解，并致以衷心的感谢！

刘登翰　林国平

二〇一三年七月

责任编辑:詹素娟
装帧设计:周涛勇

图书在版编目(CIP)数据

中华文化与闽台社会/刘登翰 著. -北京:人民出版社,2013.9
ISBN 978 - 7 - 01 - 012607 - 4

Ⅰ.①中… Ⅱ.①刘… Ⅲ.①文化史-研究-福建省②文化史-研究-台湾省
Ⅳ.①K295.7②K295.8

中国版本图书馆 CIP 数据核字(2013)第 227734 号

中华文化与闽台社会

ZHONGHUA WENHUA YU MINTAI SHEHUI

刘登翰 著

人民出版社 出版发行
(100706 北京市东城区隆福寺街 99 号)

北京中科印刷有限公司印刷 新华书店经销

2013 年 9 月第 1 版 2013 年 9 月北京第 1 次印刷
开本:710 毫米×1000 毫米 1/16 印张:13.75
字数:230 千字

ISBN 978 - 7 - 01 - 012607 - 4 定价:38.00 元

邮购地址 100706 北京市东城区隆福寺街 99 号
人民东方图书销售中心 电话 (010)65250042 65289539